JN312362

日本語の格と文型
Japanese Cases and Sentence Patterns
結合価理論にもとづく新提案

小泉 保

大修館書店

まえがき

　「ことば」という言語記号は，「音声表現」と「意味内容」という2つの異質な要素が恣意的に結びついた単位から構成されている。これら両成分の結合関係を解明するのが，言語学の任務であることは，ソシュールの説く通りである。そこで，音声研究と意味研究の間に統語研究をはさむようになった。

　筆者は，はじめ音韻論から音声学へと向かい，『改訂音声学入門』(2003)によって，音声面にひとつの区切りをつけた。さらに，意味論の側から語用論へ入って，『言外の言語学』(1990)により意味面でも，ひとつのまとめをつけた。そこで，両分野を結びつける形で，統語論を手掛けることにした。

　ここに，『日本語の格と文型——結合価理論にもとづく新提案』という表題で，理論的背景から説き起こし，日本語の格を決定し，文型を設定する作業を試みた。

　現在，多くの研究者が変形文法に不信を抱いていて，それに代わるべき分析方法を求めているのが実情である。認知文法も十分にその期待に応えているとは言えない。筆者はここに結合価理論にもとづくひとつの統語の分析方法を提起することにした。

　本書は，結合価理論の創立者ルシアン・テニエールの学説のたんなる受け売りではなく，そこに改良を加えて，日本語の格体系を取り出し，動詞と形容詞の文型を設定し，さらに，結合価理論を活用して文の構造分析を行なう具体的な方法を紹介しておいた。

　日本語の文型は，それぞれの述語がどのような格助詞を要求し，それらがどのような配列を組むかをタイプ化したものである。そこで，まず格助詞の資格が問題となる。そのためには，格そのものの機能を明確にしておく必要がある。また，述語についても，その実体を見極め，どのような種

類があるか解明しておかなければならない。文型は結合価文法から，理論的に引き出されるものである。

　本書は，格の本質を追求して，日本語の格助詞を取り出し，その体系を組み立てる作業を終えてから，結合価理論を紹介することにした。いままで，結合価理論は断片的にしか伝えられてきていない。本書では，この理論の要点を全面的に解説し，その実用化がはかられている。最近まで，結合理論については，動詞述語が要求する行為項に関してのみ議論が集中していた。だが，テニエールは「転用」という操作を重視している。転用とは，動詞，名詞，形容詞，副詞のような文法カテゴリーを切り換える方法である。転用の運用方式が理解されれば，日本語文の構造図式化も容易となり，その文法分析にも転用の応用が可能となる。本書は，この面に力点をおき，いくつかの分析結果のサンプルを提示した。

　もし，本書に紹介されている統語の分析方法を理解していただければ，日本語と英語はもちろん，いかなる言語のいかに複雑な文でも，その統語構造を取り出すことができると信じている。

　文の中核をなす述語は，動詞に限らず，形容詞も形容動詞も，それに名詞も述語として用いられる。こうした述語の働きを通して，動詞と形容詞（形容動詞）の文型を抽出することができるようになる。いままで，動詞の文型については，いくつかの試みが発表されているが，形容詞の文型化に手をつけたものはなかった。本書は，日本語の動詞と形容詞および形容動詞の文型化を及ぶかぎり推進してみた。だが，力量不足で完成には至っていない。結果については，読者諸氏のご批判を仰ぎたいと思っている。

　本書は，以前大修館書店から出版された，小泉・船城・本田・仁田・塚本編『日本語基本動詞用法辞典』の理論編に相当する。文型は，動詞と動詞述語と形容詞述語が支配する名詞の格配列をタイプ化したものである。有名なDudenのドイツ語辞典は，こうした文型により整理されている。今後の辞典は，本書に提示された動詞と形容詞（形容動詞も含む）の文型に従って，各語彙項目の文例をかかげて説明するのが望ましい。こうした実用面も合わせて，本書が何らかの形で日本語の研究に少しでも役立つことがあれば，望外の喜びである。なお，本書と時を同じくして，テニエー

ルの『構造統語論要説』全部の拙訳も研究社から出版されるので，そちらもぜひ参照していただきたい．

　このたび，大修館書店が，本書の刊行を快く引き受けてくださったことに厚い恩義を感じるとともに，本書のためにご尽力いただいた藤田㟁一郎氏と康駿氏に深い感謝の意を表明する次第である．

　　2006 年初冬

小泉　保

目　　次

まえがき ———————————————————————————— iii

1　助詞「ハ」と「ガ」の問題 ———————————————— 3
1.1　ハとガ別類 ——— 3
1.1.1　大槻文彦による助詞の分類…3
1.1.2　山田孝雄による助詞の分類…4
1.1.3　橋本進吉による助詞の分類…6
1.1.4　湯沢幸吉郎による助詞の分類…6
1.1.5　芳賀綏による助詞の分類…7
1.1.6　鈴木重幸による助詞の分類…7
1.1.7　松下大三郎による助詞の分類…8
1.1.8　佐久間鼎による助詞の分類…9
1.1.9　三上章による助詞の分類…10
1.1.10　益岡・田窪による助詞の分類…11
1.2　ハとガ同類 ——— 12
1.2.1　時枝誠記による助詞の分類…12
1.3　助詞ハとガの用法 ——— 14
1.3.1　久野暲によるハとガの用法区分…14
1.3.2　益岡・田窪による「取り立て」…15
1.4　助詞ハとガの構文 ——— 18
1.4.1　山田孝雄による二重主語…18
1.4.2　佐久間鼎の解釈…18
1.4.3　ハとガをめぐる山田説，佐久間説，久野説の比較…18
1.4.4　格助詞をめぐる諸説のまとめ…19

2 格と格助詞 ——————————————————— 21

- 2.1 格の理論 ——— 21
- 2.2 イェルムスレウの格分析 ——— 22
  - 2.2.1 方向性の次元…22
  - 2.2.2 論理的対立…24
  - 2.2.3 現代英語の格体系…24
  - 2.2.4 連帯の法則…27
  - 2.2.5 格の定義…28
- 2.3 フィルモアの格文法 ——— 29
  - 2.3.1 深層格と表層格の区別…29
  - 2.3.2 深層格と変形操作…31
  - 2.3.3 多様な表層格…35
- 2.4 意味的要素としての格 ——— 36
  - 2.4.1 チェイフによる動詞を中心にした意味構造分析…36
  - 2.4.2 形容詞も名詞も述語になる（述語化辞）…40
- 2.5 アンダーソンの格文法 ——— 43
  - 2.5.1 格形式と格関係…43
- 2.6 クックの格文法（格役割） ——— 44
- 2.7 グルーバーの主題関係 ——— 46
  - 2.7.1 主題関係と位置移動…46
  - 2.7.2 所有移動と認定移動…47
- 2.8 ジャッケンドフの意味関数と項 ——— 49
  - 2.8.1 存在論的カテゴリー…49
  - 2.8.2 文の意味と関数構造…49
  - 2.8.3 分野…52
- 2.9 変形文法に抱き込まれた主題関係 ——— 54
  - 2.9.1 θ（シーター）役割…54
  - 2.9.2 格理論の不備…56
- 2.10 主題役割という用語 ——— 58

2.11 主観的な優先規則 —— 59
2.12 認知言語学における役割原型 —— 60
2.13 意味格と形態格 —— 63
2.14 格とは何か —— 65
《コラム（1）》能格言語…45

3 日本語の格と格体系 —— 69
3.1 日本語の格はいくつあるのか —— 69
   3.1.1 日本語の格助詞の目録…69
   3.1.2 名詞的行為項と副詞的状況項の助詞…72
3.2 日本語の格助詞はどのような体系を組むか —— 73
   3.2.1 格体系の研究…73
   3.2.2 格を増幅させる方式…76
   3.2.3 日本語の格助詞はどのような体系を組むか…80
3.3 格と受動形 —— 83
3.4 日本語の格と意味役割 —— 84
3.5 副詞節の用法に見られる格系列 —— 85
   3.5.1 副詞節…85
   3.5.2 接続詞と前置詞…88
3.6 助詞ハとガの文法的構造 —— 100
   3.6.1 助詞ガと助詞ハの交替…100
   3.6.2 助詞ガと助詞ハの統語的操作…101
3.7 無理な「象の鼻が長い」こと —— 103
3.8 状態と行為の構文 —— 106
《コラム（2）》意味関数…89

4 結合価文法概要 —— 109
4.1 文の分析方法 —— 109
4.2 文の中核 —— 110
4.3 図系と行為項 —— 112

4.4　状況項 —— *116*
4.5　実辞と虚辞の区別 —— *117*
4.6　能動と受動の働き —— *119*
4.7　疑問と否定 —— *123*
　4.7.1　疑問文…*124*
　4.7.2　否定文…*126*
4.8　転用 —— *127*
4.9　第1次の転用 —— *129*
4.10　動詞の名詞化——不定詞による方法 —— *132*
4.11　形式名詞による転用 —— *136*
4.12　動詞の形容詞化（(V)＞(A)）—— *140*
　4.12.1　分詞による方法…*140*
　4.12.2　不定詞による方法…*141*
4.13　動詞の副詞化と省略転用について —— *142*
4.14　第2次の転用 —— *144*
　4.14.1　動詞（V）≧名詞（N）［動詞節の名詞節化］…*144*
　4.14.2　動詞（V）≧形容詞（A）［動詞節の形容詞節化］…*145*
　4.14.3　動詞（V）≧副詞（Ad）［動詞節の副詞節化］…*147*
4.15　述語と準動詞 —— *151*
4.16　構文の種類 —— *153*
　4.16.1　行為構文と状態構文…*153*
　4.16.2　存在構文と所有構文…*154*
4.17　助動詞の構文 —— *156*
　4.17.1　助動詞…*156*
　4.17.2　フランス語と英語の助動詞…*158*
　4.17.3　法助動詞…*159*
　4.17.4　日本語の法の助動詞…*164*
　4.17.5　日本語の接尾辞型助動詞…*166*
4.18　使役文と受動文の構造 —— *167*
4.19　授受動詞の構文 —— *170*

4.20　使役と授受動詞の補助的用法 ——— *173*
　　《コラム（3）》「ある」と「ない」の違い…*175*

5　話線 ——————————————————— *177*
　5.1　構造系列から線状系列への切り替え ——— *177*
　5.2　求心的関係と遠心的関係 ——— *178*
　　5.2.1　従属項と支配項…*178*
　　5.2.2　述語を中核とした遠心型と求心型…*179*
　5.3　図系から話線へ ——— *180*
　　5.3.1　行為項の配列…*180*
　　5.3.2　文法的一致…*181*
　　5.3.3　構造系列における語の配列…*183*
　5.4　変列 ——— *186*
　5.5　連接 ——— *189*

6　文の種類 ————————————————— *191*
　6.1　結節の種類 ——— *191*
　6.2　動詞文の構成 ——— *192*
　6.3　形容詞文 ——— *194*
　　6.3.1　述語的形容詞…*195*
　　6.3.2　修飾的形容詞…*198*
　6.4　名詞文 ——— *200*
　6.5　名詞補語と形容詞補語 ——— *201*

7　日本語の述語 ———————————————— *203*
　7.1　述語とは何か——山田孝雄の定義と分類 ——— *203*
　7.2　指定の助動詞 ——— *204*
　7.3　述語の内容 ——— *204*
　7.4　形容詞述語 ——— *205*
　7.5　名詞述語 ——— *205*

7.6　述語の構造 —— *206*

7.7　述語化辞 —— *207*

7.8　述語と文種 —— *209*

7.9　排他性 —— *211*

7.10　名詞述語の図系 —— *213*

7.11　述語と図系 —— *214*
　　7.11.1　日本語の図系…*214*
　　7.11.2　英語の図系…*216*

7.12　図系と意味 —— *218*

7.13　形式名詞の構造 —— *219*
　　7.13.1　形式名詞「もの」…*219*
　　7.13.2　形式名詞「こと」…*220*
　　7.13.3　転用体の「の」…*222*

7.14　他の形式名詞述語構文 —— *227*

《コラム（4）》派生から転用へ…*229*

8　文型 —————————————————— *231*

8.1　結合価 —— *231*

8.2　文型の研究 —— *232*
　　8.2.1　英語の文型…*233*
　　8.2.2　自動詞・他動詞の区別と結合価動詞…*238*
　　8.2.3　ドイツ語…*239*

8.3　日本語の文型 —— *246*
　　8.3.1　単文の文型…*246*
　　8.3.2　結合価と日本語の文型…*248*

9　形容詞の文型 ———————————————— *253*

9.1　形容詞文型の研究 —— *253*
　　9.1.1　ドイツ語の形容詞…*253*
　　9.1.2　英語の形容詞…*255*

9.1.3　日本語の形容詞…257
　9.2　「～ハ～ガ…」の文型をとる動詞 ——— 261
　9.3　文型による形容詞の分類 ——— 264
　　　9.3.1　形容詞の文型タイプ…264
　　　9.3.2　名容詞（形容動詞）の文型タイプ…267
　《コラム（5）》形容動詞を「名容詞」とする…271

10　動詞の文型 ——————————————— 273
　10.1　1価動詞 ——— 274
　10.2　2価動詞 ——— 275
　10.3　3価動詞 ——— 285
　10.4　4価動詞 ——— 293
　10.5　動詞文型のまとめ ——— 294
　10.6　結合価文法の効用 ——— 297
　　　10.6.1　理論面の効用…297
　　　10.6.2　実用面の効用…298

《付録1》夏目漱石著『坊っちゃん』の冒頭部構造分析(図系化)例 ——— 301
《付録2》最多格言語タバサラン語の名詞格体系 ——————————— 302
参考文献 ——————————————————————————— 309
あとがき ——————————————————————————— 316
索引 ———————————————————————————— 319

日本語の格と文型
結合価理論にもとづく新提案

1 助詞「ハ」と「ガ」の問題

「桜が咲く。」「桜は春に咲く。」というような文例に見られる助詞「ハ」と「ガ」の違いをめぐって，日本文法の諸説は1世紀以上にわたって論争をつづけてきた。しかし，いまだに決着を見ていない。それは，助詞「ハ」と「ガ」の使い方が，それらの文法的身分，すなわちどのような種類の助詞と見なすべきかという問題に関連しているからである。

そこで，便宜上「ハ」と「ガ」が異なる種類の助詞に属すると考える「ハとガ別類」の立場と両者を同一の種類の助詞として扱う「ハとガ同類」の立場とに分けて，両派の論争の流れを追いかけながらその解決の糸口を探ってみようと思う。

1.1 ハとガ別類

1.1.1 大槻文彦による助詞の分類

日本語の格助詞の数と目録については，大槻文彦の『廣日本文典』(1897) 以来ほとんど変わっていないと言ってよいだろう。大槻は助詞のことを「テニヲハ」と呼んでいたが，後に「助詞」(『口語法別記』) と改めている。「テニヲハ」はもちろん国学の流れをくむ名称である。富樫広蔭は『詞（ことば）の玉橋』(1846) の中で，次のような3品詞を立てている。

　　言「コト」　　（名詞，代名詞）
　　詞「コトバ」　（動詞，形容詞）

辞「テニヲハ」（助動詞，助詞）

以後，「詞」や「辞」という用語は国語学の流れの中で，その内容を変えながら受け継がれてきた。

とにかく大槻は明治に入り和洋折衷の近代的な日本文法典を作り上げて，その基礎をさだめた国語学の開祖ともいうべき学者である。

大槻は助詞を第1類，第2類，第3類に分けている。

第1類：「名詞ニ属（ツ）クルモノ」と規定しているが，いわゆる「格助詞」のことである。ガ，ノ，ニ，ヲ，ト，ヘ，ヨリ(カラ)，マデ （8語）〔カラはヨリの項に含まれる〕
第2類：「種種ノ語ニ属クルモノ」ハ，バ，ゾ，ナム，ナモ，シ，ダニ，スラ，ノミ，バカリ，モ，コソ，サヘ，ヤ，カ
第3類：「動詞ニノミ属クモノ」バ，ニ，ヲ，ガ，デ，ト，トモ，ド，ドモ，(ニテ，トテ，シテ，ニシテ，トシテ) テ，ツツ

ここに，「ガ」を第1類，「ハ」を第2類の助詞というように，「ハとガ別類」の原則が立てられた。

1.1.2 山田孝雄による助詞の分類

ついで，山田孝雄は『日本口語法講義』(1922) の中で，格助詞の定義を下している。山田は総合的洞察力と具体的分析力に優れた国語学者である。

格助詞は体言又は副詞に付属してそれが他の語に対して有する一定の関係を示すものである。(山田 1922：143)

ここで，「体言又は副詞に付属して」という文言が気になる。山田は「ノ，ガ，ヲ，ニ，ヘ，ト，ヨリ，カラ，デ」と9つの格助詞を認めているが，その内，「ガ，ヲ，ニ」の用法を例示しておこう。

① 「ガ」は用言に対して主格になる語を示す。
　　［例］花ガ咲く。

②「ヲ」は動詞に対してその作用の影響を被る目標を示すもの。
　［例］本ヲ読む。
③「ニ」は体言に付属して，それが静的目標であることを示す。
　［例］人ニ物をやる。

他に「④副詞その他用言に対して修飾の地位に立つものに付属する場合」という項目がある（[例]　ありのままニいふ）。

①の「花が」，②の「本を」，③の「人に」のように，格助詞は名詞に付属しているが，④では「ありのままに」と，格助詞「ニ」が副詞の「ありのまま」に付属している。

山田は，また「係り助詞」という助詞のグループを設定し，「係り助詞」は用言に関係する語に付いて，その陳述に勢力を及ぼすもの」と説明し，「ハ，モ，コソ，サヘ，デモ，ホカ，シカ」などを係り助詞としている。

「陳述に勢力を及ぼす」というのは，述語の上に特別な約束が生じることで，次のような条件をあげている。

　（a）係り助詞は，格助詞を用いない場合は，その代理をすることがある。［例］茶ハ飲むが酒ハのまない。
　（b）係り助詞は，格助詞と同時に用いられるときは，その下につく。［例］家々の窓からハ黄色い燈が見え始めた。
　（c）ハはその意味が排外的であって，事物を判然と指定し，他との混乱を防ぐ。［例］夏ハ暑くて冬ハは寒い。
　（d）モはその意味が対比的，含蓄的で事物をあげ示して同様な事物が他にもあることを言外に暗示する。［例］桃モ桜モ一ときにさいた。

「係り助詞」は「係り結び」を念頭においての命名である。係り結びは文語文法を学ぶときの悩みの源であった。これは，「ゾ，ナム，ヤ，カ，コソ」が「係り」となる「結び」の述語に連体形を要求するという規則である。

　（1）春ヤおそき（連体形）。〔「おそし」が終止形〕

「春や」に助詞「ヤ」がきたので，形容詞は「おそき」という連体形をとったのである。これが係り結びである。

　（2）　雪ハ白し（終止形）。

上の例文では，助詞「ハ」につづく形容詞は「白し」という終止形であるから，係り結びという関係はない。（2）の文は現代口語で「雪は白い」に変化した。また，形容詞の連体形は終止形と同形になってしまった。

1.1.3　橋本進吉による助詞の分類

いままで，規範的国文法と見なされてきた橋本進吉の『助詞，助動詞の研究』（1969）では，格助詞と係り助詞については，山田説を受け継いでいる。

　格助詞：ノ，ガ，ヲ，ヘ，ニ，ト，ヨリ，カラ，デ（9個）
　係り助詞：ハ，モ，ゾ，ナム，コソ，ヤ，カ，ナ，サヘ，デモ，シカ

1.1.4　湯沢幸吉郎による助詞の分類

湯沢幸吉郎の『口語法精説』（1977）も，山田説の表現を少し変えているに過ぎない。格助詞は次のように定義されている。

　格助詞は体言，体言に準ずる語に付いて文節を作り，その文節が同じ文の中の他の語や文節に対して，どんな関係に立つかを示すものである。

「文節」は橋本の考え出した文法的単位で，ほぼ「名詞＋助詞」に相当する。「同じ文の中の他の語や文節に対して，どんな関係に立つかを示すもの」という言い方は山田説と同じ主旨である。

格助詞も同じく「ガ，ノ，ニ，ヘ，ヲ，ト，ヨリ，カラ，デ」の9種を認めている。ただし，係り助詞を副助詞に合体させて「副助詞」と総称している。

1.1.5 芳賀綏による助詞の分類

芳賀綏『日本語文法教室』(1962) も同じ路線を歩いている。「格というのは他の語に対する名詞の関係・資格という意味です」と述べて、「ガ,カラ,ト,デ,ニ,ヘ,ヨリ,ヲ,ノ」の9種を格助詞としている。

そして、「ハ,モ,サエ,コソ,シカ,デモ」を「提示助詞」と称し、「話し手が特定の気持ちをプラスする役目を受けもちます」と説明している。次に「話し手の特定の気持ち」を括弧内に示された含意の形で示している。

　「ハ」：ここにハいません。(他の所にならいざ知らず)
　「モ」：ここにモいません。(他の所にいないことは分かっているが)
　「サエ」：ここにサエいないんだ。(まして他の所にいるわけがない)

以上のように、「話し手が特定の事がらを他の事がらから区別して強くとりたてる（提示する）という態度を反映している」と述べている。

こうした「とりたて」は、上記の提示助詞がそれぞれ抱いている特定な含意であって、語用論でいう「慣用的推意」、すなわち特定の語彙がもっている含意に相当する。ついでながら、「提示助詞」という名称は松下文法から借りたものである。芳賀は、ガを格助詞、ハを提示助詞とし、ハとガを別類に扱っている。

1.1.6 鈴木重幸による助詞の分類

鈴木重幸『日本語文法・形態論』(1972) は「格」について次のように規定している。

　名詞が文や連語のなかで他の単語に対してとることがらの上の関係（素材＝関係的な意味）のちがいを表わす文法的カテゴリーを格という。

鈴木も結局、格を「単語の間の関係を表わす文法的カテゴリー」と見なしている。そして、次のような単一格を認めているが、ヨリ格が抜けている。

1．ガ格（主格），2．ヲ格（対格），3．ニ格（与格），4．ヘ格（方向格），5．デ格（具格），6．ト格（共格），7．カラ格（奪格），8．マデ格，9．ノ格（属格）。

以上の9格は，大方の他説と共通しているが，助詞「ハ」については，その身分を明らかにしていない。ただし，助詞ハの用法上の特質を次に掲げておく。

① とりたての形： ［例］タバコハすうが，酒ハのまない。［対比のハ］
② 名詞述語文や形容詞述語文では，「〜ハ」の形の主語がふつうである。［例］太郎ハ中学生です。　海ハひろい。
③ ただし，形容詞述語文でも，主語をふくむ全体で現象をのべている文の主語は「〜ガ」となる。［例］西の空ガまっかです。　波ガあらい。［現象文のガ］
④ 動詞述語文で，先行する文の中に提示されない新しい主語は，「〜ガ」となる。［例］むかし，あるところに，おじいさんとおばあさんガおりました。［新情報のガ］

1.1.7　松下大三郎による助詞の分類

松下大三郎は『標準日本口語法』(1930)において，個性の強い独自の分析方法を用いて，格助辞を次のように指定している。

「体言の格を表す格助辞には，『ガ，ヲ，ニ，ヘ，ト，ヨリ，カラ，ノ』の八つがある」とし，「マデ」を格助辞からはずして，「名助辞」に組み入れている（松下大三郎 1930：227）。そして，従来係り助詞と呼ばれている助詞群「ハ，モ，シカ，ホカ，コソ，ダケ，バカリ，マデ，グライ，デモ，ナリ，サエ，スラ，ナンカ，ナンゾ」を，「専ら連用の語へ附いてその意義を提示するものである」から「提示助辞」と呼んでいる（松下大三郎 1930：338-41）。

そして，ハとモを提示助辞とした理由を次のように説明している。

「ハ」は事情の異なる二つを此と彼に分けていう。［分説］
　　［例］父ハ役人でしたが，私ハ商人です。
　　〔「父」と「私」は異なる別人で，職業も違っている〕
「モ」は事情の類似している二つを合わせていう。［分説］
　　［例］父モ役人でしたが，私モ役人です。
　　〔「父」と「私」は役人という点で類似している〕

　要するに，ハとモは題目を提示してから，それについて判断を下していると，述べている。
　これに対して，「ガ」では，題目を予示しないで叙述を行っている。

　　父ガ商人ですから，私も商人です。［平説］

　そこで，松下は次のような分類をかかげている。

　（3）　私ガ幹事です。［平説］
　（4）　私ハ幹事です。［分説］
　（5）　私モ幹事です。［分説］
　（6）　私，幹事です。［単説：題目のみ］

　松下は「月が・出る」という文を［主語・叙述語］と分析し，「ガは体言が主格に在ることを示す助辞であって，体言が主語となるべき資格を主格という」（松下大三郎 1930：228）と説明しているから，格助辞「ガ」は主格を示す働きをもつことになる。もともと主語は主題の性格を帯びているから，「ガ」が題目を予示しないとは言い切れない。とにかく，松下文法では，助詞「ガ」を格助詞，助詞「ハ」を提示助辞と見なしているので「ハとガ別類」の立場にある。だが，助詞「ハ」と「モ」を「題目の助辞」として「ハとモ同類ペア」の見方を表明している。

1.1.8　佐久間鼎による助詞の分類

　佐久間鼎は，松下の「助辞分類法」と「ハとモ同類ペア」を継承し，次のように論じている（佐久間鼎 1952：220）。

（7） 私ハ本会の理事です。

　上の例文では，「本会の理事を包括する一部分に『私』が当たったことになり包摂されることになります。ところで『私』は特にそのうちから取り出されているので，『特説』と名づけることができましょう」つまり，本会の理事は何人かいるが，その中からとくに『私』が取り出されていると説明している。後で述べるように，こうした「とりたて」の含意は助詞「ガ」の方にも含まれている。

（8） 私モ本会の理事です。

「(8)の例文では，『私』以外のメンバーのあることが当然予想されます。他にあるメンバーのうちの一人『私』を提挙しながら，他のメンバーを不問に付さないで，共存を明示しています。これは『共説』と名づけることが出来ましょう。」と述べて，松下の「分説」と「合説」をそれぞれ「特説」と「共説」に呼び変えている。さらに，佐久間は次のように解説している。

　　だが，格助詞の性質，用法を論究するとなれば，この種の助詞のついたそれぞれの体言が構文の成分としてどういう役割をするか，また他の語とくに用言に対してどういう関係に立つかを説くことになります。

　いままでの格助詞の規定がおしなべて「他の語に対する名詞の関係」という規定によってきた（芳賀 1962 参照）。だから，佐久間が「他の語とくに用言に対する関係」と定義づけたことは大きな意義をもつことになる。

1.1.9　三上章による助詞の分類

　三上章は『現代語法序説』(1953) の中で，日本語における主語抹殺論を展開しながら，格助詞として次のような助詞を列挙している。

　　ガ（主格），ヲ（対格），ニ（位格），ニ，ヘ（与格），ニ，カラ（奪

格），デ（具格），ト（共格）

　助詞ニが重複しているので，結局格助詞の数は 7 つになる。三上は係り助詞「ハ，コソ，モ，サヘ」の内とくに「ハ」の用法に着目して多面的に考察し『象は鼻が長い』（1960）というタイトルの本を書き上げている。

　三上は「何々ハ」を提示語と名づけ，提示語に含まれている「何々」を「主題」と呼んでいる（三上章 1953：92）。そこで，主題をもつハの文は「顕題」で，主題をもたないガの文は「無題」となる。

　（9）　ヘンリーガ到着しました。［無題文］
　(10)　ヘンリーハ到着しました。［顕題文］

　上のような区別は次のような佐久間の主旨に基づくものであると，三上は説明している。

　　佐久間文法の提題の助詞「ハ」，つまり主題を提示することを本領とする係り助詞「ハ」（次いで「モ」）がある。日本語では主語を表すことは格助詞が受け持ち，主題（theme）は係り助詞が受け持つというように分担がはっきりしている。（三上章 1953：88）

　このように，三上は佐久間説を全般的に受け入れ「ハとガ別類」を明確に宣言している。しかし，（9）の主語「ヘンリーが」には，「他でもないヘンリーだけが」という排他の意味合いを含んでいることを無視できない。

1.1.10　益岡・田窪による助詞の分類

　佐久間，三上の流れは，寺村秀夫を経て，益岡・田窪の『基礎日本語文法』（1992）にまでおよんでいる。この本は格助詞を次のように規定している。

　　補足語が述語に対してどのような関係にあるかを表わす助詞を格助詞という。（益岡・田窪 1992：49）

ここで，格助詞を「補足語と述語との関係を表わす助詞」と明記している点は佐久間の思考路線に沿っている。補足語は「名詞＋格助詞」の形をとる。

　　（11）　甲が乙に丙を紹介した。

　（11）では，「甲が」「乙に」「丙を」がそれぞれ補足語で「紹介した」が述語である。
　格助詞は「ガ，ヲ，ニ，カラ，ト，ヘ，デ，マデ，ヨリ」の9格とし，「ノ」が省かれている（益岡・田窪 1992：49）。「ノ」は「日本語の本」というように名詞と名詞を接続するものであるから，従属接続助詞に組みこまれている。
　さて，助詞「ハ」であるが，同類の他の事項を背景にして，ある事項を取り上げる働きをもつ助詞を「取り立て助詞」と呼んで「ハ，モ，サエ，デモ，スラ，ダッテ，マデ，ダケ，バカリ，ノミ，シカ，コソ，ナド，ナンカ，ナンテ，クライ」を列挙している（益岡・田窪 1992：50）。
　この「取り立て助詞」は係り助詞と呼ばれてきた助詞群である。これらの中で「ハ」と「モ」を，松下は「題目の助辞」と名づけ，佐久間が「提題の助詞」と称したものである。なお，益岡・田窪は「提題助詞」として「ハ，ナラ，ッタラ，ッテ」などを示し，「モ」を省いている。ここに至って「ハとモ同類ペア」は解消されている。

1.2　ハとガ同類

1.2.1　時枝誠記による助詞の分類

　時枝誠記の『日本語文法口語篇』（1950）では，助詞ハに格助詞の資格を与えている。時枝は助詞を，格を表わす助詞，限定を表わす助詞，接続を表わす助詞，感動を表わす助詞の4種に分類している。格を表わす助詞については次のように規定している。

　　格を表わす助詞は事柄に対する話し手の認定の中，事柄と事柄との関

係の認定を表わすものである。

　時枝は，助詞ハについても事柄と事柄の関係を話し手が認定していると解釈し，格語尾として，「ガ，ハ，ノ，ニ，ヘ，ヲ，ト，カラ，ヨリ，デ，マデ」の 10 種を認めている。

　次に，これらの格助詞を用いた例文を掲げておこう。

　　ガ：　　風ガ吹いている。［主格］
　　　　　　病気ガおそろしい。［対象格］
　　ハ：　　万葉集ハ歌集である。
　　ノ：　　池ノ水［付属格］
　　　　　　海ノ見える丘［従属句の主格］
　　ニ：　　庭ニ木を植える。　甲ニひとしい。
　　ヘ：　　町ヘ行く。　紙ヘ書いてある。
　　ヲ：　　木ヲ切る。　梯子ヲのぼる。
　　ト：　　茶碗ト箸　　友だちト出かける。
　　カラ：　はじめカラ終わりまで　　そんなことカラ失敗するのだ。
　　ヨリ：　そんなことヨリこれをおやりなさい。　夏ヨリ美しい。
　　デ：　　庭デ遊んでいる。　耳デ聞く。
　　マデ：　どこマデ行くのですか。　夏マデ続ける。

　次に特異な点は，いわゆる係り助詞を「限定を表わす助詞」と称して，ここに助詞ガを加えているところにある。時枝によると，格助詞は話し手による事実の認定を表わすものであるが，限定助詞は周囲の事情によって認定に相違がある場合に用いられるとして，その事情なるものが次の文例に具体化されている。

　　ガ：　　甲ガ勉強している。（甲以外は乙も丙も勉強していない場合）
　　モ：　　甲モ勉強している。（甲の外に乙も丙も勉強している場合）
　　デモ：　甲デモ勉強している。（怠者である甲も勉強している場合）

　限定を表わす助詞として，ガ，ハ，モ，ヤ，サエ，バカリ，グライ，ダ

ケ，シカ，ナリ，タリ，コソ，キリ，ヅツ，ホド，ダノ，ヤラ，ナド，マデを数えている。そして，これらの助詞は話し手の甲に対する期待，評価，満足などを表わしていると注解している。助詞ガと助詞ハがともに限定助詞に数えられている点，注目に値する。

1.3 助詞ハとガの用法

1.3.1 久野暲によるハとガの用法区分

久野暲（Kuno 1973：27-28）は，助詞ハとガにそれぞれ2種の用法を認めている。

- （a） 主題を表わす「ハ」：［例］太郎ハ学生です。［無標］
- （b） 対比の「ハ」：
  ［例］雨ハ降っていますが，雪ハ降っていません。［有標］
- （c） 中立叙述の「ガ」：［例］雨ガ降っています。［無標］
- （d） 総記の「ガ」：［例］太郎ガ学生です。［有標］

助詞ハについては，主題の用法が本質的なものであるから，無標的で，「AハBだが，CハDである。」という対比の用法は派生的なものである。また，助詞ガについては，中立叙述が基本的用法で，取り立て排他の総記は有標の二次的含意である。

（c）項の「中立叙述」を久野は，「観察できる動作，一時的状態」と説明しているが，これは佐久間（1943：208-9）の「眼前描写」に相当するものである。

- （12） 雪ハ白い。［判断措定］
- （13） 雪ガ白い。［眼前描写］

（13）の「雪ガ白い。」は眼前の風景を描写していると，佐久間は説明している。三尾砂も『国語法文章論』（1948）の中で，話し手を規制する力の総体である「場」との関係を重視して，次のような文種を分けている。

場の文（現象文）：［例］雨が降っている。
場をふくむ文（判断文）：［例］それハ梅だ。

　三尾の言う「現象文」こそ中立叙述に通じるものであろう。
　また，（d）項の「総記」について，久野は「（いま話題になっている人物の中では）太郎だけが学生です。」の意であると注記している。
　そうすると，助詞ハには，主題を表わす主用法と対比を示す副用法があり，助詞ガには，中立叙述の主用法と総記排他の副用法があることになる。

1.3.2　益岡・田窪による「取り立て」

　ところが，益岡・田窪（1992：150）は，「取り立て」という性格を取り出し，同類の他の項との関連において，ある項を取り上げる機能を認めている。

　　（14）　太郎は哲学だけ勉強している。

という文を提示し，「だけ」という取り立ての助詞は「哲学以外のものではない」という含意をもつと説明している。

　　（15）　課長に話しておきます。
　　（16）　課長には話しておきます。

(16)の例文における「課長には」の「には」は，「格助詞に＋取り立て提題助辞は」という構成をなしていると考えている。そのため，次の文例における助詞「は」であるが，助詞「を」に取り立て助辞「は」が付加されてから，助詞「を」が削除されたと分析している。

　　（17）　この本はどこで買いましたか。
　　（18）　この本（を＋は→は）どこで買いましたか。
　　　　　　（格助辞を→提題助詞は）

　さらに，例文(19)と(20)においても同じ要領で，

(19) 太郎はテレビのスイッチを入れた。（益岡・田窪 1992：146）
(20) 太郎がテレビのスイッチを入れた。

(19)の文における「太郎は」は「格助辞が＋取り立て提題助辞は→は」という操作を受けたと解釈しているが，(20)の「太郎が」の方に含まれる排他の含意には触れていない。

とにかく，「取り立て」は一種の強調であって，排他とは異なる。尾上(1981) は，取り立ての「は」を「係り結び」と関係づけているが，強調も排他の意味的含意であって，統語的な機能ではない。

格助詞「に」や「は」に取り立ての意味を加えると，次のような形態的変化が起こるとしきりに主張されている。

「に」＋取り立ての「は」→　には　（「は」の付加）
「を」＋取り立ての「は」→　は　　（「を」の削除）

これらは，強調の意味が形態的操作を引き起こしている事例であるが，統語的ではない。強調が統語的操作を求めるときは，「～のは～だ」という強調構文を要求する。

また，次のように，述語が主題の属性（性質，特徴）や状態を表わす状態述語である場合は，一般に助辞「は」をもつ有題文になると，益岡・田窪は述べている。この点は，すでに鈴木重幸（1972：236）が，名詞述語文や形容詞述語文で「～ハ」の形の主語がふつうであると指摘しているところである。

(21) 日本人は勤勉だ。
(22) 花子は忙しい。

これに対し，動詞述語をもつ文では，有題文にも無題文にもなる。助辞「が」をもつ無題文になるのは，客観的に観察された出来事や動作を，そのまま描写する場合で，「現象文」と呼ばれると説明している。こうした現象文は佐久間の「眼前描写文」，三尾の「現象文」，久野の「中立叙述文」に相当するものである。

(23) 突然，雨が降り出した。

次に，眼前描写ではなく，過去の事柄を取り上げてみよう。

(24) 昨日，太郎は会合に出席しました。
(25) 昨日，太郎が会合に出席しました。

(25)の文には，「とくに太郎が」という総記の含意が感じられる。
次に，肯定文と否定文とを対比させてみよう。

(26) 昨日，太郎ハ会合に出席しませんでした。
(27) 昨日，太郎ガ会合に出席しませんでした。

(27)における排他の含意は明白である。益岡・田窪（1992）は排他の機能については触れていない。上記のように，否定文になると，助詞「が」が排他の機能を帯びるので，これを避けるため助詞「は」が用いられている。

助詞「が」が内有する排他の性格は次に示された文例から明らかになるであろう。

(28) 水は液体である。

上の文は「水は（気体でも，固体でもなく）液体である」という意味を伝えている。これに対し，

(29) 水が液体である。

という文例では，「（水蒸気でも，氷でもなく）水が液体である」と述べている。

$$水は\begin{Bmatrix}×気体\\○液体\\×固体\end{Bmatrix}である。\quad \begin{Bmatrix}×水蒸気\\○水\\×氷\end{Bmatrix}が\ 液体\ である。$$

すなわち，助詞「は」で導かれる文では主語が固定され，述部の方が選

択される。だが，助詞「が」で導かれる文では主語の方が選択され，述部が固定している。

さきに紹介した「助詞ハとガ別類」の見方は，「助詞ガを基底とし，助詞ハを派生」とする方向へと進み，意味的にも文法的にも複雑で無理な説明を必要とするようになった。とくに，「〜ハ〜ガ〜」という構文をめぐって論争が引き起こされた。

1.4 助詞ハとガの構文

1.4.1 山田孝雄による二重主語

山田（1922：341）は次のような文例をかかげて，二重主語に言及しているが，さすが鋭い眼力といえる。

(30) 象は体が大きい。

一つの句中に主格（又は補格）の二つ以上があり，その一は全体をあらはして，上にあり，他は下にあつてその部分をあらはすことがある。この場合にその全体をあらはすものは本来の主格（又は補格）で部分をあらはすものを副主格（副補格）といひ総称して副格ともいふ。

と述べ，「象は」を本主格，「体が」を副主格と呼んでいる。

1.4.2 佐久間鼎の解釈

佐久間（1983：52-54）は，「象は」を本主語，「体が」を副主語というように主語に階級づけする見方もあるし，この文をまず「象は」の主語の部分と述語節の「体が大きい」の部分に2分し，それから述語節の中で「体が大きい」という主語と述語の関係を認める立場もあると，述べている。

1.4.3 ハとガをめぐる山田説，佐久間説，久野説の比較

そこで，（a）山田説と（b）佐久間説および（c）久野説（Kuno 1973：

254）の構文を図示してみよう。

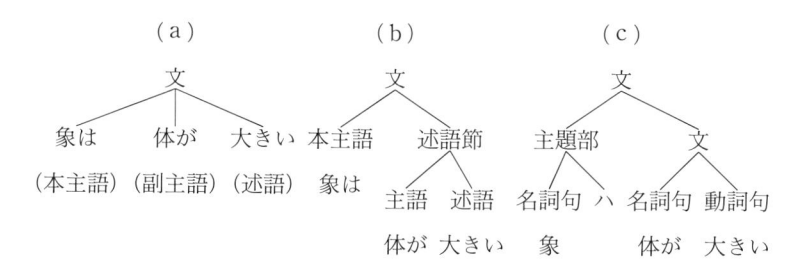

```
        (a)                    (b)                  (c)
         文                     文                    文
    ┌────┼────┐           ┌─────┴─────┐         ┌─────┴─────┐
   象は  体が  大きい      本主語    述語節      主題部         文
  (本主語)(副主語)(述語)    象は    ┌──┴──┐   ┌──┴──┐    ┌──┴──┐
                                  主語  述語  名詞句 ハ  名詞句 動詞句
                                  体が  大きい  象         体が  大きい
```

（a）は「本主格」と「副主格」を認めた山田説の二重主語構造である。ただし，「主格」を「主語」と読み替えておいた。寺村（1982：60）も益岡（1987：43-5）も（b）型の構造を受け入れている。益岡・田窪（1992：145-8）は「ハ」を「提題助詞」と呼び，本主語を「総主語」と言い換えている。

なお，（c）は Kuno（1973：254）による構造分析で，文は助詞「ハ」をともなう主題部と正規の文に分かれるという文法解釈によっている。

とにかく，主語の位置をめぐる助詞ハとガの扱いに関する文法的苦慮は山田以来現在まで決着を見ないままつづいている。最後に結合価文法に基づく分析方法を紹介しておこう。結合価文法は述語が名詞を支配するという原則に立つので，「象は体が大きい。」という文は，「大きい」という形容詞述語をもつので，次のような構造をもつと考えられる。

```
          大きい［述語］
        ┌─────┴─────┐
       象は           体が
     ［第1行為項］  ［第2行為項］
```

第1行為項の助詞ハは「主題格」，
第2行為項の助詞ガは「主格」で，
ともに格助詞と見なされる。

結合価文法については，第4章で扱うことにする。

1.4.4　格助詞をめぐる諸説のまとめ

最後に，格助詞についての諸説を総括することにしよう。

格助詞をめぐる諸説

(1) ハとガ別類：格助詞		助詞ハの身分
大槻	ガ,ノ,ヲ,ニ,ト,ヘ,ヨリ(カラ),マデ。	第2類
山田	ガ,ノ,ヲ,ニ,ト,ヘ,ヨリ,カラ,　　デ。	係助詞
橋本	ガ,ノ,ヲ,ニ,ト,ヘ,ヨリ,カラ,　　デ。	係り助詞
湯沢	ガ,ノ,ヲ,ニ,ト,ヘ,ヨリ,カラ,　　デ。	副助詞
芳賀	ガ,ノ,ヲ,ニ,ト,ヘ,ヨリ,カラ,　　デ。	提示助詞
鈴木	ガ,ノ,ヲ,ニ,ト,ヘ,　　　カラ,マデ,デ。	
松下	ガ,ノ,ヲ,ニ,ト,ヘ,　　　カラ,　　デ。	提示助詞
三上	ガ,　ヲ,ニ,ト,ヘ,　　　カラ,　　デ。	係り助詞
益岡・田窪	ガ,　ヲ,ニ,ト,ヘ,ヨリ,カラ,マデ,デ。	取り立て助詞

(2) ハとガ同類：		
時枝	ハ,ガ,ノ,ヲ,ニ,ト,ヘ,ヨリ,カラ,マデ,デ。	格助詞

　上記の表を見れば，「ハとガ別類」の支持者の方が圧倒的に多い。だが，多数決で「ハとガ」別類組が優勝というわけにはいかない。別類組におけるハの身分に混乱があること。さらに，助詞「ノ」，「ヨリ」，「マデ」について格助詞の認定に相違があること。こうした問題も含めて，決着をつけるために，まず，格助詞の規定から検討する必要がある。格助詞は「格」そのものと深くかかわっているから，格の本質から尋ねてみなければならない。

2 格と格助詞

2.1 格の理論

　格の機能については，早くから古典語，すなわちギリシア語，ラテン語それにサンスクリット語を中心に考察がなされてきた。しかし，格の研究の出発点を L. イェルムスレウの『格のカテゴリー』(Hjelmslev, L. *La catégorie des cas.* 1935) に求めるのが至当であろう。

　この本の中でイェルムスレウは F. ビュルナー (Wüllner) の分析を高く評価している。Wüllner (1827 : 2-8) によると，われわれが空間において知覚できる対象は「静止」の状態にあるか「運動」の状態にあるかのどちらかである。前者ならば空間に関して「どこに」位置しているかということ，後者ならばその動きが「どこから」発して，「どこへ」向かっているかということが問題になる（池上嘉彦 1981 : 12）。

　われわれの知覚は，まず対象物が静止状態にあるか，移動の状態にあるかを区別し，前者では静止物体の位置が注目され，後者では移動体が向かう起点と着点に関心がよせられる。こうした見方は空間における物体の知覚方式を示している。

　これを図解すれば，次のようになる。

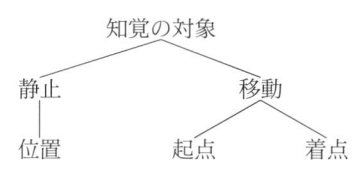

```
            知覚の対象
           /        \
        静止          移動
         |          /    \
        位置      起点    着点
```

筆者は，ビュルナーの空間知覚方式に従って，次のような三角形の図式を提示しておく。

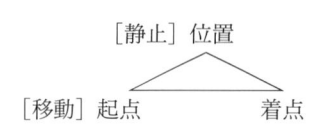

```
          ［静止］位置
              /\
             /  \
            /    \
 ［移動］起点 ―――― 着点
```

すなわち，静止状態の物体では位置が問題となり，移動状態の物体では，起点と着点が問題になる。左のような空間の知覚図式が格の機能と深くかかわっている。

2.2 イェルムスレウの格分析

イェルムスレウは格を分析するにあたり，3つの分野に分けて考察している。

（a） 方向性の次元
（b） 接着性と非接着性の次元
（c） 主観性と客観性の次元

2.2.1 方向性の次元

イェルムスレウは格の意味を分析するために，方向性という次元を設定しているが，この次元は3つの項から成り立っている (Hjelmslev 1935：99)。

<u>（1） 近接（＋） ― （2） 静止（0） ― （3） 離去（÷）</u>
　rapprocheman　　　　repos　　　　　éloignement
〔括弧内の符号（＋），（0），（÷）は，それぞれ近接，静止，離去を表わす。
　マイナス符号の代わりに（÷）が用いられている点に注意。〕

上の記号の配列では，静止を近接と離去の間におき，ある物体が静止状態に近づいて（＋），静止状態（0）に入り，そこから離れていく（÷）過程を示している。

実は，上の図は，（1）のプラス側から見ることもできるし，（3）のマイナス側から見ることもできる。イェルムスレウは，近接側から見る立場を

「プラス指向」，離去側から見る立場を「マイナス指向」と呼んでいる。しかし，次の図のようなマイナス指向の方が，上の図の知覚方式にも合致するので理解しやすいであろう。

> (3) 起点（÷） ― (2) 静止（0） ― (1) 着点
> Source (FROM)　　　Place (AT)　　　Goal (TO)
> 〔下に与えられた英語の前置詞は，その上の用語を代表する抽象的な意味である。ただし，起点の離去（÷）が左に，着点の近接（＋）が右に配置されているので，注意されたい。〕

日本語の格助詞は格語尾と同じ働きをしているので，近接・静止・離去の意味を理解してもらうために，日本語の例文を用いることにしよう。

> (1) 東京へ行く。
>   〔助詞「ヘ」は近接（＋）を意味し，着点格を示す〕
> (2) 東京に住む。
>   〔助詞「ニ」は静止（0）を意味し，位置格となる〕
> (3) 東京から去る。
>   〔助詞「カラ」は離去（÷）を意味し，起点を表わす〕

しかし，「東京に行く」とも言えるので，助詞「ニ」は位置格と着点格の機能を兼ね備えていることになる。また，「先生に叱られた」という文における助詞「ニ」は，「カラ」とも言い替えできるので，離去的でもある。とは言っても助詞「ニ」は位置格用法が主で，方向の着点格と起点格の方は副次的用法と見なされよう。こういうわけで，格の分析が単純にいかないことが分かるであろう。

そこで，イェルムスレウの表記方法を用いると，日本語の助詞「ニ」（位置格）は次のような内容をもつことになる。

方向性の意味領域に（＋）（0）（÷）3つの連続した四角な区画をつくり，近接・静止・離去いずれかの性質をもつ場合には相当する桝目に斜線／を書きこみ，主用法の区画には×印を入れるようにする。日本語の格助詞「ニ」の意味領域は次の図のようになる。

```
    +    0    ÷
  ┌───┬───┬───┐
  │ ╱ │ ╳ │ ╲ │
  └───┴───┴───┘
   近接  静止  離去
```

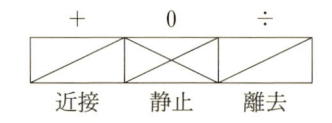

2.2.2 論理的対立

　イェルムスレウは，近接・静止・離去という3つの区画をもつ図式の中でどの区画が意味的に中心の役割を果たしているかにより，3種類の論理的対立を認めている。

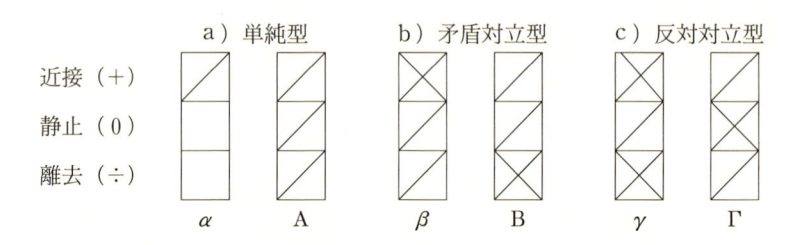

```
           a) 単純型      b) 矛盾対立型    c) 反対対立型
近接（+）
静止（0）
離去（÷）
             α    A        β    B          γ    Γ
```

　a) 単純型では，斜線／で示されたある1つの区画に格の機能が内包的に集約されたものが α，3つの区画に格が外延的に拡張しているものがA。

　b) 矛盾対立は，自然数において偶数と奇数が対立する場合を例にとることができる。ある数が偶数であれば，その数は奇数ではない。すなわち，自然数はかならず偶数か奇数のいずれか一方に属していて，その中間は許されない。これが矛盾対立である。

　ある格が近接もしくは離去のような末端の区画の一方を占めるのが β で，他の格が反対の区画を占める場合がBとなる。

　c) 反対対立では，「幸」と「不幸」が対立するとき，幸でも不幸でもない中立の状態が考えられる。そこで，2つの格が両端の区画を占めているものが γ，1つの格が中央の区画を担うとき反対対立型の Γ 型となる。

2.2.3　現代英語の格体系

　こうした説明だけでは何のことかよく分からないから，実例を挙げてお

こう。現代英語について，イェルムスレウ（Hjelmslev 1935：116-120）は，次のような分析を施している。

(4) The boy sent his mother a letter.
　　〈少年は・母親に・手紙を・送った。〉

　主語格の the boy は動詞の前に立ち，与格の his mother と目的格の a letter は動詞の後にくる。さらに，与格の名詞と目的格の名詞は語順によって見分けがつく。これらの格に boy's〈少年の〉のような -s 語尾をもつ所有格が加わると4格となる。そして，これらの格は次のような構造をもつと述べている。

　　主語格　β，目的格　B，与格　γ，所有格　Γ

　これら4つの格について，彼は次のように説明している。

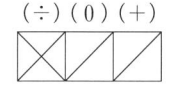

　　(a) 主語格　　　($\div$)(0)(+)

　主語格は，関係を他へ及ぼすという働きがあるから，離去のマイナス（$\div$）である。ところが，(5)の文では述語の位置にある a student も主語格である。

(5) My sister is a student.
　　〈私の姉は学生です。〉

　この場合の主語格は，関係がそこへ及ぶという点で，近接のプラス（+）となる。そこで，主語格は，プラスとマイナスの成分を含むと考えられるから，2つの桝目に斜線が入る。しかし，主語格は，主格として働くことが多いから，ダブルの斜線がマイナスの区画に入る。

　ところが，プラスとマイナスの区画に斜線が書き込まれると，両者の勢力が交流する中間の静止の場も自然に埋められると，イェルムスレウは述べている。そうすると，β 型になる。

(b)　目的格（B）　　(÷) (0) (＋)

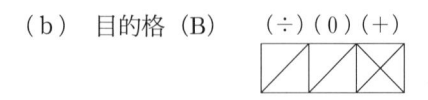

目的格であるが，関係が及ぶものとして，近接（＋）の機能をもつ。だが，次の(6)によると,

(6) I heard the boy cry.
〈私は男の子が泣いているのを聞いた。〉

目的格の the boy は不定詞 cry に対して，主語の働きをもっているので，離去（÷）の項も満たしている。すなわち，目的の近接と主語の離去の機能を備えている。

目的格は，主語と同じように，マイナスとプラスが交差する静止の区画を満たすが，やはり，目的格の機能が優先する場となる。そこで，近接のプラスの枠が×となる。

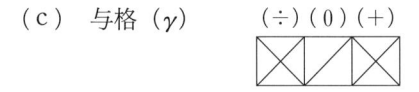

(c)　与格（γ）　　(÷) (0) (＋)

与格については，間接目的語として，主語と目的語の間に立ち，プラスとマイナスの機能が交差する場となる。そこで，静止の位置を占める。重心が離去と近接の2項にあるので，γ型とイェルムスレウは解釈している。

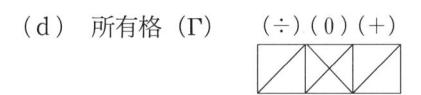

(d)　所有格（Γ）　　(÷) (0) (＋)

最後は所有格であるが，本来関係性の生じる所で，マイナスとなるはずである。たとえば，「モナリザの絵」における「モナリザの」は絵の対象を，「ラッファエルの絵」における「ラッファエルの」は画家を意味するように，所有格の名詞は次の名詞との関係を発生させている。しかし，イェルムスレウは，「所有格は静止，中立を強調するが，離去と近接の表現

も許している。所有は元来一種の内在性と考えられる」と説明して，所有格に静止の機能を中心とするΓの型を与えている。

以上のように，イェルムスレウの格分析は，必ずしも十分に納得のいく解説ではないが，とにかく，格の用法をふまえて，離去，静止，近接という機能のうち，いずれに中心があるか見極めようとしていることは分かる。

2.2.4 連帯の法則

さらに，イェルムスレウは「連帯の法則」(lois de solidarité) を立てている。

1) α A と β B は共起できる。
2) β B は γ および Γ と共起できるが，α A は共起できない。

そこで，次のような結合が可能となる。

(1)　α　A　　　　　　　　(2)　β　B　γ
(3)　β　B　Γ　　　　　　 (4)　β　B　γ　Γ
(5)　α　A　β　B　γ　　 (6)　α　A　β　B　Γ
(7)　α　A　β　B　γ　Γ

いままでに例示したもので，英語は(4)型に属する。

以上，格の機能を論理的な対立のタイプ α, A, β, B, γ, Γ に分類してきたが，これに対し，イェルムスレウは下位論理的対立をなすものを設定している。彼は下位論理的体系と称して，上に述べた方向性の次元の他に，(a)接着性・非接着性と(b)主観性・客観性の次元を導入している。

(a)　接着性・非接着性 (cohérence:incohérence)

(7)　a cat *on* the table　〈テーブルの上の猫〉
(8)　a cat *under* the table　〈テーブルの下の猫〉

(7)の猫はテーブルの表面に接着しているが，(8)の猫はテーブルの下

には接していない。そこで，前置詞 on には接着性があるが，前置詞 under には接着性がないことになる。

(b) 主観性・客観性
 (9) an apple tree *in front of* the house
  〈家の前のリンゴの木〉
 (10) an apple tree *behind* the house
  〈家の後ろのリンゴの木〉

（9）や(10)の文における「前」や「後ろ」の関係は，話し手の見る位置によって変わるから主観的である。

 (11) a chandelier *over* the table
  〈テーブルの上のシャンデリア〉

(11)にある over のような上方指示は，話し手の位置にかかわりなく上方を指すので，客観的であると述べている。

かくて，イェルムスレウは6項を最高とする方向性の論理的対立から，これに2種の下位論理的対立（接着性・非接着性と主観性・客観性）を考慮し，可能な格形として，立体空間を表わすことのできる格は，タテ，ヨコ，オクユキを掛け合わせた6の3乗，すなわち，6×6×6＝216格という数が算定される。これが，イェルムスレウによって理論的に算定された最高の格数である。たとえば，フィンランド語の talo-sta では「家の中から」の出格語尾-sta は，ある物体の中から外へという立体空間における移動を意味する。

2.2.5 格の定義

イェルムスレウ（Hjelmslev 1935：187-88）は，格と前置詞の機能について次のように説明している。

> 格の体系は前置詞の体系と同じてあり，格と前置詞に共通した特徴によって占められる知覚領域は，空間知覚に基づく「2つの対象物の間

の関係」であることがベルンハルトやヴュルナー以来知られている。
さらに，この一般的基盤の上に構築された体系は，1つ以上の体系を含むことも分かっている。

要するに，ここでは格の第1次元，すなわち方向性の次元を考慮に入れることが大切である。この次元のプラス項が近接で，マイナス項が離去である。

イェルムスレウが格と前置詞が同じような機能を果たしていると捉えていることは注目に価する。そして，両者が空間知覚に基づく2つの対象物の間の関係を示していると規定している。2つの対象物とは文法的にいえば名詞である。

いままで，格が名詞の間の関係を示すと述べている研究者の数は多い。1.1.2で紹介した山田孝雄による格助詞の定義もしかりである。だが，イェルムスレウの格理論が，空間知覚に基づいて，各種の言語の格例から「近接，静止，離去」という3つの方向性をもった機能を取り出したことには大きな意義がある。

しかし，自然言語の格がつねに論理的対立の型に合致するという見方を全面的に承認するわけにはいかない。特定の格の多様な用法を考えると，その性格を決定するのが困難な事例も少なくない。だが，イェルムスレウが可能な格体系を予測しようとしてその方式を提案し，これを最多の格語尾をもつとされるタバサラン語などに適用しようと試みた功績は大きい。これまで格の増幅を考案した研究者はほとんどいない。

これから，彼以後に現れた格理論の展開を追っていくことにしよう。

2.3 フィルモアの格文法

2.3.1 深層格と表層格の区別

フィルモア（C. Fillmore）は「格の症例」（Case for Case, 1968）の中で，いわゆる「格文法」の概要を紹介している。この論文を通して，彼は「深層格」（deep case）と「表層格」（surface case）の区別を求めてい

る。当時は変形文法の花盛りで，文の深層構造に変形操作を加えて，表層構造を導きだすという方式が一般的に流行していた。そこで，次のような発想をいだくようになった。

　　深層格　＋　変形操作　→　表層格

フィルモアは「文」を次のように規定している。

　文は基本的構造において，1つの動詞とそれぞれが動詞と特定な格関係で結びついている1つ以上の名詞からなり立っている（Fillmore 1968：21）。

この定義は，フランスの言語学者テニエール（Tesnière）の述語が必要な名詞を支配するという考え方に基づいている。テニエールは「アルフレッドがベルナールをなぐった」という文に次のような構造を与えている。

　　　　　　　　　なぐった［動詞述語］
　　　［行為項1］アルフレッドが　ベルナールを［行為項2］

　そこで，フィルモアは，動詞が必要とする1つもしくはそれ以上の名詞を選びだして配列し，動詞とそれら名詞との間の関係を格で表示することにより深層構造が形成されると考えた。深層構造は別として，述語とそれに支配される名詞との間の関係を示すのが格の機能であるとする見方は，格の本質を深く捉えている。

　たとえば，「送る」という動詞を例にとると，この動詞は，「だれかガだれかニ何かヲ送る」というように，「送る人」，「送る相手」，「送られる物」を表わす3つの名詞が必要となる。そして，この動詞とそれぞれの名詞との関係は，名詞に付加された格助詞，すなわち主格「ガ」，与格「ニ」，対格「ヲ」によって示されている。

　フィルモアは，深層構造を表示するために，まず文を「法部」（modality）と「命題部」（proposition）に2分している。法部は文全体にかかる時制，否定，法，相などを含み，命題部は1つの動詞と名詞句か

ら成り立っている。そして，各名詞句は深層格を帯びている。

 (12) John sent a package to Mary.
    〈ジョンはメアリーに小包を送った。〉

　上の文は次のような深層構造に分析される。なお，図中において，各名詞の前に立つ K であるが，これはドイツ語の「カーズス」(Kasus) の略字で，ある基底の格要素を表わしている。この要素は言語により，格語尾，前置詞，後置詞，語順などの形で実現する (Fillmore 1968：22)。

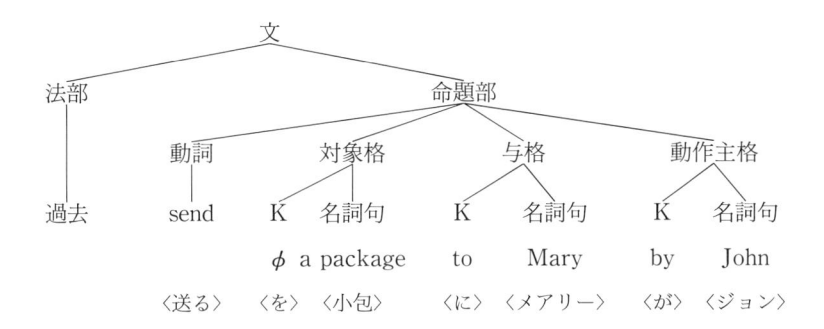

```
                           文
            ┌──────────────┴──────────────┐
          法部                          命題部
            │           ┌────────┬────────┬────────┐
            │          動詞    対象格    与格    動作主格
            │           │      ┌─┴─┐   ┌─┴─┐   ┌─┴─┐
           過去        send    K 名詞句  K 名詞句  K 名詞句
                              φ a package to Mary by John
                             〈送る〉〈を〉〈小包〉〈に〉〈メアリー〉〈が〉〈ジョン〉
```

 (a) 主語化：(by) John 過去 send φ a package to Mary
 (b) 目的語化： John 過去 send(φ) a package to Mary
        〈ジョンは 送る 小包を メアリーに〉

2.3.2　深層格と変形操作

この深層構造に 2 つの変形操作が加えられる。

 (a) 主語化変形：主語となる動作主格 by John を文の左端，すなわち過去形態素の前に移し，格を表示する前置詞 'by' を削除する。

 (b) 目的語化変形：目的語となる対象格 φ（ゼロ）の a package を述語動詞 send の直後に移し，その格表示ゼロを削除する。対象格の格表示はもともと φ ゼロであるから，表面的な変化はない。

すると，

 (13) John 過去 send a package to Mary.

という語の配列が生じる。(a)の操作で John が文頭に立って主語となり，(b)の操作で目的語となった a package が動詞の直後にきている。あとは，「過去＋send」から'sent'という過去形が求められれば，(12)の表層文が生み出される。

 前の図の中で示されている「対象格」，「与格」，「動作主格」はいずれも深層格である。

 フィルモア（Fillmore 1968：24-25）は，はじめ次の6つの深層格を認めていた。

 ① 動作主格（Agentive）：動詞により示された行為を行う有生のもの。
 ② 道具格（Instrumental）：動詞により示された行為もしくは状態に原因として含まれている無生の力もしくは対象物。
 ③ 与格（Dative）：動詞によって示された状態もしくは行為によって影響を受ける有生のもの。
 ④ 作為格（Factive）：動詞によって示された行為もしくは状態によって生じる対象物もしくは存在物。
 ⑤ 位置格（Locative）：動詞によって示された状態もしくは行為の位置もしくは方向を示す格。
 ⑥ 対象格（Objective）：動詞によって示された行為もしくは状態において動詞自体の意味解釈によって役割をもつ名詞を表わす格，つまり機能のはっきりしない格である。

 これらの格のうち，作為格はあまりなじみのない格であるが，作為格と対象格の間には次のような意味的相違がある。

 (14) John painted the fence.
   〈ジョンは垣根（対象格）を塗った。〉

ジョンが「塗る」行為を行う以前から対象格の「垣根」は存在していた。だが，

(15) John built a fence.
 〈ジョンは垣根（作為格）を作った。〉

ジョンが「作る」以前には作為格の「垣根」は存在していなかった。要するに，ある行為によって作りだされる対象物が作為格により表わされ，行為が働きかける対象物が以前から存在していれば対象格をとる。

さて，深層格のリストであるが，フィルモアは後になって（Fillmore 1971：42），与格と作為格をはずし，動作主格，経験者格（Experiencer），道具格，対象格，起点格（Source），着点格（Goal），位置格，時間格（Time）の8種に改めている。これらの深層格の間には，主語化を受ける可能性の程度により，「格階層」という序列がある。

さて，前の図を見ると，命題部の先頭に動詞 send が立ち，主語化された動作主格は文頭に移動して，主語の位置を占め，目的語となるべき対象格は動詞の直後に移されている。こうした，変形の必要性をフィルモア（Fillmore 1977：65）は次のように説明している。

> 深層構造において，英語は動詞が始めにくるのに，日本語では最後にくる。そこで，英語では前置詞が用いられ，日本語では後置詞が使われている。動詞が頭位に立つ言語（VSO）型である英語では，動詞が前から2番目の位置を占めるので，主語前置の変形規則によって前方へ移動させ，主語と目的語に前置詞削除を施す必要が生じてくる。すなわち SVO 型に修正しなければならない。この点日本語は動詞が末位に立つ言語（SOV）であるから，英語のような移動変形を考えなくてよい。

では，日本文についてフィルモアの分析方法を使って深層構造を取り出してみよう。

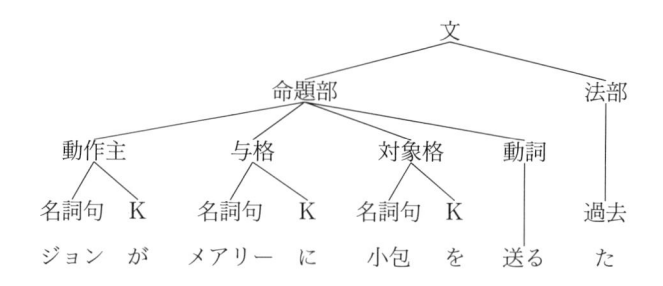

```
                            文
                    ┌───────┴───────┐
                   命題部            法部
         ┌──────┬────┴───┬──────┐
        動作主   与格    対象格   動詞
        ┌─┴─┐  ┌─┴─┐  ┌─┴─┐    │
       名詞句 K 名詞句 K 名詞句 K   過去
       ジョン が メアリー に 小包  を 送る  た
```

 最後に動詞「送る＋た」→「送った」という過去形を作れば，主語化や目的語化の変形なしに，そのまま表層文が出来上がる。

 マッコーレイなど生成意味論の人々は，英語をVSO型の言語と見なしていたので，VSO型の深層構造をSVO型の表層構造に改めるため，主語のSを移動させる変形を利用する必要に迫られたのである。

 そこで，変形前の深層格と変形後の表層格の間に次のような対応が生じることになる。

深層格と表層格の対応

《深層格》	（動詞）	対象格	与格	動作主格
		φ a package	to Mary	by John
《表層格》	主語格	（動詞）	目的語格	与格
	John		a package	to Mary

 両者を比べてみると，与格では深層格と表層格が同じ前置詞 to をもっている。対象格は φ ゼロの前置詞を想定しているから，目的語格になっても形に変わりはない。動作主の深層格は by とされていたが，主語格になると削除される。だが，フィルモアはのちに，この前置詞 by は受動変形によって導きだされると訂正している（Fillmore 1971：43）。

 要するに，深層格に主語化，目的語化の変形をかけても，その前置詞が削除されるだけである。そこで，R. ジャケンドフ（Jackendoff 1972：34）は，「フィルモアの深層格の数は表層の格の数と同数になってしまう。それぞれの表層構造の名詞句はまさに1つの深層構造格をもつと思われ

る」と批判している。

　フィルモアは，深層格はいずれの言語にも共通した普遍的意味単位であって，その数も限定されていると考えていた。そして，これら深層格に変形をかけて多様な表層格を導きだす方式を模索してみたのである。だが，結局は深層格を取り出す方法を解明することができなかった。

　実際フィルモア（Fillmore 1975：3）は，「（ⅰ）正確な深層構造格の目録はどのようなものか，（ⅱ）文法理論のための目録を作る場合，どのようにしたら，原理的にその目録が完成したと分かるか，（ⅲ）個々の格をどのように定義し，どのように理解したらよいか，……（中略）……　以上のような問題を正面から取り上げようとしたわたしの努力の一部は，本書のあちこちに見かけられるが，これらの疑問はいずれも未解決になっている」と述べて，格文法理論を改良し，さらに展開しようとする意欲を失っている。

2.3.3　多様な表層格

　また，Don L. F. ニールセン（Nielsen 1973：40 f）は，道具格の用法を綿密に検討した結果，深層格の格表示は表層においてのみ決定されると申し立てている。

　　(16)　John presented Mary with a gift.
　　　　〈ジョンはメアリーに贈り物を贈った。〉
　　(17)　John presented a gift to Mary.
　　　　〈同上〉

　(16)と(17)の文は同じ意味をもつが，(16)の方では「贈られる対象」にwithがついているが，(17)の方では「贈る相手」にtoが用いられている。表層格の前置詞は深層格によって決定されるのではなく，述語動詞と関係しているようである。

2.4 意味的要素としての格

2.4.1 チェイフによる動詞を中心にした意味構造分析

チェイフ（Chafe 1970）は，「（どの文も）普通，常にというわけではないが，述語的要素の後に1つもしくはそれ以上の名詞的要素が続く」と規定して，述語的要素を「動詞」，名詞的要素を「名詞」と呼んでいる。チェイフは述語動詞が名詞群を支配していることを意味の面から立証しようとしている。

a　チェイフによる動詞の分類

チェイフは動詞を次の4つのタイプに分けている。

(a)　氷は固い。［状態］　The ice is hard.
(b)　氷がとけた。［過程］　The ice melted.
(c)　正雄が走った。［行為］　Masao ran.
(d)　正雄が氷をとかした。［過程行為］　Masao melted the ice.

各動詞に対する名詞の関係から，次のような意味構造が得られる。

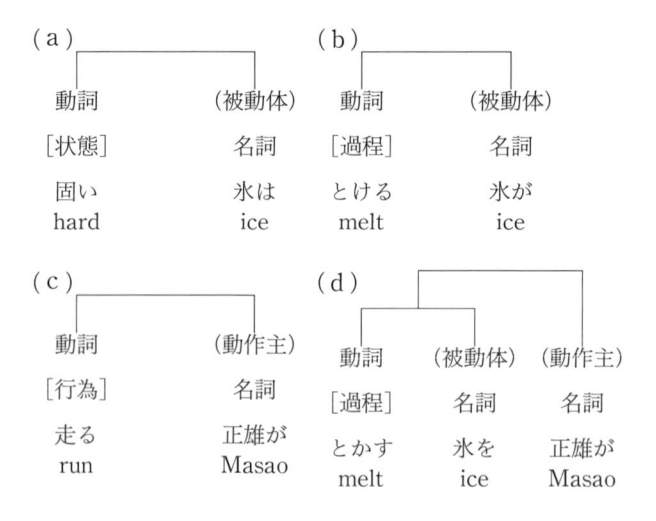

```
(a)                          (b)
 ┌──────┐                     ┌──────┐
動詞   （被動体）             動詞   （被動体）
[状態]    名詞               [過程]    名詞
 固い     氷は                とける    氷が
 hard     ice                 melt     ice

(c)                          (d)
 ┌──────┐                     ┌──────┬──────┐
動詞   （動作主）            動詞  （被動体）（動作主）
[行為]    名詞               [過程]   名詞     名詞
 走る    正雄が              とかす   氷を     正雄が
 run     Masao               melt    ice      Masao
```

チェイフは，［状態］，［過程］，［行為］という特徴は，次のような質問によって，確認できると述べている（Chafe 1970：100）。

　　状態文：氷はどのようだ？　氷は「固い」。
　　過程文：氷はどうなった？　氷は「とけた」。
　　行為文：正雄はどうした？　氷を「とかした」。

b　チェイフによる名詞の分類

さらに，彼は，動詞が含有する意味特徴によって名詞の意味特徴も定められると考え，名詞の方に以下の7つの特徴を認めている。

　　1）動作主（agent）は行為［action］動詞に従う名詞。〔（c）と（d）の例文参照〕
　　2）被動体（patient）は状態［state］もしくは過程［process］の動詞に従う名詞。〔（b）と（d）の例文参照〕

なお，（d）のように行為と過程の特徴を含む動詞は動作主「正雄」と被動体の「氷」の名詞を伴う。

　　3）経験者（experiencer）は次の例文に見られるように，「飲み物を望んだ」とか「答えが分かっていた」とか，「アスパラガスが好きだ」とか言った「心的経験」を受けた人物を「経験者」と称している（Chafe 1970：145）。

```
(18)  Tom wanted a drink.
(19)  Tom knew the answer.
(20)  Tom liked the asparagas.
```

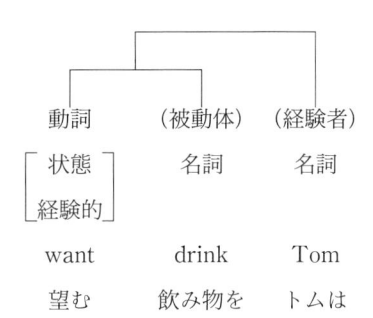

```
            動詞    （被動体） （経験者）
          ⎡状態 ⎤    名詞     名詞
          ⎣経験的⎦
          
          want     drink     Tom
          望む    飲み物を   トムは
```

チェイフは，述語が［経験的］という特徴を含む場合を次のように説明している。

 a）［状態，経験的］：want「欲する」, know「知っている」, like「好きだ」というような動詞群が共有している。
 b）［過程，経験的］：see「見る」, hear「聞く」, feel「感じる」のような動詞群が共有している。

チェイフの提案したこの「経験者」は各方面で採用され，格の研究が活性化された。

4）受益者（benefactive）は，下の(21)におけるトムのように，送られたものから利益を得ている人物である。

 (21) メアリーはトムにチケットを送った。
    Mary sent the tickets to Tom.

上の文例における意味特徴の［恩恵］には次のような組み合わせがあるという。

 a）［状態，恩恵］は have「もつ」, own「所有する」のような「所有」を表わす述語。
 b）［過程，恩恵］は lose「失う」, win「手に入れる」など。
 c）［過程，行為，恩恵］は buy「買う」, send「送る」のような授与の動詞に見出される。

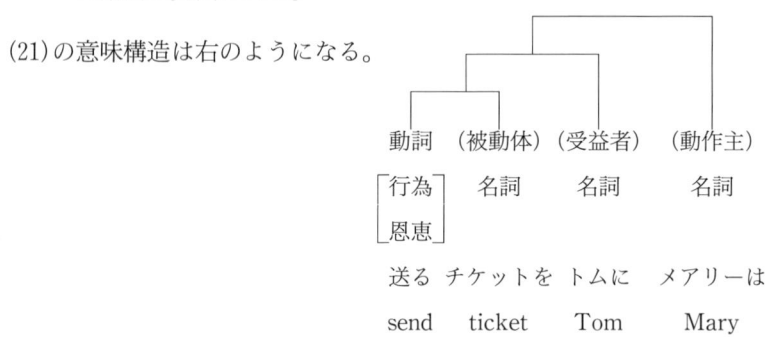

(21)の意味構造は右のようになる。

```
                        動詞　（被動体）（受益者）（動作主）
          ［行為］      名詞     名詞     名詞
          ［恩恵］
                        送る　チケットを　トムに　メアリーは
                        send    ticket    Tom     Mary
```

5）場所（location）は，あるものの場所を表わす。

(22) The key is in the box.
鍵は箱の中にある。

状態動詞で［場所］の意味特徴をもつならば，名詞「鍵」とその場所との関係を示す場所名詞「箱」が添加される。そして，この場所的要素が前置詞となって実現すると解説されている（Chafe 1970：159）。

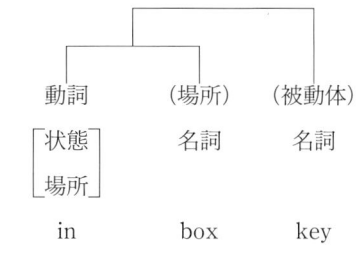

6）道具（instrument）は，道具もしくは手段を表わす。

(23) Tom cut the rope with a knife.
トムはナイフでロープを切った。

チェイフは，過程行為動詞は任意に道具名詞を取ることができると述べている。

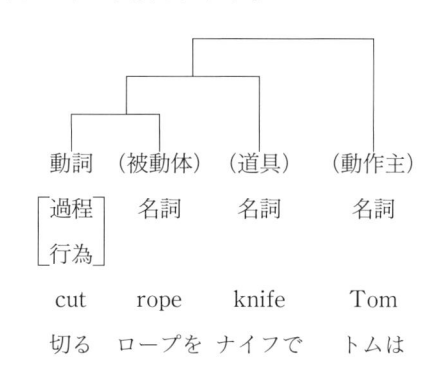

7）補足語（complement）は，ある行為が名詞的概念を含意する場合のことで，下の(24)では「歌う」という行為は「歌」を含意しているとチェイフは説明している（Chafe 1970：159）。伝統文法でいう同属目的語に相当する。

(24) Mary sang a song. メアリーは歌を歌った。

また，チェイフは，名詞的要素をとらない述語的要素を取り上げている。これは「環境」（ambient）という特徴で，俗に「天候のit」などと呼ばれている具体的な意味をもたない形式的主語を呼び起こすことがある。

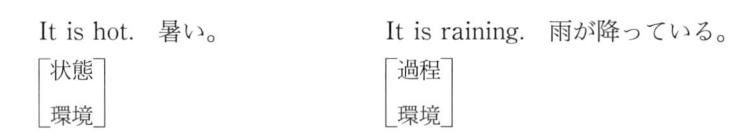

It is hot. 暑い。　　　　　It is raining. 雨が降っている。
$\begin{bmatrix}状態\\環境\end{bmatrix}$　　　　　　　　　　$\begin{bmatrix}過程\\環境\end{bmatrix}$

　このように主語の名詞を必要としない環境的述語の設定は，後述するテニエールの無項述語という考え方の流れを汲むものである。
　結局，チェイフは述語に状態，過程，行為，経験，恩恵，場所，環境の意味特徴を定めそれぞれに対して，動作主，被動体，経験者，受益者，場所，道具それに補足語の7種の名詞を設定している。
　チェイフの意味分析によって，動詞が名詞の意味役割を決定していることがよく分かる。名詞の意味特徴の種類もアド・ホックな思いつきでなく，十分な意味構造の根拠に基づいていることも認められる。だが，こうした名詞の意味特徴が形式的にどのような語形や語順をとるかについては言及していない。

2.4.2　形容詞も名詞も述語になる（述語化辞）

　チェイフは，動詞述語のほかに，形容詞述語と名詞述語を認めている。彼は，「名詞述語は『述語化辞』(predicativizer) と呼ばれる派生単位によって作り出された状態動詞である」と述べている（Chafe 1970：201）。

　　(25)　正雄は学生だ。Masao is a student.

　上の文例をチェイフの分析方法によって，図式化すれば，次のようになる。

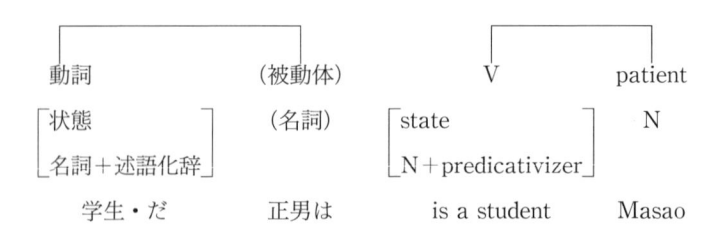

　　動詞　　　　　（被動体）　　　V　　　　　patient
$\begin{bmatrix}状態\\名詞＋述語化辞\end{bmatrix}$　（名詞）　$\begin{bmatrix}state\\N＋predicativizer\end{bmatrix}$　N

　　学生・だ　　　　正男は　　　is a student　　Masao

　日本語の名詞述語「学生だ」における「だ」は述語化辞と見なすことが

できる。英文における 'is-a student' では，名詞が 'is' という述語化辞をとって状態動詞になったと考えられる。こうした述語化は形容詞にも当てはまる。

(26)　This box is heavy.　この箱は重い。

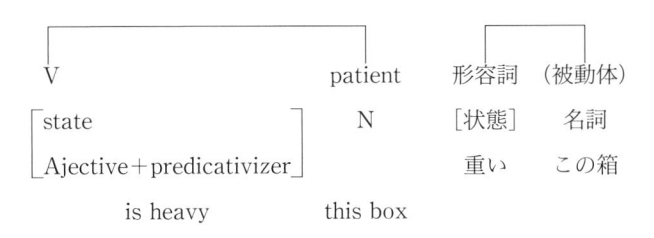

```
V                              patient        形容詞    （被動体）
[state              ]              N          [状態]     名詞
[Ajective+predicativizer]                      重い      この箱
   is heavy                     this box
```

英語の形容詞述語は述語化辞を必要とするが，日本語の形容詞はそのままでよい。すなわち，述語としての資格を備えている。だが，名容詞は名詞とおなじような述語化辞を要求する。下図のように，［名容詞＋述語化辞］は準動詞「だ」となって実現する。なお，名容詞は名詞的形容詞のことで，「形容動詞」と呼ばれてきた品詞の部類で，寺村秀夫の命名による。本書でもこの用語を使用することにした。

(27)　秋子は素直だ。

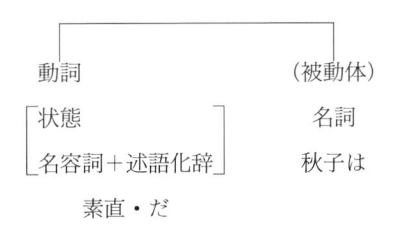

```
動詞                        （被動体）
[状態           ]            名詞
[名容詞＋述語化辞]            秋子は
   素直・だ
```

状態動詞が［場所］を含むと同じ措置をとる。

(28)　鍵は箱の中にある。
　　　The key is in the box.

上の英文では，前置詞句 in the box が含まれているが，動詞が意味特

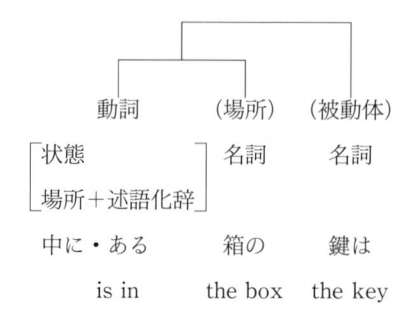

```
              ┌──────┬────────┬────────┐
              動詞   （場所） （被動体）
          ┌状態    ┐  名詞     名詞
          └場所＋述語化辞┘
            中に・ある   箱の      鍵は
              is in    the box   the key
```

徴に［状態］と［場所］をもつので，被動体の名詞「鍵」と場所の名詞「箱」が必要となる。さらに，意味特徴の［場所］in に述語化辞が付加され，述語としての is in the box が実現することになる。

　さらに，こうした意味分析を拡張していけば，さらに，次のような場所名詞を含む文が展開されるであろう。

(29)　春男は椅子に座った。
　　　Haruo sat on the chair.
(30)　秋子は本をテーブルの上においた。
　　　Akiko put a book on the table.

　上の例文には，それぞれ「椅子に」と「テーブルの上に」という場所を示す名詞が用いられている。述語は「座る」「おく」という行為動詞であるから，意味特徴の［行為］と［場所］が共存していることになる。

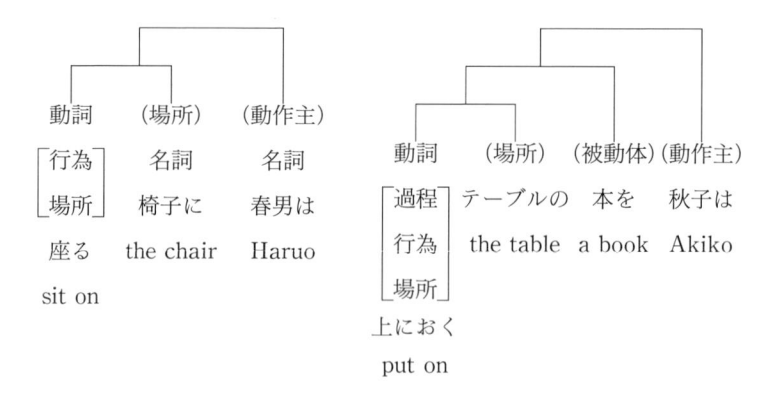

```
         ┌─────┬──────┬──────┐              ┌──────┬──────┬──────┬──────┐
         動詞  （場所）（動作主）            動詞  （場所）（被動体）（動作主）
       ┌行為┐  名詞    名詞               ┌過程┐  テーブルの  本を    秋子は
       └場所┘  椅子に  春男は             │行為│  the table  a book  Akiko
         座る  the chair Haruo             └場所┘
         sit on                             上におく
                                            put on
```

42

要するに，意味特徴［場所］の中に具体的な場所の特定化が行われていると考えられている。とにかく，チェイフの意味分析により，述語が名詞の意味的関係を規定していることは明白である。

2.5　アンダーソンの格文法

2.5.1　格形式と格関係

　格文法には3つの流れがある。第1がフィルモア流，第2がアンダーソン流，第3がクック流である。第2のJ. M. アンダーソン（Anderson）も独自の格文法を編み出している。

　ラテン語の'Rōmam　vēnī.'〈わたしはローマに来た。〉という文では，Rōma-mは対格語尾の-mをとっているが，意味的には「ローマに」と目標の働きをしている。そこで，格を分析するときには，次の2つの部面に分けて考察する必要があるとアンダーソンは主張している（Anderson 1977：9）。

(a)　格関係（case relation＝CR）：文の中で特定の名詞が果たす意味役割の表示。
(b)　格形式（case form＝CF）：意味役割を表わすのに用いられる語形。格形式は格語尾だけでなく，前置詞や後置詞それに語順を含めた広い意味の形式を指す。

　上で示したラテン語の例で説明すれば，Rōmamという対格形が格形式で，「ローマに」という目標がその格関係ということになる。

　アンダーソン（Anderson 1977：100）は，動詞が次のような4種の格関係を名詞に付与すると述べている。

《式1》

V（動詞）→ $\begin{bmatrix} \text{loc （locative）位置格} \\ \text{abl （ablative）奪格} \\ \text{erg （ergative）能格} \\ \text{abs （absolute）絶対格} \end{bmatrix}$

ここで，能格，絶対格という馴染みのうすい用語が用いられているが，これらは，いわゆる「能格言語」という言語群に出てくる語形である（コラム1参照）。ただし，能格語尾もしくは能格に相当する語尾をもたない言語に「能格」という用語を安易に使ってはならない。

アンダーソン（Anderson 1977：144）は，式1で示した4つの格関係を使って，次の文の基底形を与えている。

(31) John sent a package to Mary.
ジョンはメアリーに小包を送った。

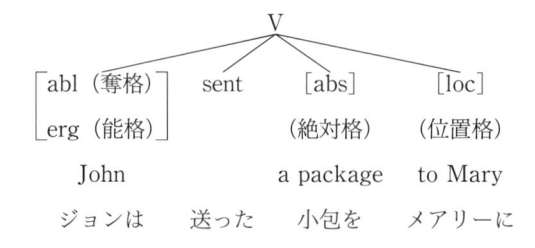

$\begin{bmatrix} \text{abl （奪格）} \\ \text{erg （能格）} \end{bmatrix}$　sent　[abs]　[loc]
　　　　　　　　　　　（絶対格）（位置格）
　John　　　　　　a package　to Mary
　ジョンは　送った　小包を　　メアリーに

主語のジョンは動作主としての能格と起点としての奪格の特徴を備えている。なお，位置格［loc］は着点前置詞 to となって実現している。アンダーソンの格文法では，［abl.erg］のように格関係の複合体を認めているのが特色である。［奪格・能格］という格関係において，奪格カラはエネルギーの発生を意味するであろうが，能格の内容がよく分からない。

2.6　クックの格文法（格役割）

格の数を制限する方向で格文法の流れを終始追いかけてきたのはW. A. クック（Cook 1998）である。彼の格文法によると，次の5種の格役割

(case role) が認められている。

動作主 (A), 対象 (O), 経験者 (E), 受益者 (B), 位置 (L)

■コラム(1)

能格言語

たとえば，カフカス諸語の中でもっとも有力なグルジア語は，代表的な能格言語である。この言語では，現在形は対格言語方式なのに，過去形は能格言語方式で表される。

《現在形》　st'udent'-i　c'ers　c'eril-s.　〈学生ガ手紙を書く〉
　　　　　　学生ガ　　　「書く」　手紙ヲ
《過去形》　st'udent'-ma　dac'era　c'eril-i.　〈学生が手紙を書いた〉
　　　　　　学生デ　　　　「書いた」　手紙ガ

現在形では，「学生」は主格の-i「ガ」をとり，「手紙」は対格の-s「ヲ」をとる。しかるに過去形では，「学生」には能格の-ma「デ」が，「手紙」には主格の-i「ガ」が与えられている。

このように，他動文で行為の対象を主格にすえ，動作主に能格語尾をつけるものを「能格構造」という。

これに対し，他動文で動作主に主格を，対象に対格を与えるものを「対格構造」という。日本語に例をとれば，

（a）　窓を開ける。[対格構造]
（b）　窓が開けてある。[能格構造]

「開ける」は他動詞である。(a)の対格方式では，対象となる「窓」が対格助詞「ヲ」をとっているのに，(b)の能格方式によると，主格助詞「ガ」となっている。

なお，例文に用いられている。表記 t', c' はいずれも放出音である。拙著（2003：13-4）を参照されたい。

(32) Frank gave Susan some flowers.
　　　　　A　　　　B　　　　　O
　　　フランクは　スーザンに　花を　贈った。
　　　　動作主　　　受益者　　対象

　上の例文から動詞 give〈贈る〉は（A　B　O）の格役割を取る述語動詞ということになる。このように，それぞれの動詞について格役割の組み合わせを決定し，「格文法マトリックス」を提起している。
　彼は「これらの格役割は関係であってカテゴリーではない。つまりこれらは規定された特徴をもつものではなく，述語との関係を表わしているだけである。」(Cook 1987：12) と説明している。
　だが，5つの格役割を組み合わせた彼の動詞目録を見ると，同じタイプのものが数多く見出される。たとえば，

　　　buy「買う」（……A，B，O）（……動作主，受益者，対象）
　　　sell「売る」（……A，B，O）（……動作主，受益者，対象）

これでは，マトリックスの識別力に疑問がもたれる。

2.7　グルーバーの主題関係

2.7.1　主題関係と位置移動

　J. S. グルーバー（Gruber 1976）は動詞の意味構造の中に統語的な関係を読み取ろうとしている。

　　(33)　太陽は　　　東から　　　西へ　　　移動する。
　　　　　主題 (Theme)　起点 (Source)　着点 (Goal)
　　　The sun moves from the east to the west.

　このように，運動動詞 go〈行く〉には，from〈～から〉で示される起点と to〈～へ〉で表わされる着点とが含意されている。なお，「主題」は「移動するか変化を受けるもの」と規定されている（Gruber 1976：38）。

　　(33)　銅像が公園に立っている。

> The statue stands in the park.

　上の例文における「公園の中に」(in the park) は，主題の「銅像」が立っている位置 (Location) を表わしている。

　そこで，グルーバーは，位置に AT（ニ），起点に FROM（カラ），着点に TO（ヘ）という基底となる意味特徴を割り当てている。

　(34)　猫が家の中に走りこんだ。
　　　　The cat ran into the house.

　上の例文における「走った (ran)」も移動動詞であるが，猫は移動行為を行った生物ということで，「動作主」と見なされている。グルーバーは，動作主を「行為を意図し，それを遂行するもの」と説明している (Gruber 1976：43)。かくて，彼は次のような 5 種の「主題関係」(Thematic Relation) を設定した。

　動作主
　位置，起点，着点
　主題

2.7.2　所有移動と認定移動

　(35)　メアリーはジョンからギターを買った。
　　　　Mary bought a guitar from John.

　この文例におけるメアリーは，買う行為を行った動作主であるが，同時にギターを受け取る着点でもある。また，ギターを手放すジョンは起点と解釈される。すなわち，ギターという主題の物品が売り手の起点ジョンから買い手の着点メアリーに所有権が移動したことを意味する。同じことが次の例文にも当てはまる。

　(36)　ジョンはメアリーにギターを売った。
　　　　John sold a guitar to Mary.

上の文でも，(35)と同じ売買行為が行われている。従って，「売る」(sell)と「買う」(buy)とは「相互関係」を組むとグルーバーは解説しているが，すぐれた意味分析である。そこで，太陽の運行は空間移動であるが，売買行為は所有権の移動を意味するから，彼は「所有のパラメーター」なる分野を認めている。たしかに，売買という行為では，「売り手」と「買い手」の間に，次のような所有権の移動が含意されている。

<u>ジョンから</u>　<u>ギターが</u>　<u>メアリーへ</u>
　起点　→　主題　→　着点

さらに，グルーバーは「教える」と「学ぶ」の間にも，「教える者」を起点，「学ぶ者」を着点とし，「情報」が伝達移動すると考えている。

また，グルーバーは「認定(identificational)」というパラメーターも認めている (Gruber 1976：140-45)。

(37)　<u>かぼちゃが</u>　<u>馬車に</u>　変わった。
　　　　主題　　　　着点

　　　Pumpkin turned into a coach.

上の文例は，「かぼちゃ」という物体が「馬車に」様相が変化したことを伝えている。こうした質的変化も「認定のパラメーター」を使って説明できる。

(38)　<u>ジョンは</u>　<u>プロテスタントで</u>　ある。
　　　　主題　　　　　位置

　　　John is a Protestant.

ジョンは，様相として「プロテスタント」の状態（位置）にあると解釈される。

(39)　<u>ジョンは</u>　<u>プロテスタントから</u>　<u>カトリックに</u>　改宗した。
　　　　動作主　　　　起点　　　　　　　着点

　　　John converted from a Protestant to a Catholic.

上の文は，教徒としての様相の転移を伝えている。convert〈改宗する〉

は運動動詞（motional verb）である。これに対し，(38)の be 動詞は非運動動詞（non-motional verb）である。そこで，グルーバーは，「場所」「所有」「認定」のパラメーターを通して，移動表現の基底となる前置詞として，運動動詞では，起点の FROM「カラ」と着点の TO「ヘ」を，状態を表わす非運動動詞では，位置の AT「ニ」を取り出している。これは卓見である。日本語の「プロテスタントである」の「である」について，山田孝雄は「で」の要素を格助詞と解釈したが，「で」を位置格とすれば，日本語の「～である」は，英語の 'be AT ～' に意味的に対応する。この分析が(38)の文に適用できる。

2.8　ジャッケンドフの意味関数と項

R. ジャッケンドフ（Jackendoff 1983）はグルーバーの主題関係を尊重して，これを基盤にすえ独自の概念意味論（Conceptual semantics）を展開している。

2.8.1　存在論的カテゴリー（ontological categories）

ジャッケンドフによれば，われわれは外界の事物をそのまま知覚するのではなく，われわれの内部に備わっている存在論的カテゴリーの枠組みを通してのみ知覚が可能であると主張している。彼の言う存在論的カテゴリーは次頁の表に示したような問答を通して7種認められている。要するに，これら7種のカテゴリーを通して，われわれは周囲の事物を知覚認知するというのである。

2.8.2　文の意味と関数構造

文の中心は述語であって，その述語が支配する名詞の数と役割を決定すると述べたが，そこで，述語は支配する名詞の間の関係を表わす働きをもつことになる。

　　(40)　John hit Mary.

《質問》	《答》	《存在論的カテゴリー》
1)「あなたはなにを買いましたか。」	「本を。」	[THING]（事物）
2)「本はどこにありますか。」	「テーブルの上に。」	[PLACE]（場所）
3)「あなたはどこへ行きましたか。」	「図書館へ。」	[DIRECTION]（方向）
4)「あなたはなにをしましたか。」	「読書しました。」	[ACTION]（行為）
5)「あなたになにが起こりましたか。」	「わたしは本を借りました。」	[EVENT]（出来事）
6)「図書館へはどのように行きましたか。」	「歩いて。」	[MANNER]（様態）
7)「どれほど本を借りましたか。」	「5冊。」	[DEGREE]（程度）

ジョンがメアリーをなぐった。

述語動詞の hit〈なぐった〉は名詞「ジョン」と「メアリー」との間の関係を示している。名詞の間の関係を表わす述語を「関数」(function) と見なせば，名詞は述語により指定された関係に立つ「項」(argument) と考えることができる。これを論理的形式に合わせると，次のようになる。

```
述語関数    （名詞項，  名詞項）    ［関数構造］
 hit       (John,    Mary)
述語動詞    （動作主，  主題）      ［意味構造］
```

意味の面では，ジョンに「動作主」，メアリーに「主題」という主題関係の項目が割り当てられる。さらに，ジャッケンドフは前置詞を関数と見なし，その目的語となる名詞を項として扱っている。

(41)　The cat ran into the room.
　　　猫が部屋の中へ走りこんだ。

上の例文では，into を，[場所] の IN〈中〉と [経路]（PATH）の TO〈ヘ〉に分解し，次のような関数と項の構造を立てている。

[経路関数　TO（[場所関数　IN　（[事物　ROOM]）]）]
　関数　TO（　関数　IN　（　項　ROOM））

すなわち，経路関数 TO は [場所関数　IN　（[事物　ROOM]）] を項としている。さらに，その中に含まれている場所関数 IN は [事物 ROOM] を項としている。このように複合した関数と項から成る概念構造が 'into the room'〈部屋の中へ〉という具体的な語彙となって実現する。

さらに，ジャッケンドフは，動詞の「抽象的意味関数」として「移動関数 GO」を設定している。動詞 'ran'〈走った〉には移動の意味要素が含まれているから，(41)の文は次のような概念構造（＝意味構造）に分析される。

RAN　（CAT,　INTO（ROOM））　＝
（猫ガ,（部屋ノ）中へ）ハシッタ
移動関数 GO　（事物 CAT, 経路 TO　[場所　IN　（事物 ROOM)]）

つまり，移動関数 GO は 2 つの項をとる。1 つは事物項，他は通路項となる。これは，次のような公式にまとめられる。

　a）移動 GO　（[事物　X],[経路　Y]）　　（[X ガ][Y ヲ]）移動スル

また，静止状態にかかわる関数を取り上げよう。

(42)　噴水が公園の中にある。
　　　The fountain is in the park.

　　　BE　　（FOUNTAIN, IN (PARK)）
　　　述語　　（主題,　　位置）
　　　((噴水ガ,（公園ノ）中ニ）存在スル

ジャッケンドフは静止状態を表わすのに存在関数 BE を用いている。

b）存在関数 BE　（[事物　X], [位置　Y]）
（[X ガ], [Y ニ]）存在スル

さらに，ジャッケンドフは次のような使役関数を認めている。

c）使役関数 CAUSE　（[動作主　X], [出来事　Y]）
（[X ガ], [Y ヲ]）サセル

(43)　John made us laugh.
ジョンはわたしたちを笑わせた。

日本語では，自動詞の「笑う」と他動詞の「笑わせる」の間に使役の要素が隠れている。そこで，次のような使役関係が成立する。

使役　CAUSE　（[動作主　JOHN], [出来事　LAUGH (WE)]）
使役　サセル　（[動作主　ジョン], [出来事　笑ウ（ワタシタチ）]）

すなわち，「ジョンは[わたしたちが笑う]ようにサセル」と意味分析されている。

以上のような空間における状態と移動という知覚認知の図式は，そのまま時間，所有認定の分野に適応できる。

2.8.3　分野

a　時間的分野（Temporal field）

(44)　We moved the meeting from Tuesday to Friday.
わたしたちは会合を火曜日から金曜日に移した。

この例文には使役関数が働いている。

使役 CAUSE　（[動作主　WE], [時間的出来事]）
（[わたしたちハ], [時間的出来事ヲ]）サセル

時間的出来事の内容は次の通りである。

 時間的移動 GO
   （［事物　会合］，［時間的起点　火曜日］，［時間的着点　金曜日］）
   （［会合ガ］，［火曜日カラ］，［金曜日ヘ］）移動スル

すなわち，「われわれは，会合を火曜日から金曜日に移動させた」と解釈している。

b 所有分野（Possessive field）

所有の存在や移動も同じ要領で扱われる。

 (45) メアリー（のところ）には人形がある。
    Mary has a doll.

所有は「所有者（メアリー）のもとに所有物（人形）がある」と分析される。

 所有存在 BE （［事物　人形］，［所有的位置　AT　（［メアリー］）］）
     （［人形ガ］，［メアリー（のところ）ニ］）存在スル。

 (46) メアリーは人形をなくした。
    Mary lost the doll.

紛失は所有者のもとから所有物が離去消滅したと解釈される。

 所有的移動 GO （［人形］，［所有的起点　FROM　（［メアリー］）］）
     （［人形ガ］，［メアリーカラ］）移動スル（なくなる）

c 認定分野（Identificational field）

ここでは，形態や様相の変化が扱われる。

 (47) 信号は赤い。
    The signal is red.

　　　　　認定存在 BE （[信号], [認定的位置　AT　（[赤]）]）

ジャッケンドフは形容詞をある状態と見なしている。(47)の文は「信号が赤い状態にある。」と分析される。

　(48)　信号が赤から緑に変わった。
　　　　The signal changed from red to green.

「信号（主題）は赤から（起点）緑に（着点）認定移動した」と解釈されている。

　ジャッケンドフ（Jackendoff 1990：49）は，「主題関係は格表示のような弁別的要素の体系ではなく，構造的関係の体系である。その数やタイプは動詞と前置詞の意味を表わすのに必要な概念的関数に課せられた制約から導き出される」と説明している。

　すると，主題関係は，動詞関数および前置詞関数と名詞項との間に成立する構造的関係を示す体系ということになり，述語が支配する名詞の役割を表示する格の体系とは異なる性格をもっていると考えられる。

2.9　変形文法に抱き込まれた主題関係

　変形文法では，格関係は(a) θ（シーター）役割で，格形式は(b)格理論で扱われている。

2.9.1　θ（シーター）役割

　変形文法は，無断拝借の形で主題関係を自己の体系の中に取り込んで「θ 役割」と呼んでいる。

　(49)　ジョンはメアリーをなぐった。
　　　　John hit Mary.

　変形文法では，動詞 hit 〈なぐった〉が目的語の Mary に θ 役割の被動体を割り当て，ついで，述語 VP の hit Mary が主語の John に動作主の役

割を付与するとN. チョムスキー（1981, 104-5) は説明している。要するに、θ役割は2段構えで処理される。まず、VP（述語）の段階で目的語の役割が決まり、S（文）の段階で主語の役割が定まる。

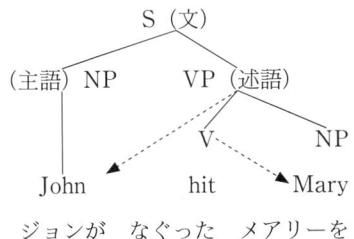

```
          S (文)
         /    \
  (主語)NP    VP (述語)
    |       /    \
    |      V      NP
    |      |      |
   John   hit   Mary
  ジョンが なぐった メアリーを
```

だが、主題役割の数と内容については、チョムスキーはなにも述べていないので、A. ラドフォード（Radford 1988：373）のリストを参照することにしよう。

 1) 主題（もしくは被動体）：ある行為や影響を受ける存在物
 2) 動作主（もしくは行為者）：ある行為の発動者
 3) 経験者：心理的状態を経験する存在者
 4) 受益者：ある行為から利益を受ける存在者
 5) 道具：あるものが生じる手段
 6) 位置：あるものが位置するか生じる場所
 7) 着点：あるものが移動する着点となる存在物
 8) 起点：あるものが移動する起点となる存在物

これらの役割は、主題関係に経験者と受益者および道具を加えたものである。

次に、下に与えられた例文を検討してみよう。

(50)　An idea hit Mary.　「アイデアがメアリーに浮かんだ。」
      ‾‾‾‾‾‾ ‾‾‾‾‾‾‾‾
        NP   VP

上の文では、VP（動詞句）に当たる hit Mary〈メアリーに浮かんだ〉において、(49)の例文から推して、動詞 hit の目的語 Mary は被動体の役割

を受けるであろう。しかし，第2段階で上位の主語 an idea を参照してみて，初めて Mary はある考えを感じ取った経験者と評価を改める必要が生じる。2段構えの役割査定はこうした矛盾をかかえている。

要するに，述語（hit Mary）だけでは，メアリーが被動体か経験者か決定できないのである。主語が「ジョン」か「アイデア」かを考慮に入れないと，名詞の主題関係は決まらない。このように，2段構えの主題関係の構造は機能しないことになる。

テニエールの結合価文法の分析方法によれば，たちどころに解決するであろう。

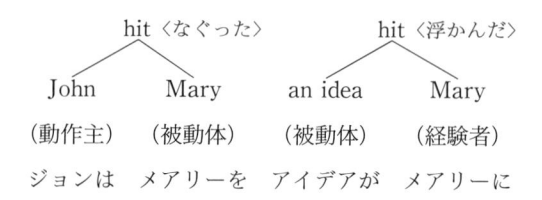

```
      hit〈なぐった〉            hit〈浮かんだ〉
      /      \                /        \
   John      Mary          an idea     Mary
  （動作主）（被動体）      （被動体）（経験者）
   ジョンは  メアリーを    アイデアが  メアリーに
```

2.9.2 格理論の不備

チョムスキー（Chomsky 1981：170-1）は，文法格付与について，「格理論」（Case Theory）の名の下で，次のような規則を提示している。

1) NP（名詞句）は AGR（一致要素）により統率されれば「主格」（nominative）になる。AGR は人称や数の特徴で主語の NP の上位におかれている。
2) NP が［__ NP］の厳密下位範疇化特徴をもつ V，すなわち名詞句の前に立つ動詞（他動的）に支配されれば「目的格」（objective）になる。
3) 前置詞 P によって支配されれば「斜格」（oblique）になる。斜格は主格以外の格を指す。
4) NP が［NP __ X'］（NP の後にくる）場合には属格である。
5) NP は［−N］（動詞と前置詞）の統率子の特徴により決定されれば，内在的に格表示される。

難解な規定であるが，要するに，「動詞」の前にくる名詞は主格を，後に立つ名詞は目的格をとるし，前置詞に従う名詞は主格以外の格をとるというのである。これは伝統文法の見方とほぼ一致している。だが，あまりに形式的であるため，効力が強すぎて例外が説明できなくなる。

(51) John hit Mary. (NP V NP)
　　　ジョンがメアリーを（目的格）なぐった。

上の文では，動詞 hit の後にくる名詞 Mary は，格理論の通り，目的格となる。しかし，

(52) Mary is a student. (NP V NP)
　　　メアリーは学生だ（？格）。

この文における動詞 is の後にくる名詞 Mary の格については何も触れていない。伝統文法は，目的語以外に補語なるものを認めているので，Mary を補語としている。be〈ある〉や become〈なる〉のような不完全自動詞についての説明が何もされていない。

また4)の条項について，次の例文が示されている。

(53) John gave Bill a book.
　　　ジョンはビルに（与格）本を（目的格）やった。

「ジョン」は主語の位置にあるから，1)の規則により主格となる。「ビル」の方は動詞 gave に支配され，2)の規則で目的格が付与される。「本」であるが，5)の規則により内在格を受けると説明している。内在格は θ 役割と密接に関係していると言う。内在格なるものの性格が分かりにくい。

1)に関連して，'He is a great poet.'〈彼は偉大な詩人である。〉という文における主格補語の poet の構造格についてはなにも触れていない。ドイツ語ならば，'Er ist ein großer Dichter.'〈彼は偉大な詩人である。〉と sein〈ある：英語の be に相当〉動詞の後にくる名詞には「主格」が与えられている。

さらに，次のドイツ語と英語の動詞についても同じことが当てはまる。

(54) Marie wurde seine Frau. 〈マリーは彼の妻に（主格）なった。〉
(55) Mary became his wife. 〈メアリーは彼の妻に（主格）なった。〉

ドイツ語の werden〈なる〉，英語の become〈なる〉は共に自動詞で補語をとる。

3)の条項であるが，次のドイツ語の例文を比べてみると，

(56) Wir fahren *in die Stadt.*
〈わたしたちは町へ（対格）いきます。〉
(57) *In der Stadt* wohnt unser Onkel.
〈町には（与格）おじが住んでいます。〉

前置詞 in が後続する名詞を「与格」（中に）とするか，「対格」（中へ）とするかは，動詞によって決定される。ラテン語やロシア語にも同じことが起こる。とにかく，格理論には多くの不備が目立つ。

2.10 主題役割という用語

W. フローリー（Frawley 1992）は，a）文法役割，b）形態的格とc）主題役割の3区分を立てている。文法役割は動詞と名詞との間の統語的関係を示すもので，形態的格は形式格を指している。

a）文法役割：主語，直接目的語，間接目的語，補語など。
b）形態的格：主語，属格，対格，与格など。
c）主題役割（Thematic role）：「述語と項の間における文法に関連した意味的関係」と規定されている。

フローリー（Frawley 1992：201）によれば，主題関係は，フィルモアが深層格に求めていた厳密正確に規定された普遍的な意味概念ではなく，ジャッケンドフ（Jackendoff 1983：128-58）が表明している「優先規則」（preference rule）に従う意味内容であると説明している。では，優先規則とは何であろうか。優位性については，次節で説明しておく。

フローリーは，主題役割を，叙述に必要な「参与者役割」と意味の文脈から生じる「状況役割」とに分けている。

1）参与者役割：動作主，行動体（author），道具，被動体，経験者，受益者，主題，起点，着点。
2）状況役割：位置，理由，目的。

もともと位置，起点，着点はトリオを組む要素であり，理由は起点に，目的は着点に近い。それに被動体と主題の差異もはっきりしない。行動体は，行為が意図的であるかないかにより，動作主と区別されるとL.タルミー（Talmy 2000：514-6）は説明している。

(58) ジョンはペンをテーブルの上においた。
John put the pen on the table.
(59) ジョンはペンを隠した。
John hid the pen.

(58)のジョンはペンを意図的にテーブルの上においたわけではないので，行動体であるが，(59)では，意図的にペンを隠したのであるから動作主となる。だが，こうした意味の近似性は決定的な基準とは言えない。

2.11 主観的な優先規則

優先規則は，近似性と主観性に基づくもので，知覚と心理の両面にわたって広く作用している（たとえば，下の図の○をコーヒー用，◎を紅茶用ちゃわんとした場合）。

(a) 　○　○　◎　◎
(b) 　○　○　　○　◎　◎
(c) 　○　○　　　○　◎　◎

(a)では，一重の丸と二重の丸がまとまりをなしているから，それぞれが別なグループと見なされる。(b)では，左から3番目の丸が左のグルー

プに入るのか，右のグループに入るのか迷うであろう。（c）では，左と右の丸のグループをへだてる距離が大きいので，左から3番目の一重の丸も左のグループに編入される。

ここでは，類似性より近似性の方が強く作用していることが分かる。一般に事物の形状や特質は段階的に連続した形で分布しているので，明確な区別をすることが困難な場合がある。一般に意味の部門では，語彙の意味がからみあっていて，明確な境界を立てることがむずかしい。そこで，優先の規則によらなければならないことがある。

たとえば，「鳥」という語を規定するのに，「空を飛ぶ」という条件を用いると，ペンギンや駝鳥は失格となる。そこで，類似性や近似性による判断が必要となる。この判断が個人により異なるので，意見が食い違うのである。すなわち，優位性が異なるからである。

2.12　認知言語学における役割原型

最近，認知言語学を開拓しているR.ラネカー（Langacker 1991：235）は，役割原型（role archetype）なるものを提示している。彼は，意味役割をもっとも重要な言語構造というよりは日常経験にもとづく言語習得以前の概念と受けとめ，次の5種のタイプを認めている。

1）動作主：意図的に肉体的行為を起こし，その結果，肉体的接触を通して外部の物体にエネルギーを伝える。
2）被動体：外側で起こされた物理的接触を通して伝えられたエネルギーを吸収して状態の内部変化を受ける無生の物体。
3）道具：被動体に影響を及ぼすために動作主が扱う物理的物体で間接的にエネルギーの伝達に役立つもの。
4）経験者：知的，感覚的もしくは感情的に心的活動に携わる人物。
5）移動体（mover）：位置の変化を受ける個体。

まだ細かい区別もできるし，他の役割も考えられるとしている。ここには位置や方向といった要素は入っていないが，いずれも認知の面から必要

で，エネルギーの伝播という観点から考察されている。

エネルギーの伝播という観点からすれば，次のような図式が考えられよう。

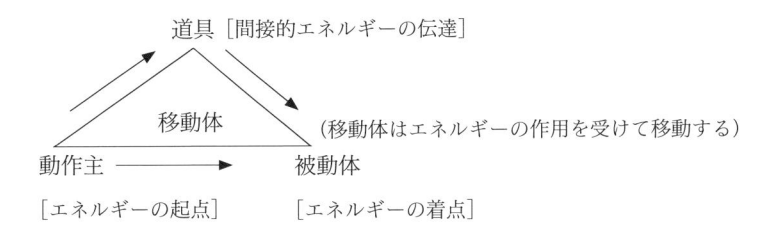

```
            道具 [間接的エネルギーの伝達]
           ／＼
          ／  ＼
         ／移動体＼   （移動体はエネルギーの作用を受けて移動する）
        ／      ＼
     動作主 ──────→ 被動体
   [エネルギーの起点]   [エネルギーの着点]
```

　この役割原型は，山梨正明（1993：40）の主張する「認知格」とは性格を異にしているが，「深層格は，それぞれの領域がオーバーラップする形で連絡しながら相対的に関連づけられている」と述べて，場所格，道具格，結果格，原因格，目標格，対象格の境界が重なりあっていることを認めている。これは優先規則を用いる分類から導き出される当然の帰結であって，格の用法にどうしても重複が起こってくる。これを避けるための便法は後ほど考えることにしよう。

　意味役割の設定は，研究者によってその数も内容も異なっている。これは先に述べた優先の法則により，各人のもつ価値基準の違いから，意味区分に変動が生じるからである。いままで列挙してきた諸説は，大同小異というところであろう。ラネカーの言うとおり，意味連山を遠望して，どの山峰を焦点として選びだすかに個人差がでてくる。

　筆者は，空間知覚の方式に立脚しているので，グルーバーの主題関係を採用し，これにチェイフの意味分析を加味したいと思う。ただし，グルーバーの主題関係について，次のような補正を求めたい。主題を「対象（Object）」と改め，この対象に4種の別を立てておく。

（1）　位置の対象は，他からの影響なしに，ある位置を占める対象物。
（2）　起点の対象は，自然力のような無生物で，ある影響力を発する対象物。

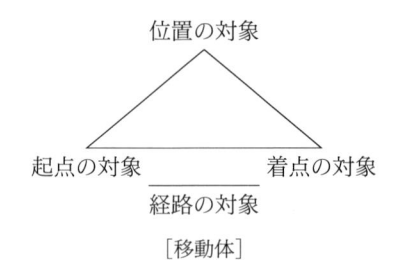

```
            位置の対象
              /\
             /  \
            /    \
       起点の対象ーーー着点の対象
           経路の対象
          [移動体]
```

(3) 着点の対象は，他からの影響力を受ける対象物で，「被動体」に相当する。
(4) 経路の対象は：他の働きを受けて移動する対象物を「移動体」とする。

また，有生の影響力を発動する起点を「動作主」，有生の心的影響を受ける着点を「経験者」とする。

なお，生物体を項目としたとき，次のような役割図式が立てられる。

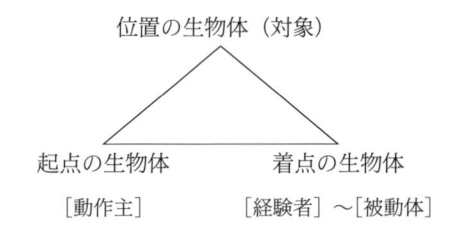

```
         位置の生物体（対象）
              /\
             /  \
            /    \
       起点の生物体  着点の生物体
        [動作主]    [経験者]〜[被動体]
```

(1) ある位置を占める生物体は単なる「対象」として扱う。
(2) 起点に立つ生物体は，ある行為を発動する「動作主」と見なされる。
(3) 着点における生物体であるが，心的影響力を受ける場合は，「経験者」として処遇される。それが，物的影響力をこうむるならば，「被動体」となる。

また，パラメーターを変えることによって，起点と着点の対立において新しい意味役割を設定することもできる。

[起点]	[着点]	
恩恵者	受恵者	(恩恵のパラメーター)
原因	結果	(関係のパラメーター)
部分	全体	(抱合のパラメーター)
材料	作為体	(構成のパラメーター)など

　他に，時間系列や関係系列それに様態系列については副詞類の分析を参照されたい。とにかく，必要に応じて勝手に意味役割を付加しないで，格増幅の方式に従って体系的に役割をふやすように心がける必要がある。

2.13　意味格と形態格

　いままで，概観してきたように，意味格は，深層格，格役割，主題関係などと呼ばれてるが，研究者によって，その数に違いがあり，内容にも差異が見られる。

- a）フィルモアの深層格：動作主格，経験者格，道具格，対象格，起点格，着点格，位置格，時間格　（8）
- b）チェイフの名詞的要素：動作主，被動体，経験者，受益者，場所，道具，補足語　（7）
- c）アンダーソンの格関係：能格，絶対格，位置格，奪格　（4）
- d）クックの格役割：動作主格，対象格，位置格，受益者格，位置格（5）
- e）グルーバーの主題関係：動作主，位置，起点，着点，主題　（5）
- f）ラドフォードの主題関係：動作主，主題，経験者，受益者，道具，位置，起点，着点　（8）
- g）フローリーの主題役割：動作主，行動体，被動体，経験者，受益者，主題，起点，着点，位置，理由，目的　（12）
- h）ラネカーの役割原型：動作主，被動体，道具，経験者，移動体（5）

以上のように，格役割もしくは深層格は，研究者によって，4〜12とその数と種類に変動がある。いや国立国語研究所（1992）が設定した深層格は実に35にまで及んでいる。こうした相違の原因は，フローリーの言うとおり，深層格の選定が優先の規則によっているからである。もともと深層格は意味的なものでるから，あまり深層格に頼ると分析の方向を見失い，迷路におちいる危険がある。

　そこで，客観性の高い形態格，すなわち表層格に立ち戻ることにしよう。形態格は，言語により表現方法が，語彙，前置詞，後置詞，語順のように異なるが，いずれも特定されている。そして，形態格も述語に支配されている。

　日本語の「雨が降る」と英語のIt rains. では，統語と語彙の面で大きな違いがある。しかし，ジャッケンドフ（Jackendoff 1983：185）の分析によれば，rainの意味構造は，次のように表示されている。

　　Rain：[Event GO ([Thing RAIN], [Path DOWNWARD])]
　　　　［出来事「イク」（［事物「雨」］，［経路「下方へ」］）］

　GO「イク」は移動の意味関数で，「雨ガ下方へ移動スル」と解釈されている。そこで，大文字で記された意味成分が互いに融合して「語彙化」されると考えられている。

　英語では，GO＋RAIN＋DOWNWARDの3成分が融合して，rain〈雨が降る〉という語彙となって具現化する。

　日本語では，「雨」＋「下方へ」＋「イク」という3成分の内，「下方へ」と「イク」が結合して「降る」と語彙化され，「雨が降る」という文が構成される。

　日本語では，述語「降る」が「雨が」を支配するが，英語の方では，rainは形式的名詞itを要求する。だが，このitの意味的内容はゼロである。

　このように，意味論は各言語における意味成分の語彙化を明らかにしてくれる。

　とにかく，われわれは各言語における形態格を通して，格の本質へ迫る

のが本筋であろう．そこで，形態格，すなわち表層格についての格の規定を探ることにする．

2.14 格とは何か

いままで，各種の格理論を通覧してきて，格は，以前規定されていたような，語と語の間の関係を示すというような単純な要素ではないことが分かってきた．そこで，格の真髄を探るために，さらに，考察を深めることにしよう．

a フィルモアによる文の定義

まず，述語が名詞を支配するというテニエールの基本的原則を念頭において，「文は，1つの動詞とその動詞と特定な格関係で結びついている1つ以上の名詞から成り立っている」というフィルモアによる文の定義では，動詞と名詞が特定な格関係で結びついていることが前提となっている．

b チェイフによる動詞を基軸にした意味関係

さらに，チェイフは，意味の面から，動詞のもっている意味特徴が名詞を規定すると考え，各名詞が動詞に対して担っている意味関係を図式化している．

　　動詞の意味要素：状態，過程，行為，過程行為
　　名詞の意味関係：動作主，被動体，経験者，受益者，道具

上の動詞の意味要素がそれぞれ下の意味関係をもつ名詞を要求している．
　また，動詞に［恩恵］の要素が加われば，受益者名詞が付加されるなど，明らかに動詞が名詞を規定している．

c アンダーソンによる格の区分

アンダーソンは，格を次の2種に区分することを求めている．

1）格関係：文の中で特定の名詞による異なる意味役割の表示
　　2）格形式：意味役割を表わすのに用いられる語形

　だが，「意味役割」，すなわち深層格は数と内容について決定できないから，フローリーのいう形態格，すなわち表層格を分析の対象とせざるをえない。形態格は言語により，格語尾，前置詞，後置詞，語順などにより表示される。

d　格の骨格のまとめ

　ここまでで，格の骨格を次のように，まとめておこう。

　　格は，述語が必要とする名詞と述語との間の関係を示す形式的要素である。

　ここでいう述語は，チェイフが認めているように，動詞述語のみならず，形容詞述語と名詞述語も含まれている。だから，述語に支配される名詞は，つねに述語との関係を示すある形式格を備えていることになる。

　日本語の形式格は後置詞としての格助詞であり，ラテン語やロシア語のように格語尾による言語もあれば，英語やフランス語のように名詞の占める位置や前置詞を用いる言語もある。そこで，改めて「格」を次のように規定しておく。

　　格の規定：前提なしに，ある出来事を表わすために文を形成する場合，ひとつの述語が必要とする名詞において，その名詞と述語との間の関係を示す形式的要素である。

　上の規定において，「前提なしに」という条件は，次のような省略部分を含む表現を排除することを考えている。

　　「お母さんはどこにいる？」　　「台所に」

　益岡・田窪（1992：49）は，格助詞を次のように規定している。

　　補足語が述語に対してどのような関係にあるかを表す助詞を，「格助

詞」という。補足語は一般に，名詞と格助詞で構成されている。

形式格の一種である格助詞を，補足語と述語との関係でとらえている点は至当である。だが，「述語が必要とする補足語」という条件が欠けているため，助詞「は」は，「地球は丸い」のように，補足語を構成する機能があるのに，格助詞の資格をうばわれている。

e ブレイクによる格の定義

いままでの格研究において，格を明確に規定したものが意外に少ないので，B. J. ブレイク（Blake 1994：1）を参照しておこう。ブレイクは次のような格の定義を与えている。

> 格は，従属する名詞をそれらが主要部（head）に対する関係の型として表示する体系である。

少々分かりにくい説明であるが，次に「格は，(a)節のレベルでは名詞の動詞に対する関係を表示し，(b)句のレベルでは名詞が前置詞，後置詞もしくは他の名詞との関係を表示する」と補足しているから，次の2種類の格があることになる。

(a) 名詞と動詞との関係を表示するもの。
(b) 名詞と前置詞，後置詞もしくは他の名詞との関係を表示するもの。

(a)項は可として，(b)項では，1) 名詞と前置詞および後置詞との関係，2) 名詞と他の名詞との関係に分けて取り扱う必要がある。

1)は，前置詞と名詞もしくは名詞と後置詞との関係で，いわゆる前置詞句における前置詞が名詞を支配する問題である。これは後置詞についても当てはまる。2)の名詞と他の名詞との関係は「属格」の問題である。

ブレイクの格の定義の特色は，「名詞とその主要部に対する関係」という所にある。もし主要部が動詞であれば，名詞と動詞との関係ということで，節のレベルに属する。主要部が前置詞であれば，名詞と前置詞との関

係ということで，句のレベルに入る。

　たとえば，ドイツ語では，前置詞が支配する名詞に特定の格を要求することがある。

　　auf dem Tisch　〈机の上に〉（与格支配）［位置］
　　auf den Tisch　〈机の上へ〉（対格支配）［方向］

　だが，このような前置詞による格支配は，結局述語動詞が位置格を必要とするか，方向格を必要とするかにかかわっている。このことは，日本語訳からも見当がつく。

　さらに，主要部の名詞と他の名詞との関係は属格「〜の」を想定しているが，これについては，各言語の統語的特色を総合的に考察して処理する必要がある。

　ブレイクは，「体系」（system）という用語を使ってはいるが，これは単なる「ある言語における格のセット」と述べているだけで，その組織には何も触れていない。

　とにかく，格についての定義が与えられたので，この原則に従って，日本語の格助詞を取り出すことにしよう。

3 日本語の格と格体系

3.1 日本語の格はいくつあるのか

3.1.1 日本語の格助詞の目録

　日本語の格は，格助詞によって表わされる。ここで，日本語の格助詞の目録を作成することにしよう。前章で述べた格の定義により，文を形成するために述語が必要とする名詞に従う格助詞を取り出してみて，その種類を見きわめれば，格助詞の目録が完成するはずである。

　文を形成するために述語が必要とする名詞の数は多くて3つである。ごくまれに4つのこともあるが，副詞的要素を必要とする述語もある。

　日本語の述語には，動詞述語，形容詞述語，名容詞述語，名詞述語の4種類がある。

　また，述語は，支配する名詞項の数により，名詞項をとらない無価述語，1つの名詞項をとる1価述語，2つの名詞項を必要とする2価述語，3つの項を求める3価述語に分けられる。なお，名詞項は「名詞＋格助詞」の単位を表わす。

　　（1）　寒い。
　　　　　〔この文は形容詞述語のみで，名詞項をもたないので「無価述語」である。〕
　　（2）　赤ちゃんが笑った。
　　　　　〔この文では，動詞述語「笑った」が1つの名詞項「赤ちゃん

が」を支配しているので，これは「1価述語」である。〕

　さて，述語が複数の名詞項を支配する場合，前提条件のない，ひとつのまとまりある事件を表わす単文を形成するために必要不可欠な名詞項を「行為項」とし，その外に述語を修飾する要素を「状況項」と呼ぶことにする。次に2価述語の例文を与えよう。

　　（3）　夏子は喫茶店で恋人と会った。

　上の例文では，「会った」という動詞述語は，「会う人」と「会った相手」を必要とするから，「夏子は」と「恋人と」は行為項である。二人が会った場所「喫茶店で」は不可欠な要素ではないので，状況項ということになる。したがって，動詞「会う」は2価述語である。また，次の（4）において，「生まれた」という述語は，「生まれた人」を必要とする。

　　（4）　秋子は東京で生まれた。

　しかし，「秋子は生まれた」では，あるまとまりある出来事を伝えたことにはならないので，「生まれた場所」の情報が必要となり，「東京で」も行為項と見なされる。「生まれる」も2価述語として用いられる。

　　（5）　テーブルの上に本がある。

　（5）において，対象物の「本」とこれが位置する場所「テーブルの上に」が必要となるから，存在動詞の「ある」も2価の動詞である。
　行為項に含まれる助詞は「格助詞」であるから，（3）（4）（5）の例文から，格助詞の「ハ」「ガ」「ト」「デ」「ニ」を取り出すことができる。

　　（6）　春子はケーキを食べた。

　上の文は，動作主「春子は」と食べた対象物の「ケーキ」からなる，ありふれた2価の動詞述語文である。

　　（7）　秋子はダンスが好きだ。

（7）の「好きだ」は，経験者の「秋子は」と，好みの対象となる「ダンスが」をとる2価の名容詞述語である。次の（8）も2価の形容詞述語文で，「馬より」は比較の基準を表わす。

　　（8）　象は馬より大きい。

次は3価述語文の例である。

　　（9）　正男は春子からチョコレートをもらった。
　　（10）　春子は正男にチョコレートを渡した。

　（6）（7）（8）（9）（10）の例文から，格助詞「ヲ」「ヨリ」「カラ」「ニ」が得られる。
　さらに，

　　（11）　会議は5時まで続いた。
　　（12）　飛行機は成田からパリーへ向かった。
　　（13）　冬子はテーブルの上にバッグをおいた。

　（13）の動詞「おく」は，「冬子は」，「テーブルの上に」，「バッグを」の3項をとる。
　（11）（12）の例文から，格助詞「マデ」「ヘ」を認めることができる。以上で，格助詞は10個となる。（5）と（10）で「ニ」が重複するので，格助詞としては1つの「ニ」と見なす。
　なお，次のような連体句，すなわち形容詞句における助詞の「ノ」と「ガ」の交替は，「降る」という動詞に支配されているから，準格助詞の「ノ」を加えることができる。

　　（14）　雨の降る日　〜　雨が降る日

　以上の例文から，11個の格助詞が取り出された。本章の第3節で与えられる名称を付与すれば，次のような「日本語の格助詞の目録」が出来上がる。

1）主題格 ハ　　2）主格 ガ　　3）対格 ヲ　　4）位置格 ニ
5）起点格 カラ　6）着点格 ヘ　7）具格 デ　　8）共格 ト
9）比格 ヨリ　　10）到格 マデ　11）属格 ノ

3.1.2　名詞的行為項と副詞的状況項の助詞

ただし，小泉保共編『日本語基本動詞用法辞典』(1989) の動詞述語による文型の中に，必要項として「副詞的要素」が認められている。これは，述語が構成要素として要求する副詞や副詞的表現を意味している。

　　(15)　このテレビはきれいに映る。

上の文において，「このテレビは映る。」というテレビの映写機能の有無を表わす単文も可能であるが，映像能力を伝えるときには，「きれいに」というように形容詞や名容詞の連用形（副詞形）が用いられる。そこで，副詞もしくは副詞的要素も必要項と受けとめなければならない場合がでてくる。

「きれいに」の「に」は位置の格助詞に相当し，「様態」を表わしている。これも準行為項の資格をもつと見なされる。

　　(16)　子供たちはのびのびと育った。
　　(17)　わたしは人との出会いを大切に思っている。
　　(18)　父はいつも叔父のことを悪く言う。

上に示した例文における下線部はいずれも準行為項である。

　　(19 a)　わたしはゴッホの絵はすごいと感じた。
　　(19 b)　わたしはゴッホの絵をすごいと感じた。
　　(19 c)　わたしはゴッホの絵をすごく感じた。

(19 a) では，「ゴッホの絵はすごい」という「文」に格助詞トがついている。(19 b) では，「わたしは」「ゴッホの絵を」「すごい」のいずれもが述語動詞「感じた」の行為項である。「すごいと」は形容詞述語「すごい」に格助詞トが付加されている。(19 c) の「すごく」は「すごい」の連用形

で副詞化している。

さらに，動詞述語に関する必要な行為項についての情報は，『日本語基本動詞用法辞典』を参照されたい。

3.2 日本語の格助詞はどのような体系を組むか

3.2.1 格体系の研究
a イェルムスレウの考え方

格とは何かという問題については，すでに前章（2.14）で答えを出しておいた（65頁参照）。だが，格の体系を考察した研究は意外と少ない。イェルムスレウは，「近接・静止・離去」という特徴をもつ3つの枠を設け，それぞれの格の用法からその特徴を取り出した上で，3つの枠のいずれかに配分している。

3つの枠では，3つの格しか説明できないが，3つの枠の埋め方に，$α$，A，$β$，B，$γ$，Γ という6つのタイプを設定し，これらのタイプの組み合わせに接触と非接触，主観性と客観性を掛け合わせて世界中の言語の格をすべて説明しようとしている。

しかし，格の用法を分析しても，それぞれの格の特徴を決定する仕方が，かならずしも客観的とは言えないところに難点がある。

b グルーバーのパラメーター

次に，格体系について，重要な示唆を与えてくれたのは，グルーバーである。彼は，空間における物体の位置と移動を通して，5種の主題関係を設定している。

  動作主
  位置，起点，着点
  主題

これらの主題関係において，次の組み合わせが可能である。

a）ある動作主がある場所（位置）に存在する。
　　　　　ある動作主がある所（起点）から他の所（着点）へ移動する。
　　　b）ある主題がある位置に存在する。
　　　　　ある主題がある起点からある着点へ移動する。

　グルーバーは，位置，起点，着点にそれぞれ AT, FROM, TO という基底の意味特徴を与えているが，FROM と TO とが結合した連続体に「経路」(Path) という用語を当てている。ジャッケンドフ (Jackendoff 1983：166) は，この「経路」を VIA という意味特徴で表示している（下図）。

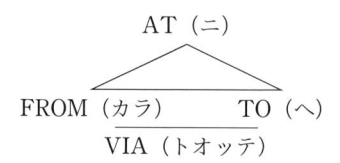

$$
\begin{array}{c}
\text{AT}（ニ）\\
\diagup\diagdown\\
\text{FROM}（カラ）\text{TO}（ヘ）\\
\text{VIA}（トオッテ）
\end{array}
$$

　上の図における，位置，起点，着点からなる3角形を「場所的トリオ」と呼ぶことにする。なお，これに経路を加えたものを「場所的4項セット」と名づけておく。

　　　(20)　バスはトンネルを通り抜けた。
　　　　　The bus passed through a tunnel.

という文における英文の through〈〜を通って〉という前置詞が「経路」を示している。
　そこで，上の図のような空間知覚の図式ができあがる。
　さて，「主題」はさまざまな事物となって実現する。

　　　(21)　正男は春子にメールを（主題）送った。［空間移動］
　　　(22)　春子は正男にチョコレートを（主題）やった。［所有移動］

　(21)の文では，「メール」が主題で，起点の正男から着点の春子へ空間移動している。(22)の文では，「チョコレート」が主題であるが，「やる」

という授受動詞が用いられているから，所有権の移動である。

(23) 山本先生は夏子にフランス語を（主題）教えた。

上の文では，「フランス語」が主題で，山本先生から夏子に知識移動が行われているが，これは抽象的な所有移動である。

(24) 田中さんは課長から部長になった。

課長から部長へは役職の昇格であるが，様態の移動と見ることができる。グルーバーはこうした身分や状態の変化に「認定のパラメーター」という用語を使っている。

以上，グルーバーは，空間，所有，認定の各パラメーターにおいて，場所的トリオが成立することを立証している。かくて，格体系の骨組みが次第に姿を現してきた。

c テニエールによる副詞の分類

グルーバーは，主題関係において，空間と時間の平行性については言及していない。すでに，テニエール（Tesnière 1966：79）は，副詞を「場所，時間，関係」の３分野に分類している。彼は，「副詞は，述語が表わす過程行為を修飾するもの，すなわち過程が発生する状況を表している。副詞は，こうした状況と空間と時間の中に過程を位置づけ，他の過程との関係を示す働きをもっている」と述べている（Tesnière 1966：74）。

そこで，彼は位置の副詞を場所と時間に分け，その上で関係の副詞を対比させている。彼は，位置の副詞と関係の副詞の対立は，哲学者たちが「感性」と「悟性」の間にたてた対立に対応すると述べているが，哲学者とはカントを指しているようである。

われわれは，外界の事物を目や耳のような感性を通して認知する。そのために，ものを認知するときは，どうしても感覚器官の制約を受けることになる。このように認知されたものは，悟性によって判断される。たとえば，リンゴとテーブルとが認知され，リンゴがテーブルの表面に接しているならば，「リンゴはテーブルの上にある」と判断するであろう。

そこで，空間と時間を認知する方式と関係を判断する方式との間に関連性があると考えられる。テニエールは，次のような分類表をかかげている。

時間・空間認知と関係判断との関連

	［空間］	［時間］	［関係］
〈位置〉	どこ	いつ	本質
〈起点〉	どこから	いつから	原因，譲歩，条件
〈着点〉	どこへ	いつまで	目的，結果
〈経路〉	どこを通って	どれほど	様態，比較，分量

これらの横の項を「系列」と呼ぶことにしよう。関係の系列の内容については，さらなる検討を要するが，場所と時間の間の平行性は一目瞭然である。これらは場所的4項セットを組んでいる。

(25) 会議は3時から5時まで続いた。　［時間的起点と着点］
(26) 今2時だ。　　　　　　　　　　　［時間的位置］
(27) 会議は2時間で終わった。　　　　［時間的経過］

そこで，次のような空間と時間の系列における格体系が出来上がる。

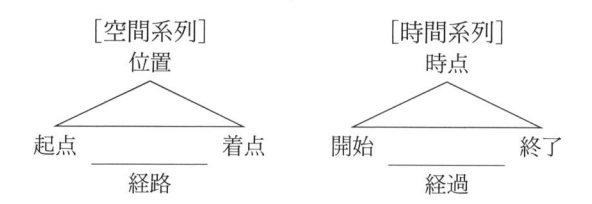

```
      ［空間系列］              ［時間系列］
         位置                     時点
        /    \                  /    \
       /      \                /      \
     起点_____着点            開始_____終了
         経路                     経過
```

3.2.2　格を増幅させる方式

グルーバーによる場所的トリオが，空間，所有，認定の系列に拡大されることと，テニエールによる認知の場所的4項セットが，空間にも時間にも適合することが分かった。

そこで，こうした場所的体系が形態格にも適用できるかどうか検討して

みる必要がある。それには，変化格を数多くもっている言語に当たってみるのがよい。フィンランド語の名詞は15格に変化するので，まずフィンランド語を分析の対象としてみよう。

フィンランド語では，具体的に次の表に挙げた15種の格形が用いられている。

フィンランド語の名詞の格変化

1）主格 talo 〈家が〉	2）属格 talo-n 〈家の〉	3）対格 talo-n 〈家を〉	4）分格 talo-a 〈家の部分を〉	5）様格 talo-na 〈家として〉
6）変格 talo-ksi 〈家に（なる）〉	7）内格 talo-ssa 〈家の中に〉	8）出格 talo-sta 〈家の中から〉	9）入格 talo-on 〈家の中へ〉	10）所格 talo-lla 〈家の所に〉
11）離格 talo-lta 〈家の方から〉	12）向格 talo-lle 〈家の方へ〉	13）具格 jala-n 〈足で〉	14）欠格 raha-tta 〈金なしで〉	15）共格 vaimo-i-ne- 所有語尾 〈妻と〉

注｜2）属格と3）対格は共にtalo-nと同形であるが，複数になると形が異なる。
　　属格 talo-jen〈複数の家の〉：対格 talo-t〈複数の家を〉

　まず，7）内格〈〜の中に〉，8）出格〈〜の中から〉，9）入格〈〜の中へ〉から，「位置AT」「起点FROM」「着点TO」の3つの格が空間の場所的トリオを組んでいることが分かる。さらに，次の3つの格からも場所的トリオの体系が見出される。

　　10）<u>所格〈〜の所に〉</u>　11）<u>離格〈〜の方から〉</u>　12）<u>向格〈〜の方へ〉</u>
　　　　位置AT　　　　　　　起点FROM　　　　　　　着点TO

そこで，2種の系列の体系を設定することができる。

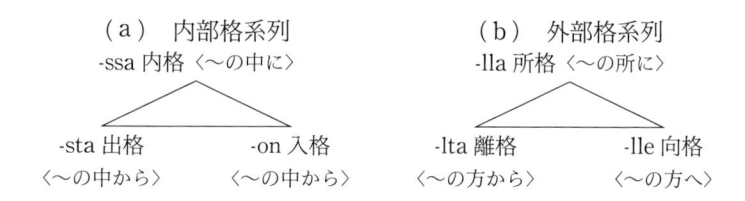

```
        (a) 内部格系列                    (b) 外部格系列
         -ssa 内格〈～の中に〉              -lla 所格〈～の所に〉
           ／＼                            ／＼
     -sta 出格    -on 入格           -lta 離格    -lle 向格
    〈～の中から〉 〈～の中から〉      〈～の方から〉 〈～の方へ〉
```

　内部格と外部格の系列における平行性は，フィンランド文法でも以前から認められているところである。

　次に，4) 分格，5) 様格，6) 変格について考察してみよう。

　5) 様格 talo-na〈家として〉は，様相を表わしている。

　6) 変格 talo-ksi〈家に（なる）〉は，様相変化の結果，すなわち着点を意味する。

　問題は，4) の分格である。Talo-a〈家の部分を〉は，部分格とも呼ばれるもので，「全体からの一部」を意味するから，あるものからの分離ということで，起点格の一種と解釈される。

　また，13) 具格，14) 欠格，15) 共格について考えると次のようになる。

　13) 具格（jala-n〈足で〉）は，ある物を備えている状態。

　14) 欠格（raha-tta〈金なしで〉）は，ある物の離脱欠落を意味する。

　15) 共格（vaimoi-ne-〈妻と〉）は，ある物が付加されること。

　そこで，様格，分格，変格をまとめて「様相系列」とし，具格，欠格，共格をまとめて「付帯系列」を作ると，次のような格体系が成立する。

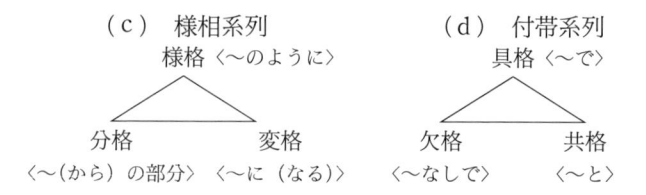

```
        (c) 様相系列                      (d) 付帯系列
         様格〈～のように〉                 具格〈～で〉
           ／＼                            ／＼
        分格       変格                  欠格       共格
    〈～(から)の部分〉〈～に(なる)〉      〈～なしで〉  〈～と〉
```

　さて，最後に残るのは，文法系列の 1) 主格〈～が〉，2) 属格〈～の〉，3) 対格〈～を〉の分析である。フィンランド語の文法系列の中で，この

3つは次のように位置づけられる。

　2）属格は，名詞と名詞とを結合して両者を関係付ける働きをもち，動きのない関係状態を示すから，位置的な静止状態にある。
　1）主格は，ある影響力を発する起点である。
　3）対格は，その影響力を受ける着点と見なすことができる。

そこで，文法系列格は，動的な影響力で結ばれている「主格―対格」と，静的な影響力で結びつく「属格」からなる場所的トリオを組むと考えられる。

　　　（e）　文法系列
　　　　　　　属格〈〜の〉［静止］
　　　　　　　／＼
　　　主格〈〜が〉　対格〈〜を〉［移動］

以上のように，フィンランド語の格語尾は，5種の系列に分けて場所トリオに整理することができる。これにより，格増幅の原理が明確になったであろう。よって，その原理は次の図式にまとめられる。

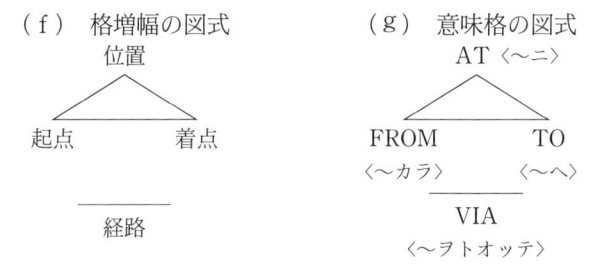

　　（f）　格増幅の図式　　　　（g）　意味格の図式
　　　　　　位置　　　　　　　　　　　　AT〈〜ニ〉
　　　　　／＼　　　　　　　　　　　　／＼
　　　起点　　着点　　　　　　　　FROM　　　TO
　　　　　　　　　　　　　　　　〈〜カラ〉　〈〜ヘ〉
　　　───　　　　　　　　　　　　───
　　　　経路　　　　　　　　　　　　　VIA
　　　　　　　　　　　　　　　　　〈〜ヲトオッテ〉

フィンランド語の格語尾は，「位置，起点，着点」の場所的トリオで分析されるが，言語によっては，「位置，起点，着点，経路」の場所的4項セットを組むものがある。巻末（付録2）に提示したタバサラン語の格語尾は見事な4項セットの体系をなしている。

3.2.3　日本語の格助詞はどのような体系を組むか

すでに，格は，ある文を形成するために述語が必要とする名詞項とその述語との間の関係を示す形式的要素であると，規定した（66頁参照）。

この線に従い，日本語の格助詞として，「ハ，ガ，ヲ，ニ，カラ，ヘ，デ，ト，ヨリ，マデ，ノ」の11種が認定されている（72頁参照）。そこで，前節の格増幅の原則により，これら11の格助詞の格体系を探り出すことにしよう。

まず，文法系列と場所系列の格体系を次のように設定できる。

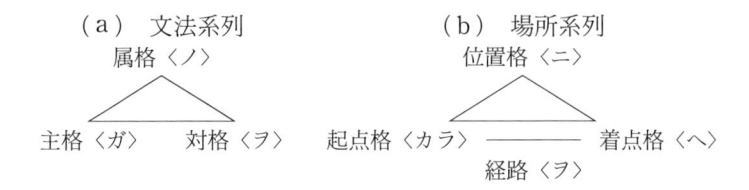

```
    (a)  文法系列              (b)  場所系列
        属格〈ノ〉                  位置格〈ニ〉
         /\                          /\
        /  \                        /  \
   主格〈ガ〉 対格〈ヲ〉      起点格〈カラ〉 ——— 着点格〈ヘ〉
                                     経路〈ヲ〉
```

場所系列の中に，経路格（Path）もしくは通格（Translative）「〜を経て（ヲ）」を認めておくと，都合がよい。経路格は「起点—着点」を結ぶ移動通路であるが，助詞「ヲ」が経路格の働きをもつことがある。

厄介なのは，残りの格助詞「ハ，デ，ト，ヨリ，マデ」の5個である。これらのうち，助詞「デ」であるが，「肉をナイフで切る」のように道具格として用いられる。助詞の「ト」は，「夏子と映画へ行く」のように付加の共格や「冬子と喫茶店で会った」のように出会いの相手を意味する。これら具格と共格が，フィンランド語では付加系列のメンバーの構成員であることを思い出していただきたい。

格助詞「ハ」は，いろいろな意味役割を果たしているが，「主題提示」という機能が代表的なものである。そこで，他の言語では，この主題提示がどのように処理されているか，参照してみよう。

フローリー（Frawley 1992：221）は，英語の前置詞 of が，意味的源泉として談話の話題を表わすのに用いられると述べている。これは，あるもの「から」派生する事物を暗示していると考えられる。

(28)　The boat is made *of* wood (from wood).　［材料の起点］

〈ボートは木から作られている。〉

(29) We talked *of* our pasts (about our pasts).　［話題の起点］
〈わたしたちは自分の過去について話した。〉

この「話題の起点」であるが，ドイツ語，フランス語，フィンランド語にも見出される。

(30) 《ドイツ語》Wir haben *von* der Liebe gesprochen.
〈わたしたちは愛について話した。〉
〔ドイツ語の von は本来起点「〜から」を表わす前置詞である〕

(31) 《フランス語》Nous avons parlé *de* l'amour.
〈わたしたちは愛について話した。〉
〔フランス語の前置詞 de も起点「〜から」が原義である〕

(32) 《フィンランド語》Me puhuimme lakkaude-*sta*.
〈わたしたちは愛について話した。〉
〔この文の rakkaude-sta〈愛について〉の出格語尾-sta〈〜の中から〉も起点格の一種である〕

このように，話題を表示する方法について，他の言語に当たってみると，起点格が用いられていることが分かる。そこで，日本語においても，次のような付帯格を設定することができると考えられる。

```
     （c） 付帯系列              （d） 有界場所系列
          具格〈〜デ〉                    （ニハ）
        ／        ＼                  ／        ＼
  主題格〈〜ハ〉  共格〈〜ト〉   有界起点格〈ヨリ〉 有界着点格〈マデ〉
```

このように，格助詞体系における主題格「ハ」の占める位置が定まった。主題が「〜について」と言い換えられる場合，「ついて」が付着の意味をもっているのも，付帯系列の傍証となるであろう。

フィンランド語の付帯系列と同じく，あるものを具備した具格と，あるものが付加される共格とが起点の性格をもつ主題格と組んで格トリオを形成している。

最後に，助詞「ヨリ」と「マデ」の処遇が残されている。「ヨリ」と「マデ」が，ある述語にとって必要な格助詞であることは，すでに述べておいた（71頁参照）。

(33) 富士山は筑波山ヨリ高い。

「高い」という形容詞は，比較の基準となる「筑波山ヨリ」を要求する。

(34) 会議は5時マデ続いた。

動詞「続く」にとって，期限の表現「5時マデ」は，着点格系の「5時ニ」「5時ヘ」に置き換えることはできない。比較のヨリは様相に入るが，「これヨリ静岡県」という県境の表示は，場所的である。格助詞「マデ」は，方向の「ヘ」とは違って，終着の限界点を意味している。格助詞「ヨリ」にも起点の限界点が含まれている。そこで，限界点をもつ起点と着点を「有界」と呼ぶことにして，有界場所系列を立てることにした。だが，この場合，有界の「位置」に相当する格助詞がないので，格トリオは頂点を欠く形となった。

ここで，意味的要素を考えるならば，

(35) ここニハ食べるものは何もありません。

というように，「ニハ」は，限定された位置を指しているので，用法としては有界位置的となるから，二重括弧をつけて（（ニハ））と書き込んでおいた。

ただし，すでに有界系列の起点の「ヨリ」に「比格」，着点格の「マデ」に「到格」という名称を「日本語の格助詞の目録」において付与してあるので，これらを用いて「日本語の格助詞の体系」をここにまとめておこう。

《日本語の格助詞の体系》
(a) 文法系列　(b) 場所系列　(c) 付帯系列　(d) 有界場所系列
　　属格「ノ」　　位置格「ニ」　　具格「デ」

主格　対格　　起点格　着点格　　主題格　共格　　比格　到格
「ガ」「ヲ」　　「カラ」「ヘ」　　「ハ」「ト」　　「ヨリ」「マデ」

3.3　格と受動形

　仁田義雄は,「場所格は文法格を前提としている」と述べている（仁田 1993：24）が,筆者は逆に空間知覚の場所格の図式が文法格に投影していると捉えている。

　仁田（1993：26-32）は,文法格として,「主」「対象」「相手」「基因」の4種を認め,「文法格は『ヴォイス的変換』によって主語に立ちうる格」であると規定している。

　　(36)　広志ハ洋子ヲ叱ッタ
　　　　　↔　洋子ハ広志ニ叱ラレタ　（ハ～ヲ）
　　(37)　広志ハ洋子ニ手紙ヲ渡シタ
　　　　　↔　洋子ハ広志カラ手紙ヲ渡サレタ　（ハ～ニ）
　　(38)　男ハ通行人カラ金ヲ奪ッタ
　　　　　↔　通行人ハ男カラ金ヲ奪ワレタ　（ハ～カラ）
　　(39)　雪ガ山ヲ覆ッテイル
　　　　　↔　山ハ雪｛ニ/デ｝覆ワレテイル　（ガ～デ）

以上の能動・受動の変換例から,文法格は次のようになるのであろうか？

　　文法格「主（ぬし）」：ハ, ガ　　　文法格「対象」：ヲ
　　文法格「相手」：ニ, カラ　　　　　文法格「基因」：ニ, デ

文例からすれば，助詞「ハ」に文法格「主」の資格が与えられているように思える。

また，仁田は他に場所格として「出どころ」「ゆく先」「ありか」「経過域」の4種を設定している。それぞれ起点，着点，位置，経路に相当する項目である。

とにかく，仁田は能動・受動の変換を文法格の条件としているが，例外の多いことも自ら認めている。たとえば，「亭主ハ女房ニ逃ゲラレタ」のような，自動詞「逃ゲル」の受動文について。

ハンガリー語は格変化の豊富な言語である。ハンガリー語学者 J. トンパは名詞の変化格を 28 格，F. キーファーは 18 格としているが，筆者も 18 格を妥当と考えている（小泉 1994）。場所格の位置・起点・着点のトリオの図式を組む内部，外部，上部の 3 系列から成る 9 種の場所格を備えている。反面，受動形が未発達でその表現はきわめて制約されている。

(40) Péter szeret Mária-t.
〈ペーテルは・愛している・マーリアを〉

上の文は「マーリア」を主語とする受動文に変換することはできない。主語の明示された能動文は受動形に改めることができないのである。主語が明示されない場合には，次のような方法がとられる。

(41) Itt Magyar-ul beszélnek.
〈ここでは・マジャール語で・話されている〉
すなわち，〈ここではマジャール語が話されている。〉

beszélnek〈話されている〉は英語の 'they speak'〈彼等が話す〉に相当する総称的な複数 3 人称の能動形である。

要するに，名詞の格と受動形とは相関関係がないようである。

3.4　日本語の格と意味役割

第 4 章で日本語の格体系を提示したが，これらはいずれも形式格であ

る。そこで与えられた格名称は辞書の見出し語のようなもので，代表的な呼び名である。大部分の格形式は複数の意味役割を果たしている。そこで，格体系の中で占める基本的な意味役割から転移する派生的な意味役割も考慮に入れないと，それぞれの格の性格を特徴づけることはできない。たとえば，場所系列の位置格ニであるが，本来の位置の意味のほかに着点や起点の役割も担っているし，受身文では文法格系列の主格が果たしている動作主の意味をももつ。そうした意味役割も明示した日本語の格の一覧を表にまとめた（次頁参照）。

3.5 副詞節の用法に見られる格系列

すでに，テニエール（Tesnière 1966：74-79）は，副詞類を場所と時間と関係の3系列に分類している。そのうち，場所系列は格体系の前提をなしている。さらに可視的な場所系列はそのまま時間系列に平行対応するが，もっと抽象度の高い関係系列への移行について考察してみよう。次の例文における助詞「～ニ」の部分は意味役割がそれぞれ異なる。

(42) 真紀は会社ニ出かけた。　［場所系列の着点］
(43) 真紀は3時ニ出かけた。　［時間系列の位置］
(44) 真紀は買い物ニ出かけた。　［関係系列の目的］

以上は副詞句の例であるが，関係系列の内容を解明するためには，副詞節を扱うのが効果的であると考えられる。

3.5.1 副詞節

伝統文法では，副詞節の分類に意欲が注がれたが，構造言語学や変形文法では，ほとんど取り上げられることがなかった。いま，ここに副詞節の構成が格と深くかかわっていることを明らかにしておきたい。

副詞節は，文を構成する主節と従属節のうち，従属節の方を受け持っている。主節も従属節も共に節であるから，文法的にはどちらも主語と述語を含んでいて，意味的にはある「出来事」を伝えている。形式的には副詞

日本語の格と意味役割一覧

●場所格系列

《位置格》
- （1） 姉は東京ニ住んでいます。　　　　　［場所的位置］
- （2） 父は東京ニ行きました。　　　　　　［場所的着点］
- （3） 私は山本先生ニ数学を習った。　　　［場所的起点の動作主］
- （4） 広は先生ニ叱られた。　　　　　　　［文法的起点の動作主］
- （5） 子供は寒さニふるえた。　　　　　　［関係の起点の理由］
- （6） 春子は買い物ニ出かけた。　　　　　［関係の無界着点の目的］
- （7） 学校は9時ニ始まる。　　　　　　　［時間的位置］
- （8） ロバは馬ニ似ている。　　　　　　　［様態的位置］
- （9） この事件は悲劇ニ終わった。　　　　［関係的有界着点の結果］
- （10） 夏子はデパートで秋子ニ会った。　　［場所的着点の対象］

《起点》
- （1） 冬子は窓カラ外を眺めた。　　　　　［場所的起点］
- （2） 朝カラ雨が降り出した。　　　　　　［時間的起点］
- （3） 不注意カラ自動車事故が起こった。　［関係的着点の理由］
- （4） 水は水素と酸素カラできている。　　［起点としての材料］*

《着点》
- （1） 春子はパリーへ旅立った。　　　　　［場所的着点］

●文法格系列**

《主格》
- （1） 赤ちゃんガ笑った。　　　　　　　　［文法的起点の動作主］
- （2） 秋は紅葉ガ美しい。　　　　　　　　［文法的位置の対象］
- （3） 台風ガ東海地方をおそった。　　　　［文法的起点の対象］

《対格》
- （1） 大工は木ヲ切った。　　　　　　　　［文法的着点の対象］
- （2） 秋子は8時に家ヲ出た。　　　　　　［場所的無界起点］
- （3） 夏子はひとりで九州ヲ旅行した。　　［場所的位置］
- （4） 勇は橋ヲ渡った。　　　　　　　　　［場所的経路］
- （5） 帰宅は8時ヲすぎていた。　　　　　［時間的有界着点］

●付帯格系列

《具格》
(1) 春子は絵を色鉛筆デぬった。　［付帯的具格］
(2) 姉は病院デ働いています。　　［場所的位置］
(3) 秋子は病気デ学校を休んだ。　［関係的理由］
(4) 妹は紙デ人形を作った。　　　［起点としての材料］

《主題格》
(1) かき料理ハ広島が本場です。　［付帯的話題］
(2) 象ハ鼻が長い。　　　　　　　［場所的着点の全体：場所的起点は部分］
(3) 日本ハ温泉が多い。　　　　　［場所的位置］
(4) 父ハかき料理が好きです。　　［文法的着点の経験者］
(5) 投手ハ直球を投げた。　　　　［文法的起点の動作主］

《共格》
(1) 勇は友達ト富士山に登った。　［付帯的着点］
(2) 春子は秋子ト駅で会った。　　［場所的着点の対象］
(3) 夏子は父親ト似ている。　　　［様相的着点］
(4) 恵美は「さようなら」ト言った。［文法的着点の対象・伝達内容］

《有界起点格》
(1) 富士山は筑波山ヨリ高い。　　［比較の基準としての起点］
(2) これヨリ静岡県だ。　　　　　［場所的起点］

《有界着点格》
(1) 会議は5時マデ続いた。　　　［時間的有界着点］
(2) 間宮林蔵は樺太マデ行った。　［場所的有界着点］

●注
* 材料は素材としての起点であり，着点は作為格（factitive）となる。関係系列は副詞の項を参照されたい。
** 文法的系列は，影響力の方向で分析したが，その影響力を起動させる主体が動作主であり，物質的影響力をこうむる着点となるものを「対象」，精神的影響をこうむる生物体を「経験者」と呼ぶことにした。また，自然力のように他に影響を及ぼす事象を「起点の対象」，静止した事物を「位置の対象」，移動する物体を「経路の対象」と見なすことにした。

節の方に従属のマークがついている。このマークは接続詞と呼ばれるもので，言語により従属節の前にくることもあれば，後にくることもある。

《日本語》（かぜを引いたから）冬子は学校を休んだ。
《英語》　Huyuko was absent from school (*because she caught a cold*).

括弧にくくられた副詞節において，英語ならば，節の頭位に接続詞のbecauseが，日本語の場合は節の末位に「から」という接続助詞がくる。

いままでの日本文法は副詞節という項目を立ててこなかったが，益岡・田窪（1992：188-94）は，副詞節という項目をもうけてこれを8種に分類している点は高く評価できる。

3.5.2　接続詞と前置詞

すでに，O. イェスペルセン（Jespersen 1925：89）は，前置詞と接続詞とは同じ語の異なった用法に過ぎないとしている。左の副詞句を右のような副詞節に書き換えることができる。

after his arrival　　：*after* he had arrived,
（前置詞）〈彼の到着後〉　（接続詞）〈彼が到着した後で〉

そこで，彼は接続詞を「文前置詞」と呼んでいる。たしかにどの言語でも前置詞と接続詞の用法はよく似ている。いや後置詞と接続詞の間でも同じことが言える。

R. ジャッケンドフ（Jackendoff 1990：96）は，前置詞が基本的な意味関数 AT，FROM，TO に還元できるから，接続詞も同じ意味関数に分析できると考えた。

(45)　John turned yellow from eating carrot.
　　　〈ジョンは人参を食べたから黄色になった。〉
（a）　GO Ident ([JOHN], [TO [YELLOW]])
（b）　[FROM [EAT ([JOHN], [CARROTS])]]

〔Ident は「様相」の略号である〕

上段（a）の意味構造：（［ジョンが］，［黄色に］）様相イク（なる）
下段（b）の意味構造：［（［ジョンが］，［人参を］）食べる］カラ（FROM）

要するに，「関係系列の起点」の意味要素 FROM（カラ）が理由を指している。この意味要素「理由」が英語なら接続詞 because，日本語なら接続助詞カラとなって実現する。

すなわち，時間系列も関係系列も，場所系列の意味関数 AT, FROM, TO, VIA に還元して主節と従属節の関係を説明できるとする考え方に筆者は立っている。

もし，接続詞と前置詞が同じ意味関数をもつとするならば，接続助詞と後置詞も基本的場所関数「ニ，カラ，ヘ，ヲ経テ」に還元できることになろう。ただし，

■コラム(2)

意味関数

「関数」は数学用語であって，$f(x)$で表わされる。f が関数を指し，(x) が変項を意味する。たとえば，$f(x)$を「前置詞（名詞）」と置き換えることができる。

この場合，それぞれの前置詞がさまざまな名詞の関数として働くことになる。いま，前置詞を to〈ヘ〉とすれば，to (N)〈（名詞）ヘ〉の形式をとる。そこで，N（名詞）に具体的な名詞を代入れば，to London〈ロンドンへ〉を意味することになる。

同じ要領で，動詞を関数とし，名詞を項とすることができる。すると，$f(x, y)$の公式が採用され，V(x, y)「動詞（名詞 x，名詞 y）」となって実現する。

動詞を hit〈なぐる〉とすれば，hit(A, B)〈(A, B) なぐる〉は，'A hit B'〈AがBをなぐった〉を意味している。このように，最近の意味論では意味関数が利用されている。

英語では，関数（節）・（節）と関数が従属節の前にくる。

日本語では，（節）関数・（節）と関数が従属節の後にくる。

a 場所系列——マエとウシロの意味分析

場所系列における，位置［AT］［ニ］，起点［FROM］［カラ］，着点［TO］［ヘ］，経路［VIA］［ヲ経テ］の図式については，すでに前置詞と格助詞の対応を通して明確になっている。だが，位置の「前後」関係については，いままで意味研究者が手をつけなかった所である。そこで，空間的「前後」関係について意味分析を試みようと思う。

(46) 家の前にリンゴの木がある。
There is an apple tree *in front of* the house.

(47) 家の後ろにリンゴの木がある。
There is an apple tree *behind* the house.

AT（リンゴの木）→ TO 家 FROM → （リンゴの木）AT
　　　　マエ　　　　　　　　　　ウシロ

上の図式では，AT（リンゴの木），もしくは（リンゴの木）ATで，リンゴの木の位置を示し，→TO 家 では，家に向かっている状態を， 家 FROM→は，家から離れている状態を意味している。

「前」は，→印で示されているように，着点の「家」に向かったある地点を指す。

「後ろ」は，→印で示されているように，起点の「家」から離れたある地点を指す。

「前」は，ある事物に向かう［TO］の方向を含む，ある位置［AT］ということで，（［［ヘ］ニ］）［AT［TO］］と意味分析される。

「後ろ」は，ある事物から離れた［FROM］方向にある，ある位置ということで，（［［カラ］ニ］）［AT［FROM］］と意味分析される。

［［カラ］ニ］では，位置関数［ニ］が方向関数［カラ］を抱き込んでいる。すなわち，「ある物カラ離れたある位置（ニ）」，すなわち「ウシロ」

を意味する。英語の［AT［FROM］］も同様である。

　ここで，断っておくが，「〜の中へ」と「〜の前に」には次のような相違がある。

　go *into* the house〈家に入る〉は，GO［TO［IN［HOUSE］］］と意味分析される。すなわち，「［［［家］内部ニ］ヘ］イク］」のように，方向関数［ヘ］が外側から内部の位置の位置関数［ニ］を包んでいる。［［内部位置関数］方向関数］（［［ニ］ヘ］）は内部への方向移動を示す。

　ところが，be in front of the house〈家の前にある〉は，BE［AT［TO［［HOUSE］］］］と意味分析され，「［［［家］方向ヘ］位置ニ］アル」のように，位置関数［ニ］が方向関数関数［ヘ］を包んでいる。［［方向関数］位置関数］（［［ヘ］ニ］）は，あるものへ向かっている位置，すなわち「マエ」を表わす。

　要するに，「〜の中へ」は［方向］が［位置］を含んでいるので，運動方向となり，「〜の前に」は［位置］が［方向］を含んでいるので，ある方向をもった位置ということになる。こうした「マエ」と「ウシロ」の意味分析は，時間系列において，その威力を発揮する。

b　時間的系列

　時間系列では，2つの出来事（節）が時間的な位置，起点，着点，経路，前と後の関係で結びつけられている。

　　（a）　［AT］［ニ］・（節）
　　　　ジョンが来たトキニ，メアリーは本を読んでいた。
　　　　When John came, Mary was reading a book.

日本語では，（ジョンが来た）［時間的ニ］と分析され，英語は，［Temporal AT］と分析される。［Temporal］は時間系列を指す略符号である。

　　（b）　起点［FROM］［カラ］・（節）
　　　　メアリーは家を出てカラ，不幸だった。
　　　　Mary had been unhappy, *since* she left home.

日本語：（家を出た）［時間的カラ］
英語：[Temporal FROM]（she left home）

（c）着点［TO］［ヘ］・（節）〔意味関数［ヘ］は「マデ」と具体化する〕
わたしは父がもどるマデ待っていた。
I waited *till* my father returned.
日本語：（父がもどる）［時間的ヘ］
英語：[Temporal TO]（my father returned）

（d）経路［VIA］［ヲ経テ］・（節）
わたしは東京にいるアイダニ，何度か彼女に会った。
While I was in Tokyo, I met her several times.
日本語：（東京にいる）［時間的ヲ経テ］
英語：[Temporal VIA]（I was in Tokyo）

時間的系列は空間的前後関係にも対応するので，時間的前後関係を考察しておこう。

（e）前：[AT [TO]]（[[ヘ] ニ]）
メアリーは寝るマエニ，日記を書いた。
Mary wrote her diary, *before* she went to bed.
日本語：（彼女が寝る）［時間的ヘ [ニ]］
英語：[Temporal AT [TO]]（she went to bed）

（f）後：[AT [FROM]]（[[カラ] ニ]）
メアリーは日記を書いたアトデ寝た。
Mary went to bed, *after* she wrote her diary.
日本語：（メアリーは日記を書いた）［時間的 [カラ] ニ］
英語：[Tempral AT [FROM]]（she wrote her diary）

《英語の時間的接続詞体系》
When
Since ——— Till
While

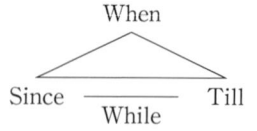

《日本語の時間的接続助詞体系》
トキニ
カラ ——— マデ
ノ間ニ

c 関係的系列

関係的系列は判断の領域に入るので，多分に論理的な要素を含んでいる。以前筆者（1987）は条件文，理由文，譲歩文の間に次のようなトリオの関係が成立することを認めた。

条件文：努力すれば，成功する。

理由文：努力したので，成功した。　　譲歩文：努力したのに，成功しなかった。
（条件文が結果的に成立した場合）　　（条件文が結果的に成立しなかった場合）

（ⅰ）　条件文

条件文は，論理的に条件部（protase）と帰結部（apodose）から成り立っている。

(48)　もし午後天気がよければ［条件部］，わたしは散歩します［帰結部］。
　　　If the weather is fine this afternoon, I shall have a walk.

条件部は，英語ならば仮定・条件の接続詞ifで導かれるが，日本語では「よければ」という形をとる「条件法」が用いられる。日本語の条件法については，拙著（1994：85）を参照されたい。

上の日本文をドイツ語に直すと，

(49)　*Wenn* das Wetter heute Nachmittag gut ist, werde ich spazieren gehen.

のように，wenn［ヴェン］という接続詞をとる。ところがこのwennは「時の副詞節を導く接続詞」でもある。

(50)　Sie werden ihn sehen, *wenn* er kommt.　《ドイツ語》
(51)　You will see him, *when* he comes.　　《英語》
　　　〈彼が来たトキあなたは会えるでしょう。〉

ドイツ語の条件節と時間節が同じ形の接続詞で導かれることは，条件節

の接続詞が位置 AT の要素をもっている傍証になる。また，英語における条件節が in case 〜や on condition that 〜のような接続句で始まることがある。

(52) *In case* you give me leave, I will start at once.
〈あなたが許可してくれれば，わたしはすぐ出発します。〉
(53) I will do it *on condition that* I shall be paid.
〈報酬があるなら，わたしはやります。〉

これら条件表現が含んでいる前置詞 in や on はいずれも位置関数 AT に属する。また，日本語の「お天気がいい場合には」というように条件表現に位置の「ニ」が用いられる。

以上から，条件節は関係的位置関数 AT に導かれると考えることができる。

(ⅱ) 理由文，譲歩文
もちろん，理由節は関係的位置関数 FROM により主節と接合する。

(54) 午後天気がよかった［関係カラ］散歩をした。
Since the weather was fine this afternoon, I had a walk.
[Relational FROM] (the weather was fine this afternoon)
(I had a walk)

問題は譲歩節である。譲歩節についての研究はきわめて少ない。テニエール（Tesnière 1966：600-601）は，譲歩文について次のように説明している。

理由節は主節によって表わされる結果を引き出す節であるのに対し，譲歩節は反対の結果を引き出す原因を表わす節である。
［理由文］Alfred is generous, *because* he is rich.
〈アルフレッドは金持ちだカラ，気前がいい。〉

［譲歩文 a］ *Though* Alfred is poor, he is generous.
〈アルフレッドは貧乏なノニ，気前がいい。〉

　こうした観点から，譲歩節は理由節の逆と考えることができると述べている。テニエールの見解は大いに参考になる。「逆」というが，論理の方からすれば，矛盾対立と反対対立とがある。矛盾対立は，「rich〈金持ちの〉」に対する「poor〈貧乏な〉」のような相反する性格のものの間の対立である。反対対立は，「rich〈金持ちの〉」に対する「not rich〈金持ちでない〉」というような肯定に対して否定の関係にあるものの対立である。
　上の譲歩文は，理由文に対し矛盾対立をなしているが，これを反対対立にしても成立する。

［譲歩文 b］ Though Alfred is not rich, he is *generous*.
〈アルフレッドは金持ちでないノニ，気前がいい。〉

譲歩文について，さらに考察を進めると，

　　条件文：　　もしAならば，Bである。
　　理由文：　　Aであるカラ，Bである。
　　譲歩文(ａ)：Aでないノニ，Bである。
　　譲歩文(ｂ)：Aであるノニ，Bではない。

　テニエールは譲歩文(ａ)「Aでないノニ，Bである」という文型を与えているが，譲歩文(ｂ)「Aであるノニ，Bでない」という表現もある（［例］「努力したノニ，成功しなかった」）。どちらにしろ，譲歩文には，前提部もしくは帰結部に否定の要素［NOT］「ない」が含まれている。
　そこで，理由節が意味関数［FROM］［カラ］で導かれるならば，譲歩節は意味関数［FROM NOT］［カラ・ナイ］という複合要素として，前置詞'though'や接続助詞「ノニ」の形に語彙化したと考えることができよう（第7章227頁参照）。
　グルーバー（Gruber 1976：51）は，起点の［FROM］［カラ］は「着点 TO［ヘ］の否定（反対）」と見なすことができると述べている。たし

かに場所系列の移動底辺をなす［FROM—TO］［カラ—ヘ］は矛盾対立をなしている。だから，［TO NOT］［ヘ・ナイ］は反対項の［FROM］［カラ］を含意することになる。

(55) 犬は家の外にいる。 The dog is *out of* the house.
(56) 犬は家の中にいない。 The dog is *not in* the house.

のように，(55)と(56)の文では，「〜の外にいる」は「〜の中にいない」を含意している。すなわち，「中」と「外」は矛盾的対立をなしている。

　これと同じ主旨で，起点［FROM］［カラ］は着点の否定［TO NOT］［ヘ・ナイ］を含意している。そこで，着点［TO］［ヘ］の側に立てば，同じ見方により，［FROM NOT］［カラ・ナイ］を含意していることになる。

　よって，理由節が起点の関係的関数［FROM］［カラ］をもつならば，譲歩節は「起点の否定」［FROM NOT］［カラ・ナイ］の意味関数を含有しているし，起点の逆ということで，着点［TO］［ヘ］の位置に立つことになる。

　だが，一歩ふみこんで考えると，グルーバーは「［FROM NOT］［カラ・ナイ］が「起点［FROM］［カラ］でなければ，着点［TO］［ヘ］である」という解釈を下している。しかし，理由節のもつ「前提部カラ帰結部を引き出す推論の方向性」を阻止し否定する判断を譲歩節の本質と考えれば，［FROM NOT］［カラ・ナイ］に含まれている要素［NOT］［ナイ］は［FROM］［カラ］の機能そのものを否定する成分と見なした方がよい。したがって，［NOT］［ナイ］が［FROM］［カラ］を含む形の［［FROM］NOT］［［カラ］ナイ］を譲歩節につく側置詞（前置詞もしくは後置詞）の関数と分析することにした。要するに，譲歩の思考は理由節の起点機能そのものを否定する態度であると思う。反面［FROM NOT］［カラ・ナイ］に起因する着点の性格も考慮しなければならない。

(iii) 関係系列のまとめ

　そこで，次のような関係系列の三角対立図式が形成される。

《関係系列（裏）》　条件節［AT］［ニ］

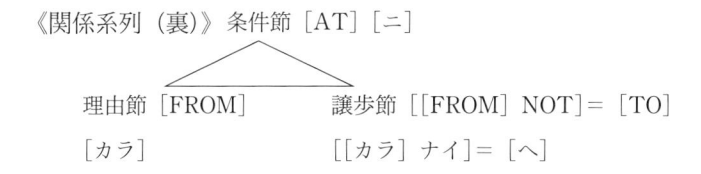

　　　　理由節［FROM］　　譲歩節［［FROM］NOT］＝［TO］
　　　　　［カラ］　　　　　　［［カラ］ナイ］＝［ヘ］

　上のように，否定の要素を含んだ裏の関数体系に対して，否定要素を含まない表の関数体系では，着点［TO］［ヘ］の位置に結果節を導く関数が置かれる。
　さて，理由節の裏を譲歩節と考えたが，表から見ると，理由節［FROM］［カラ］は当然結果節の［TO］［ヘ］と対立する。

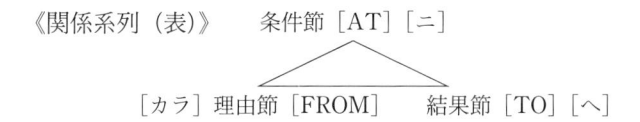

《関係系列（表）》　　条件節［AT］［ニ］

　　　　　　　［カラ］理由節［FROM］　　結果節［TO］［ヘ］

〈結果文〉ジョンは非常に空腹だったノデ，歩けなかった。
　　　　　John was *so* hungry *that* he could not walk.

　上の so～that 構文は結果を導くとされているが，日本語では理由の接続助詞「ノデ」が使われている。要するに，日本語には結果節というものはなく，理由節で代用されていることが分かる。
　次は目的節であるが，英語では，ふつう so　that～may もしくは in order that～may の構文が使われている。

(57)　He put on his spectacles *in order that* he *might* see better.
　　　＝He put on his spectacles *in order to* see better.
　　　〈もっとよく見るように，彼はめがねをかけた。〉

　英語には，結果節と目的節の2種があるので，結果節を有界着点［TO｜］［マデ］とし，目的節を無界着点［TO］［ヘ］と見なして区別すればよい。日本語は結果節を欠いていて，理由節がこれを補っているから，目的節のみを着点の位置に立てればよい（第3章81頁参照）。

```
《英語》 条件節  位置［AT］           《日本語》 条件節［ニ］
       ╱    ╲                              ╱    ╲
起点［FROM］      有界着点［TO｜］ 結果節  起点［カラ］   着点［ヘ］
理由節    ──── 無界着点［TO］  目的節  理由節      目的節
```

以上のような関係系列の分析結果として,「裏」と「表」をなす2種の体系を取り出してみた。

　　表の副詞節：条件, 理由, 結果～目的（実線で表わす）
　　裏の副詞節：条件, 譲歩（点線で表わす）

これら2種の副詞節を組み合わせると,下の図のような立体図式となる。

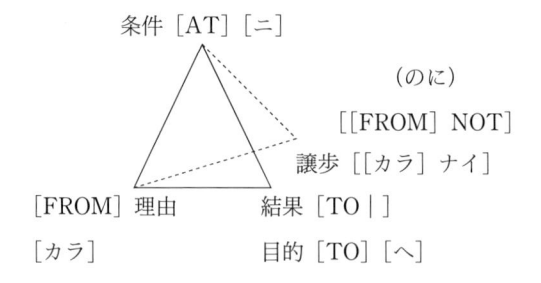

```
            条件［AT］［ニ］
               ╱|╲
              ╱ | ╲          （のに）
             ╱  |  ╲         ［［FROM］NOT］
            ╱   |   ╲    譲歩［［カラ］ナイ］
          ［FROM］理由  結果［TO｜］
          ［カラ］     目的［TO］［ヘ］
```

d　様態系列

英語の as ～ (so) と日本語の「ヨウニ」は,ある事物やできごとの様相を表わし,位置関数［AT］［ニ］の地位を占める。

　　［様態文］食物が体の栄養になるヨウニ,本は心の栄養になる。
　　　　　　　As food nourishes our body, *so* books nourish our mind.

比較の基準となる名詞には起点のマーク［FROM］（［ヨリ］）が付加される。

　　［比較文］ジョンは姉ヨリも背が高い。
　　　　　　　John is taller *than* his sister.

英語の as～as と日本語の「マデ」は，目標となるある事物への類似における接近の度合いを示す。テニエールはこの程度節を「数量節」と呼んでいる。

(58)　わたしは成田マデ電車で行き，そこで飛行機に乗った。
　　　　I went by train *as* far *as* Narita, where I took an airplane.
　［程度文］ビルは君ホド背が高くない。
　　　　Bill is not *so* tall *as* you.

英語で付帯的状況と呼ばれる表現は，主節と並行して行われる行為を示す技法で，経路関数の［VIA］［ナガラ］を媒介としている。よって，下図のような様態系列の関数図式がえられる。

　［付帯的状況節］わたしたちは通り過ぎナガラ，景色を楽しむことができた。
　　　　　　　　We could enjoy the view *as* we passed along.

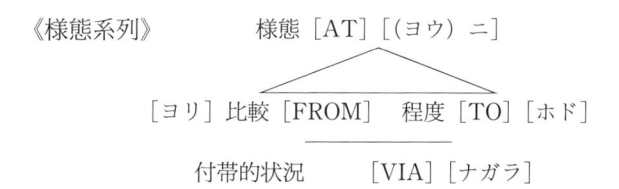

《様態系列》　　　様態［AT］［（ヨウ）ニ］

　　［ヨリ］比較［FROM］　程度［TO］［ホド］

　　　　付帯的状況　　　［VIA］［ナガラ］

副詞節と主節との接続関係が，以上論証したように，基本的な意味関数［AT，FROM，TO］に還元できることが判明したであろう。これら意味関数は，英語では接続詞に，日本語では接続助詞に語彙化される。接続の表現方法は異なっていても，接続関係は同じである。

　英語：　主節（接続詞）従属節
　日本語：従属節（接続助詞）主節

すなわち，英語の接続詞と日本語の接続助詞は同じ機能を果たしている。いずれも副詞節と主節との関係は，時間系列，関係系列，様態系列に

増幅される手順を追求することによって，格の4項セットに還元できることが明白になった。

3.6 助詞ハとガの文法的構造

いままで格助詞ガを提題助詞ハに切り換えるために，さまざまな文法的な工夫がなされてきた。

益岡・田窪（1992：85-6）は，次のような授受の例文を示し，その下に構文の形式を与えている。

(59) 太郎は花子にお金を貸した。
「(主体) ガ＋ (相手) ニ＋ (対象) ヲ＋動詞」
(60) 花子は太郎からお金を借りた。
「(主体) ガ＋ (相手) カラ＋ (対象) ヲ＋動詞」

どちらの構文形式も「(主体) ガ」で始まっているから，次のような例文が導き出されるはずである。

(59 a) 太郎が花子にお金を貸した。
(60 a) 花子が太郎からお金を借りた。

おそらく(59 a)や(60 a)のような「太郎が」「花子が」の文では，「他でもない太郎が」「他でもない花子が」という「排他」の意味をもつので，(59)「太郎は」，(60)「花子は」のように提題の助詞「ハ」に切り換えたのであろう。だが，格助詞のガがどのようにして助詞ハに交替したのか，これが問題である。

3.6.1 助詞ガと助詞ハの交替

助詞ハと助詞ガはそれぞれ次のような含意をいだいている。

助詞ハ：いくつかの対象物の内，一つだけを取り立てて主題とする。
［取り立て］

助詞ガ：いくつかの対象物の内，一つだけを取り出し他を排除する。
［排他］

こうした語彙的推意の外に，「助詞ガ」が主格として働くのは，久野暲（Kuno 1973：38）の指摘する「行為もしくは一時的状態の中立叙述」の場合にすぎない。

［中立的叙述の例］雨が降っている。

この例文は三尾砂（1948：82）の「現象文」に相当する。三尾は「現象をありのまま，そのままうつしたもの（が現象文）である。判断の加工をほどこさないで……」と説明している。

さて，中立叙述の現象文が排他の含意を表出させるとき，これが邪魔になれば，助詞ガを助詞ハに切り換える方法がとられる。

(59 a)の「太郎ガ花子にお金を貸した。」という例文において，「助詞ガ」が排他の意味をもち「ほかでもない太郎が」と解釈されるのを避けるために，助詞ハに切り替えて「太郎ハ花子にお金を貸した」と改めたのである。要するに，助詞ガと助詞ハの交替は意味の問題であって，統語構造にかかわる案件ではない。

(61) 恵美さんガ会合に来ませんでした。

上の例文では，恵美さん以外は会合に出席したという含意が表に出るので，これを消すために助詞ハへの交替がおこなわれ，次のように表現される。

(62) 恵美さんハ会合に来ませんでした。

3.6.2　助詞ガと助詞ハの統語的操作

寺村（1982：60）は，文をまず，コトとムードに2分した分析法をとっている。この2分法は，フィルモアの格文法において，文を法部（モダリティ）と命題部の2つの部分に分割した手法に準拠している。寺村は次のような分析例をかかげている。

題目語［補語＋補語＋動詞語幹＋ヴォイス＋アスペクト］否定＋テンス＋ムード
(課長ハ)［課長ガ・部下ニ・信頼・サレテ・イ］ナカッ・タ・ラシイ

　上の分析例では，［　］括弧内の配列要素が命題部のコトの部分で，その外側に否定・時制・法などのムード語尾がつらなっている。寺村(1982：60)は次のような文の構造図を提示している。

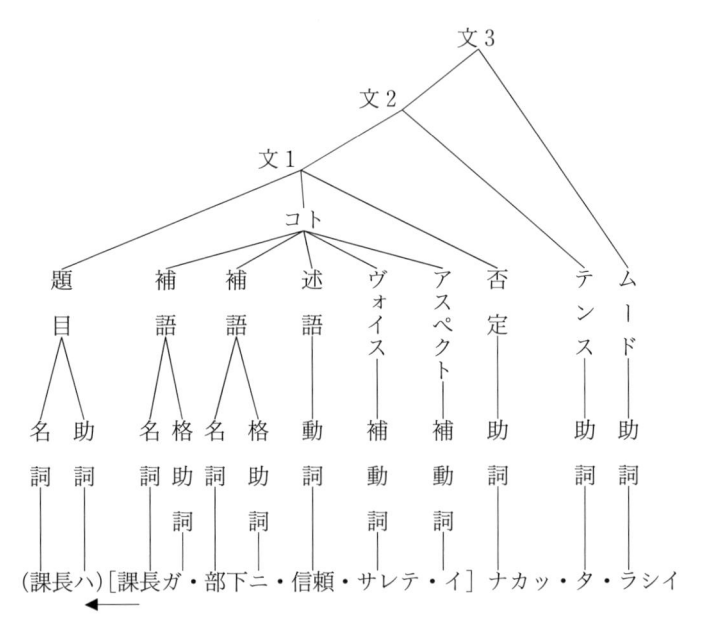

```
                        文3
                    文2
                文1
                 コト
    題  補  補  述 ヴ ア 否 テ ム
    目  語  語  語 ォ ス 定 ン ー
                イ ペ    ス ド
                ス ク
                   ト
    名助 名格名格 動 補 補 助 助 助
    詞詞 詞助詞助 詞 動 動 詞 詞 詞
         詞  詞     詞 詞
    (課長ハ)[課長ガ・部下ニ・信頼・サレテ・イ] ナカッ・タ・ラシイ
    ←
```

　益岡(1991：60-61)も，この路線にそって，コトの中から「課長ガ」を括弧の外へ出して肯定・否定の対立を表わす「みとめ方のモダリティ」(文1)に編入させることにより，「課長ハ」を作ると説明している。図の下に示された ← 印のように，［コト］の中に含まれた補語の［課長ガ］，その上におかれている（文1）に属する題目の位置に移って（課長ハ）になると考えている。
　つまり，コト村の住民である「課長ガ」，わざわざ「文1」の山を乗り越えて，村の外に出てから，「課長ハ」になるというのである。「課長ガ」

「課長ハ」になるために，毎回このような山越えをする必要があるのだろうか。こうした複雑な操作がいつも繰り返されているとは思えない。

そもそも否定や時制が法（モダリティ）に入るかどうか検討の余地がある。しかし，この構造図は門下生たちにより遵守されている。

3.7 無理な「象の鼻が長い」こと

三上の提示した「象は鼻が長い」という例文は，2つの書き換え方法をめぐって論じられてきた。

- (63)　象の鼻が長い（こと）［象の＋は → 象は］（「の」基底説）
- (64)　象が鼻が長い（こと）［象が＋は → 象は］（「が」基底説）
- (63 a)　「象の」に「は」がつき，「象は鼻が長い」となる。
- (64 a)　「象が」に「は」がつき，「象は鼻が長い」となる。

野田（1996：31-41）は，(63)の三上章（1960）に代表されるものを「の」の基底説，(64)の北原保雄（1981）に代表されるものを「が」基底説と呼んでいる。

そこで，次の例文を参照してみよう。

- (65)　夏子は性格がすなおだ。
- (65 a)　夏子の性格がすなおな（こと）
- (65 b)　夏子が性格がすなおな（こと）

さらに，次の例文を加えてみよう。

- (66)　公園は桜が満開だ。
- (66 a)　公園の桜が満開の（こと）
- (66 b)？公園が桜が満開の（こと）

とにかく，「性格がすなおだ」の「すなお」は名容詞，つまり形容動詞であり，「桜が満開だ」の「満開」は名詞である。だから，形式名詞「もの」を修飾するとき，「すなおな」や「満開の」という連体形となる。

そもそも形式名詞「こと」の前には，形容詞句（連体句）がくることになっている。そこで，独立文を形容詞句に改めるのには，次のような手順をふめばよい。

1) 独立文の述語を「述語形」（終止形）から「形容詞形」（連体形）にすること。
「すなおだ」 → 「すなおな」， 「満開だ」 → 「満開の」
2) 独立文の助詞「は」を助詞「の」もしくは助詞「が」とする。
「夏子は」 → 「夏子の」～「夏子が」
「公園は」 → 「公園の」～「公園が」（？）

形容詞句において，助詞「が」が助詞「の」に交替するのは，かつて「鬼が島」の「が」が古くは属格の助詞であったことの名残りによるものである。

また，「夏子が性格が」とか「公園が桜が」という言い方における助詞「が」は，排他の性格をもっている。そのため，(66 b)の表現には無理がある。

庵功雄（2003：58-9）は，次のような書き換えを行っている。

(67)　　B 氏は，奥さんが入院中です。
(67 a)　B 氏の奥さんが入院中である（こと）

しかし，この操作はかなり粗雑である。「入院中です」は「入院中だ」の丁寧形であって，丁寧形は形容詞句（連体句）の中では許されないから，次のような書き換え表現となるはずである。

(67 c)　B 氏の奥さんが入院中の（こと）

だから，(67 a)の原文は，次の(67 d)とすべきである。

(67 d)　B 氏は奥さんが入院中である。

とにかく，「～ハ～ガ～」という文型を「～ガ～ガ～」や「～ノ～ガ～」に書き換えるのが無理な例文がある。

	《独立文》	《派生形容詞節》
(68)	夏子は英語が得意だ。	→ 夏子の英語が得意な（こと）（?）
(69)(a)	秋子さんは犬が好だ。	
(69)(b)	秋子さんは犬が好きです。	→ 秋子さんの犬が好きな（こと）（?）
(69)(c)	秋子さんは犬が好きですよ。	
	秋子さんは犬が好きであります。	→ 秋子さんの犬が好きである（こと）（?）
(70)	カキ料理は広島が本場だ。	→ カキ料理が広島が本場の（こと）（?）
		→ カキ料理の広島が本場の（こと）（?）

　左の独立文を基底文とすれば，格助詞「ハ」を「ノ」もしくは「ガ」に改め，名容詞述語形（終止形）の「得意だ」「好きだ」や名詞述語形（終止形）の「本場だ」を形容詞形（連体形）の「得意な」「好きな」や「本場の」に取り替えればよい。それでも，上に示したような理解困難な非文ができてしまう。いったい非文の派生形容詞句を基底文にした場合，どのような操作により左の正常な独立形が導きだされるのであろうか。

　派生形容詞句には，丁寧形や終助詞「よ」が許されないこと，述語形（終止形）は形容詞形（連体形）に代えることなど，さまざまな制約が課せられている。

　もし，(69)の例文で，「派生形容詞句」の「秋子さんの犬が好きなこと」を基底とすれば，「の」を「は」に変えても，述語を(a)「好きだ」か，(b)「好きです」か，(c)「好きですよ」にすべきか予測がつかないであろう。だから，派生形容詞句から独立文を導き出すことはできない。

（a）　秋子さんは犬が好きだ。　　｜
　　　（b）　秋子さんは犬が好きです。　｝　？　← 秋子さんの犬が好きなこと
　　　（c）　秋子さんは犬が好きですよ。｜

　このことは「が」基底説の派生形容詞「秋子さんが犬が好きなこと」についても言える。要するに，形容詞述語「好きだ」は，格助詞「は」と格助詞「が」をとる2つの名詞を必要とするのである。
　とにかく，いくつもの文法的フィルターのかかった派生形容詞句を基底文とすることは無理である。やはり，無色で自然な独立文を基底文とすべきである。そのためには，格助詞の資格を「ハ」に認めればよい。

3.8　状態と行為の構文

次に示された例文を順次比べてみよう。

　　　(71)　わたしはコーヒーが好きだ。　　　［状態］
　　　(72)　わたしは毎朝コーヒーを飲む。　　［行為］
　　　(73)　わたしはコーヒーが飲みたい。　　［状態］

これら3つの文における助詞の配列を注意してみると，

　　　(71)と(73)の文：「～は～が～」
　　　(72)の文：「～は～を～」

というように，「コーヒーが」と「コーヒーを」が入れ替わっている。
　(72)の「コーヒーを飲む」と(73)の「コーヒーが飲みたい」において，述語が「飲む」という行為から，「飲みたい」という欲求状態になると，助詞「を」が助詞「が」に変わってくる。また，(71)の述語「好きだ」も明らかに状態を表わす形容詞である。すなわち，日本語には次のような文法的決まりがある。

　　　（a）　状態を表わす述語の前では，そうした状態を引き起こすもの
　　　　　　（コーヒー）は主格の助詞「が」をとる。

（b） 行為を表わす述語の前では，その行為の目標となるもの（コーヒー）は対格の助詞「を」をとる。

さらに，(71)と(72)の「わたし」であるが，これは「好きだ」とか「飲みたい」というように「感じる人」，すなわち経験者を意味している。そして，「好きだ」や「飲みたい」という述語は感受者の心的状態を表わしている。

これに対して，(72)の「わたしは」は「飲む」という行為を行う動作主である。そこで，次のようにまとめられる。

1) (71)と(73)のような「〜は〜が〜である」は状態構文。
2) (72)のような「〜は〜を〜する」は行為構文。

こうした状態と行為の関係は次のような可能文にも見られる。

(74) 夏子はピアノをひく。　［行為構文］
(75) 夏子はピアノがひける。［状態構文］

(75)の文は,「ピアノをひく」という能力を備えた状態にあることを意味している。

Kuno（1973：79-81）は，次のような例文を提示している。

(76) わたしは映画が好きだ。

彼は，この文における「映画が」を他動形容詞「好き」の目的語と解釈している。だが，「映画が」は，経験者の「わたし」が好きだと感じる対象物であって,「好き」という感情行為が働きかける目的語ではない。次の行為と状態の例文に当たってみよう。

(77) 美和子は友人の事故死を悲しんだ。　［行為文］
(78) 美和子は友人の事故死が悲しかった。［状態文］

上の例文における形容詞「悲しかった」は，友人の事故死に対する感受者美和子の悲痛な心情を表わしていて，主格の「友人の事故死」は，位置

的対象となる出来事である。これも他動的形容詞「悲しい」の目的語であると言えるだろうか。

　また，場所を表わす助詞「に」と「で」が，それぞれ状態述語と行為述語に対応することも参考になる。

　　　(79)　兄は東京に住んでいます。(状態述語は助詞「に」を要求する)
　　　(80)　兄は東京で働いています。(行為述語は助詞「で」を要求する)

　以上をもって，日本語の格助詞の問題を終えることにする。

4 結合価文法概要

4.1 文の分析方法

　英文法を習い始めると，まず「主語」と「述語」という文法用語を教えこまれる。この主語と述語を文の中核とする見方は，アリストテレースの論理学に源を発する西欧の文法家たちの伝統的思考法によるものである。「主語」は，それについて述べられた主題であり，「述語」は，主語について述べられている部分である。

　（１）　ジョンがメアリーに会った。
　　　　　John met Mary.

という文は，まず「ジョンが」(John)という主語（Subject）と「メアリーに会った」という述語（Predicate）に分けられる。「ジョンが」が述べられている主題であり，「メアリーに会った」は主語について述べられた内容である。

　主語と述語を区分してから，伝統文法は述語をさらに「動詞」と「目的語」に分解する。これに対し，構造主義の記述文法は，「主語＋述語」を「行為者・行為構造」と称し，「動詞＋目的語」を「行為・目標構造」と呼んでいる。なお，チョムスキーの主張する変形文法は，NP（名詞句），VP（動詞句）という文法的カテゴリーを用いて構造の分析を行っている。要するに，伝統文法も記述文法も変形文法も項目の名称は変わっているが，文を解剖する方式はだいたい同じであることが分かる。

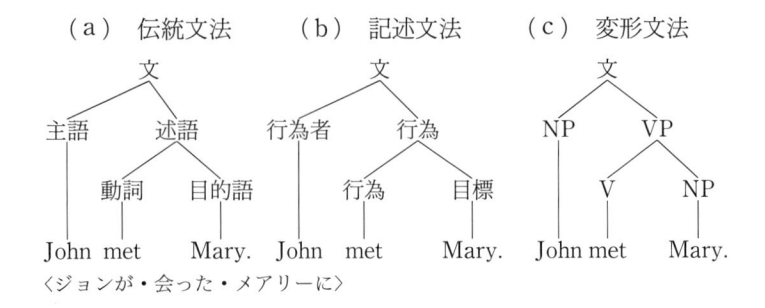

```
        (a) 伝統文法        (b) 記述文法        (c) 変形文法
              文                   文                   文
            ／＼                ／＼                ／＼
          主語  述語         行為者  行為          NP    VP
                ／＼                ／＼                ／＼
              動詞 目的語          行為 目標            V    NP
               │   │              │    │             │    │
            John met Mary.    John met Mary.    John met Mary.
        〈ジョンが・会った・メアリーに〉
```

4.2 文の中核

　文を主語と述語に分解する方法に対して，文の中核を述語とする文法構造を提示したのは，フランスのスラブ語学者ルシアン・テニエール（Lucien Tesnière）である。彼の主著『構造統語論要説』（*Éléments de syntaxe structurale*，1959 初版，1966 再版）の中に結合価文法（Valence Grammar）の分析理論が紹介されている。彼のいう述語には動詞述語，形容詞述語，名詞述語が含まれている。

　とにかく，この大著は「結合」（connexion），「連接」（jonction），「転用」（translation）の 3 部から構成されているが，とくに結合の部の要点を紹介し，のちほど転用についても触れることにする。

　結合は，もっとも重要な文法機能で文は 3 つの要素に分解される。

　　(2)　赤ちゃんが笑った。
　　　　The baby laughed.

という文は，①名詞の「赤ちゃんが」（the baby）と，②動詞の「笑った」（laughed）という 2 語と，③両者を結びつける「結合」という，3 つの要素から成り立っている。

```
    (2a)   ②   笑った         laughed
           ③    │              │
           ①   赤ちゃんが     the baby
```

結合を示す結合線で結ばれた上位項の支配部「笑った」(laughed) と下位項の従属部「赤ちゃんが」(the baby) との間には次のような関係がある。

(a) 上位項の「笑った」は，下位項の「赤ちゃんが」を「支配する」(commande)。
(b) 下位項の「赤ちゃんが」は，上位項の「笑った」に「依存する」(dépend) もしくは「従属する」(subordonne)。

要するに，「笑った」と「赤ちゃんが」という語だけでは，文は形成されない。両方の語を関係づける「結合」という作用が働いてこそ，「赤ちゃんが笑った」という文が成立するのである。

このように結合によって上位項と下位項が結ばれた (2a) 図は結合価文法の基本的文法構造である。

(3) 青い空　　the blue sky
(3a)　　空　　　　　sky
　　　　｜　　　　／＼
　　　青い　　　the　blue

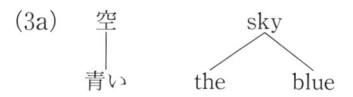

上の語句では，上位項の「空」が下位項の「青い」を支配しているが，英語では，下位項の冠詞（the）「それ」と形容詞の（blue）「青い」が上位項の名詞を修飾する形で，これに従属している。したがって，結合線は名詞から冠詞と形容詞に向かって2本引かれている。

なお，1つ以上の下位の従属項を支配する項は「結節」(nœud)［ニョ］と呼ばれている。

(4)　うちの太った猫が小さなねずみを追いかけた。
　　　My big cat chased a small rat.

の文には次のような結節の階層が見られる。

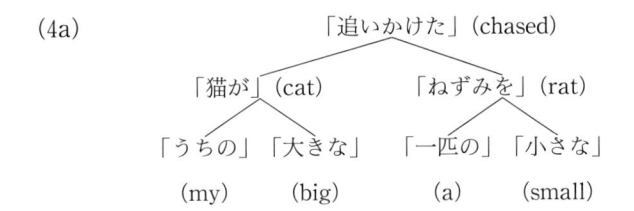

(4a)
```
            「追いかけた」(chased)
           /                \
      「猫が」(cat)        「ねずみを」(rat)
       /      \             /        \
   「うちの」 「大きな」   「一匹の」  「小さな」
    (my)    (big)        (a)      (small)
```

　この文の最上位の結節「追いかけた」(chased) は，とくに中心結節と呼ばれる。こうした結節と結合線の総体は「図系」(stemma) によって表示される。なお，「うちの」(my) や「一匹の」(a) のような限定詞と「大きな」(big) や「小さな」(small) という形容詞も上の名詞に依存するので，結合線で結ばれている点にも注意されたい。

4.3　図系と行為項

　最上位の結節は，「文の中心に位置し，文のさまざまな要素を結びつけて1つの束にまとめ，文の構造上の統一を確固たるものにしている。それは文そのものと見なされる」とテニエールは述べているから，文の図系はまさに文の構造を表わすものである。中心結節はふつう動詞であるが，形容詞のこともある。

　（5）　ジョンはトムをなぐった。
　　　　John hit Tom.

　上の文の図系は次の通りである。

(5a)
```
            「なぐった」(hit)
           /              \
      「ジョンは」      「トムを」
       (John)          (Tom)
      [第1行為項]     [第2行為項]
```

　図系(5a)では，動詞「なぐった」(hit) が中心結節をなしていて，従属部の「ジョンは」と「トムを」を支配している。こうした従属項を左から

「第1行為項（actant）」「第2行為項」と呼んでいる。
　動詞によっては，次のように第3行為項をとることがある。

（6）　メアリーはジョンに小包を送った。
　　　Mary sent a package to John.

上の文は次のような図系(6a)に分析できる。

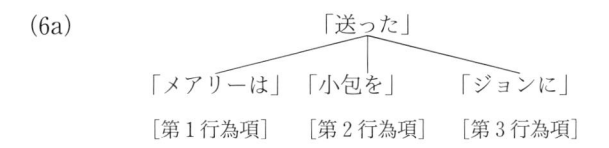

(6a)　　　　　　　　「送った」
　　　　　　┌───────┼───────┐
　　　　「メアリーは」「小包を」　「ジョンに」
　　　　［第1行為項］［第2行為項］［第3行為項］

　伝統文法などでは，第1行為項が「主語」，第2行為項が「直接目的語」，第3行為項が「間接目的語」に相当する。
　テニエール（Tesnière 1966：102）は「行為項は常に実詞（名詞）もしくは実詞の相当語句である，逆に実詞は常に文中で行為項の機能を担っている」と述べているから，to John〈ジョンに〉という前置詞句も実詞相当語句と見なしている。
　さて，構造面からして，語には構成的語と補助的語とがある。構成的語は構造的な機能をもち，結節を形成できる。こうした機能をもたないのが補助的語である。構成的語は「核」（nucléus）の中心をなし，補助的語は核に所属する。

（7）　ジョンの本
　　　《英語》　　the book of John's
　　　《フランス語》le livre de Jean

　上の句における核は the book (le livre)「（その）本」と「ジョンの」of John's (de Jean) である。冠詞の the (le)「その」と前置詞の of (de)「の」は補助的語であるから，（7）の図系は次のようになる。

(7a)　　　本　　　　the book　　le livre

　　　ジョンの　　　of John's　　de Jean

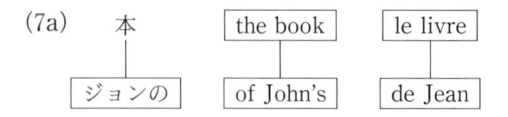

　四角で囲まれた語句が「核」にあたる。つまり，核は結節を拡大したもので，その中に構成的語（名詞）と補助的語（冠詞もしくは前置詞）が含まれている。その意味で，日本語の「ジョンの」という「名詞（ジョン）＋助詞（の）」も核をなしていることになる。もちろん，上位項の「本」(the book) が下位項の「ジョンの」(of John's) を支配している。

　また，2語で核を形成する場合を分離核と呼ぶ。

　こうした分析は状態述語，すなわち述語が形容詞の場合にも適用できる。

　　（8）　空は青い。　The sky is blue.
　　（8a）　　　　青い　　is blue

　　　　　　　　空は　　the sky

　テニエールは英語の is blue「青い」を分離核と見なして，構成的語の blue と補助的語 (is) の2語で核をなすと捉えている。だが，日本語の「青い」は単独で核をなしている。ただし，行為項の「空は」は構成的名詞「空」と補助的助詞「は」により形成された分離核である。英語の the sky についても同じことが言える。冠詞の the が補助的で，名詞の sky は構成的名詞であり，分離核をなしている。冠詞の the は名詞の sky を修飾する従属部であって，支配部の名詞がなければ，その存在理由がない。そこで，図系内では，the sky を分離核として四角に囲んで表示される。

　こうした扱いは，次の文例にも当てはまる。

　　（9）　《日》寒い。　　　《英》It is cold.
　　　　　《英》It rains.　《日》雨が降る。　　降る

　　　　　　　　　　　　　　　　　　　　　　雨が

英語の It is cold. も It rains. も共に分離核から成り立っていると，テニエールは解釈している。主語とされてきた it は明確な指示物のない補助的語にすぎないし，is も(8)で述べたように補助的語である。日本語の「寒い」は1語で「気温が低い」ことを意味している。そこで，英語の It is cold. と It rains. は，共に行為項をとらない述語ということになる。つまり，無項述語である。日本語では，「降る」という述語が「雨が」という分離核の行為項を支配している。

行為項の数によって述語を分類すれば，次の4種類となる。

述語の種類	日本語例	英語例
無項述語：	寒い	It is cold.
1項述語：	赤ちゃんが笑った。	The baby laughed.
2項述語：	ジョンがトムをなぐった。	John hit Tom.
3項述語：	メアリーはジョンに小包を送った。	Mary sent a package to Tom.

行為項は，伝統文法から見れば，第1行為項が「主語」，第2行為項が「直接目的語」，第3行為項が「間接目的語」に相当する。これら3つの項の語構成は言語によって異なる。Tesnière(1966：114) は次のような文例を与えている。

《英語》　　　Alfred gave the book to Charles.
《フランス語》Alfred a donné le livre à Charles.
《ドイツ語》　Der Alfred gab das Buch dem Karl.
《日本語》　　アルフレッドはチャールズに本をやった。

英語やフランス語のように，主語や目的語が格語尾をもたない言語では，動詞述語の前に主語，後ろに直接目的語をおく。第3行為項では，英語もフランス語も前置詞 to〈に〉とか à〈に〉が用いられる。ドイツ語では，名詞が格変化を行うので，主格，対格，与格の印が冠詞 der, das, dem によって示される。

《ラテン語》Aul-us dat libr-um Cai-o.
〈アウルスがカイウスに本を与える。〉

　ラテン語では，格語尾-us（主格語尾），-um（対格語尾），-o（与格語尾）によって各行為項が表示されるし，日本語では，後置詞（助詞）「が，に，を」により行為項が区別される。なお，日本語の行為項「アルフレッドは」「チャールズに」「本を」は，いずれも「名詞＋格助詞」の形をとる分離核であって，名詞句と見なされる。このように，行為項を表示する方式は言語によって異なる。

4.4　状況項

　行為項は，述語が文を構成するのに必要な要素である。行為項以外に副次的な「状況項」（circonstant）がある。これは動詞述語の示す過程が展開されるとき，場所，様態やその他の状況を表わす機能をもっている（Tesnière 1966：125）。

　(10)　夏子は明日パリへ出発する。
　　　　Natsuko starts for Paris tomorrow.

(10)の図系は次のように表示される。

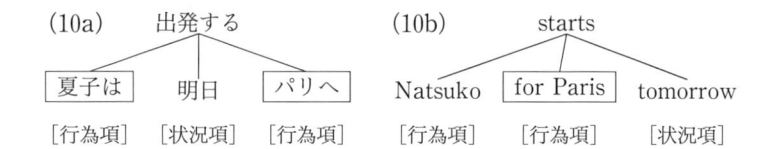

(10a)　　出発する
　　┌────┼────┐
　夏子は　明日　パリへ
　[行為項]　[状況項]　[行為項]

(10b)　　　starts
　　┌────┼────┐
　Natsuko　for Paris　tomorrow
　[行為項]　[行為項]　[状況項]

　この図系の中の「明日」（tomorrow）は，時の状況項である。テニエールは，「パリへ」（for Paris）を場所の状況項と見なしているが，「出発する」（starts）という動詞述語は，着点の場所を必要とするから，「パリへ」は方向の副詞句であるが，文の形成に必要な要素であるから準行為項として扱うことにした。同じことが次の例文にも当てはまる。

(11) テーブルの上に本がある。
There is a book on the table.
(12) 秋子はテーブルの上に花瓶をおいた。
Akiko put a vase on the table.

上の例文で，「本がある」や下の例文で，「秋子は花瓶をおいた」だけでは，完結した文にはならない，やはり，「テーブルの上に」は，文を形成する必要な要素として，準行為項と見なすべきである。

とにかく状況項はつねに副詞（Ad）で，時，場所，様態の意味を担っている。

(13) トムはいそいで通りを歩いていた。
Tom walked rapidly on the street.

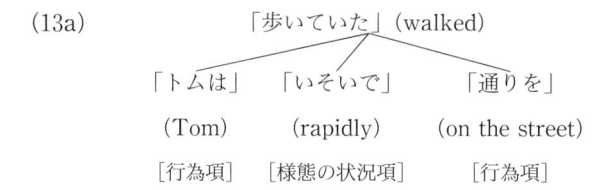

(13a)
```
            「歩いていた」(walked)
         ／       ｜        ＼
   「トムは」   「いそいで」    「通りを」
    (Tom)     (rapidly)    (on the street)
   ［行為項］ ［様態の状況項］   ［行為項］
```

(13a)の図系には，様態の状況項「いそいで」（rapidly）が用いられている。「通りを」（on the street）であるが，動詞述語「歩く」は歩行する場所が必要であるから，「行為項」とした。

4.5 実辞と虚辞の区別

テニエールは，「実辞（mot plein）は意味的機能を担い，その形式が概念と結びつくもの」と説明している。要するに，具体的な意味と語形をもつ，「リンゴ」「赤い」「食べる」のような語を指している。虚辞（mot vide）は意味的機能をもたず，単なる文法的用具として，実辞のカテゴリーを規定し，これを変化させ，実辞の間の関係を支配する語とされている。実例としては，冠詞や前置詞，後置詞などがこれに相当する。実辞の

カテゴリーとは，男性や女性などの文法性や単数，複数などの数の区別，それに主格，対格などの格形式などを指している。

こうした実辞と虚辞の区別は，構造言語学のC. C. フリーズ（Fries 1940, 1952）が大別した「実語」（full word）と「機能語」（function word）の内容と共通している。だが，これら2分割された2つの部分についての分類の仕方は大きく異なっている。

テニエールによると，

(a) 実辞は，具体的な意味をもつ語で，次の4種類に分けられる。動詞（V），名詞（N），形容詞（A），副詞（Ad）。
(b) 虚辞は，文法的用具として機能するが，その種類は次の通りである。右側に与えられているのは，左の結合価文法の用語に対する伝統文法の用語である。
 1）連接辞（jonctif）：等位接続詞
 2）転用体（translatif）：従位接続詞，関係代名詞，冠詞，側置詞（前置詞と後置詞），助動詞，格語尾。

実辞が4種の品詞であることは，平凡であるかもしれないが，虚辞については，「連接詞」や「転用体」というテニエール自身の用語が盛んに用いられるので，とまどうかもしれない。

実は，テニエールの著書は，第1部「結合」，第2部「連接」，第3部「転用」の3部から構成されている。

第1部の「結合」は，述語とこれが支配する行為項，および状況項との結びつきの分析が主体をなしている。

第2部の「連接」は，いわゆる等位接続詞により接合した語句の構造を扱っている。

第3部の「転用」では，品詞を変化させる方法が徹底的に追求されている。

たとえば，地名の「東京」は，もちろん名詞であるが，これに助詞の転用体「に」が付加されて「東京に」となると，場所の副詞句となる。また，「夏子のカバン」という語句では，「夏子」は名詞であるが，「夏子の」

という語句は次の名詞「カバン」を修飾している。そこで,「夏子の」は形容詞句と見なされ,その転用体は助詞「の」ということになる。

4.6　能動と受動の働き

　述語動詞は,能動形から受動形に変わると,それが支配する名詞の役割も違ってくる。

　テニエール(Tesnière 1966：242-251)は,能動と受動を行為の移動方向によって捉えている。

　　能動：A → B〔行為項Aが行為項Bにある行為を働きかける。〕
　　受動：A ← B〔行為項Aが行為項Bからある行為を受ける。〕

テニエールは態を「態質」(diathèse)と呼んでいる。

　　(a)　能動態質：ジョンはトムをなぐった。　　ジョン → トム
　　　　　　　　　(John hit Tom.)　　　　　　(John → Tom)
　　　　　　　　　すなわち,ジョンがトムになぐる行為を行っている。
　　(b)　受動態質：トムはジョンになぐられた。　トム ← ジョン
　　　　　　　　　(Tom was hit by John.)　　 (Tom ← John)
　　　　　　　　　すなわち,トムはジョンからなぐる行為を受けている。

上の(a)と(b)の文は,次のような図系で表わされる。

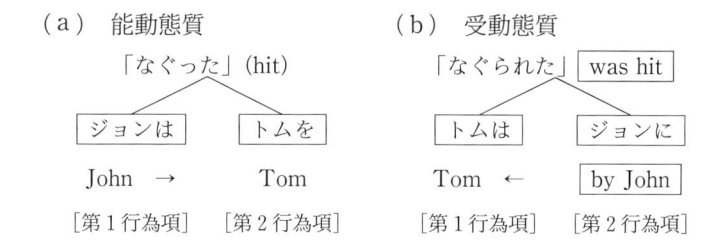

　　(a)　能動態質　　　　　　　(b)　受動態質
　　　　「なぐった」(hit)　　　　　「なぐられた」 was hit
　　　ジョンは　　トムを　　　　　トムは　　　ジョンに
　　　John → Tom　　　　　　 Tom ← by John
　　　[第1行為項] [第2行為項]　　[第1行為項] [第2行為項]

(a)能動態質では，第1行為項の「ジョンは」(主題格)が打撃を与える方であり，第2行為項の「トムを」(対格)が打撃を受ける側である。
(b)受動態質では，第1行為項の「トムは」(主題格)が打撃をこうむり，第2行為項の「ジョンに」(与格)が打撃を与えている。

なお，図系の中で線により囲まれた語句は分離核である。受動態質の述語「なぐ・られ・た」(was hit)であるが，日本語における受動の標識は，接尾辞「られ」である。英語では，「was(補助的語)＋hit(構成的語)」からなる分離核が用いられている。

(c) 再帰態質：Mary washed herself. 〈メアリーは体を洗った。〉
〔動作主の行動が自分自身に及ぶ場合〕

```
        《英語》              《日本語》
        washed                洗った
        /    \                /    \
     Mary   herself      メアリーは  体を
```

第2行為項として，英語では再帰代名詞の herself が使われている。日本語では，この場合再帰形「自分を」とは言わない。

(d) 相互態質：Tom and Bill hit each other.
〈トムとビルはなぐり合った。〉
〔2人の行為者が互いに相手に向かって同じような動作を行うとき相互態質が用いられる。〕

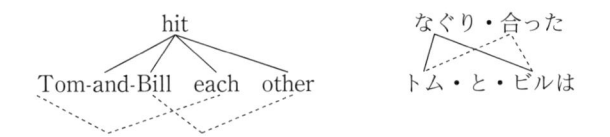

```
           hit                    なぐり・合った
          /   \                    /      \
   Tom-and-Bill  each other    トム・と・ビルは
```

上図における点線は指標線で，一方が他方を指示していることを表している。

英語では and，日本語では「と」という「連接詞」が2つの名詞を結びつけている。また，英語の each other という相互代名詞は，それぞれ行

為項のトムとビルを指示しているが，日本語においては，「合った」という形で述語動詞の中に組みこまれている。

（e） 使役態質

テニエール（Tesnière 1966：260-264）は，使役も態質の1種と見なしている。

(14) ジョンは写真を見た。
John saw a picture.
(15) メアリーはジョンに写真を見せた。
Mary showed John a picture.

(14)の「見た」の文に対して，(15)の文は，次のように図式化される。

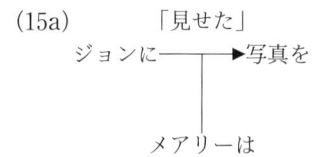

(15a)　　　　　「見せた」
　　ジョンに ─────▶ 写真を
　　　　　　　　│
　　　　　　メアリーは

(16) 母親は赤ちゃんにミルクを飲ませた。
(16a)　　　　　「飲ませた」
　　赤ちゃんに ─────▶ ミルクを
　　［動作主］　　　　　［対象］
　　　　　　　　▲
　　　　　　　母親は
　　　　　　　［使役主］

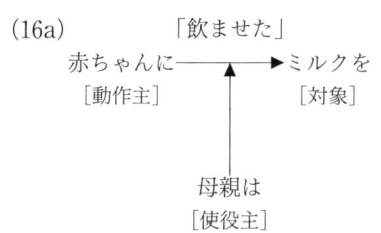

上の使役文では，使役主の母親が動作主の赤ちゃんに対象物体のミルクを飲むように働きかけている。この場合，(16a)図のように，使役主の母親から「赤ちゃんがミルクを飲む」という事件に向けて → が向けられている。「赤ちゃんがミルクを飲む」の「飲む」は行為項を2つとる2価の動詞であるが，「母親が赤ちゃんのミルクを飲ませる」では，使役主の母親が加わるので，「飲ませる」は3価の動詞となる。すなわち，使役文に

すると，行為項が1つ増えることになる。
　能動使役「させる」では，上向きの ↑ を用いるのに対し，受動使役「させられる」では，下向きの ↓ が使われる。

　　　(17)　　正男は先生にレポートを書かせられた。[受動使役]
　　　(17a)　　　　書いた
　　　　　　正男は────►レポートを
　　　　　　　　　　↑させ
　　　　　　　　　　られ
　　　　　　　　先生に　　　　[能動他動詞の受動使役]

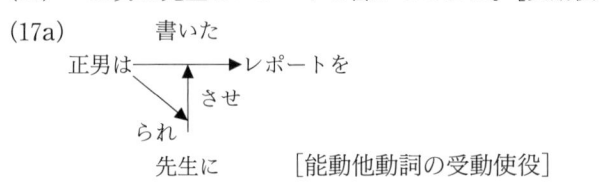

「正男がレポートを書いた」という能動文で表わされた状況に先生によって引き入れられたという意味であるが，「書かせられる」(kak-ase-rare-ru) と [語幹・使役・受動] の構成をなしていて，受動使役の形をしている。テニエールの図式 (Tesnière 1966：263) によれば，次のように表示される（図式(18a)参照）。これと能動使役の図式(17a)を対比されたい。

　　　(18)　　先生は正男にレポートを書かせた。[能動使役]
　　　(18a)　　　　書いた
　　　　　　正男に────►レポートを
　　　　　　　　　　↑させ
　　　　　　　　先生は　　　　[能動他動詞の能動使役]

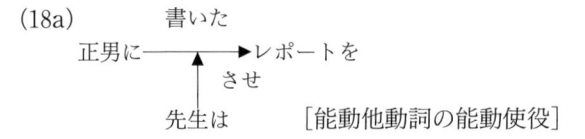

すなわち，使役線の矢印が上向き↑ならば能動使役であり，下向き↓ならば受動使役である。テニエールは，受動使役はセム系言語やアルタイ系言語で用いられると付記している。

　　　《トルコ語》çocuk giyin-dir-il-di.〈子供は（服を）着させられた。〉

動詞述語の giy-in〈着る〉自体が，語幹（giy）＋再帰語尾（-in）の構成をなしている。つづいて，使役語尾（dir）〈させ〉，受動語尾（il）〈られ〉，過去語尾（di）〈た〉と連続している。
　テニエールは，自動詞文の使役や受動については触れていないが，彼の

分析方法を用いれば，自動詞を含む使役文や受動文も次のように表示できよう。

(19) 母親は子供を寝かせた。 (20) 山田さんは奥さんに死なれた。

```
        寝た                         死んだ
子供を ──────→                奥さんに ──────→
          させ                              られ
       母親は                          山田さんは
```

(20)の文は間接受動文もしくは利害の受身と呼ばれているものである。このように，自動詞文における使役と受動の態質関係を図示することができよう。ただし，図系の構成は下記のようになる。図系は同じでも，述語が支配する行為項の格表示は異なっている。

```
        寝かせた                        死なれた
      ／      ＼                     ／      ＼
  母親は      子供を              山田さんは    奥さんに
 [第1行為項] [第2行為項]         [第3行為項] [第1行為項]
```

「奥さん」は「死ぬ」動作主であり，「山田さん」その出来事の被害者で第3行為項に当たる。

4.7　疑問と否定

テニエール（Tesnière 1966：192）は，平叙文と疑問文の別に，肯定と否定を組み合わせて，次の4種の文を設定している。

（a）　肯定平叙文：お医者さんは来ています。
　　　　　　　　　The doctor has arrived.
（b）　肯定疑問文：お医者さんは来ていますか。
　　　　　　　　　Has the doctor arrived?
（c）　否定平叙文：お医者さんは来ていません。
　　　　　　　　　The doctor hasn't arrived.

（d） 否定疑問文：お医者さんは来ていませんか。
Hasn't the doctor arrived?

4.7.1 疑問文
a 核疑問文

(21) メアリーは手紙を書いている。
Mary is writing a letter.

　上の例文は，下の図系で示されているように，3つの核，すなわち「述語」「第1行為項」「第2行為項」から成り立っている。それぞれの核について，1つの疑問文が作りだされる。

(21a) 「書いている」（述語）　　(21b) is writing
　　　　メアリーは　　手紙を　　　　Mary　　a letter
　　　［第1行為項］［第2行為項］

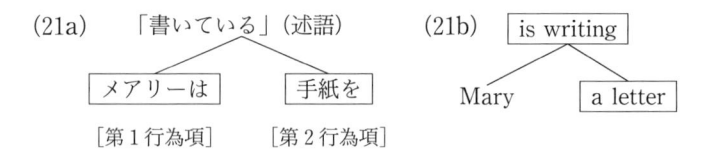

第1行為項への疑問：だれが手紙を書いていますか。
　　　　　　　　　Who is writing a letter?
述語への疑問：　　メアリーはなにをしていますか。
　　　　　　　　　What is Mary doing

(21c) 「書いていますか」　　(21d) is writing
　　　　だれが　　手紙を　　　　who　　a letter
　　　［第1行為項］［第2行為項］

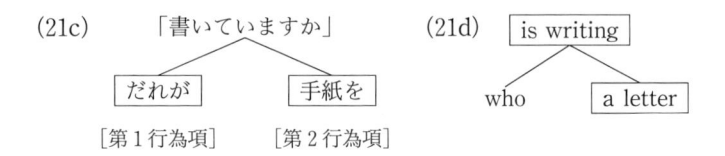

第2行為項への疑問：メアリーはなにを書いていますか。
　　　　　　　　　　What is Mary writing

　さらに，状況的疑問副詞が加わる。

［場所］「あなたはどこに（位置）いますか。」

Where are you?
「あなたはどこへ（着点）行きますか。」
Where are you going?
「あなたはどこから（起点）来ましたか。」
From where have you come?
「あなたはどこを（経路）通りますか。」
Where are you passing?

［時間］when「いつ」（時間的位置），until when「いつまで」（時間的着点），from when「いつから」（時間的起点），how long「どのくらい長く」（時間的経路）。

［様態］(22) アリスは赤い本を読んでいる。
　　　　　　　Alice is reading the <u>red</u> book.

　上の例文における「赤い」という形容詞の部分を尋ねるときは，次のような疑問文になる。

(23) アリスはどんな本を読んでいますか。
　　　What book is Alice reading?

「どんな」は英語では what 〜 となる。

b　結合疑問文

　いままで分析してきた疑問文は，文を構成する個々の核に対する疑問文であるが，文全体にかかわる疑問，すなわち平叙文全体が表わす出来事の真偽を問いただす場合を「結合疑問文」とテニエールは命名している (Tesnière 1966：203)。

　核疑問文は特定疑問文，もしくは WH 疑問文と称されてきたもので，結合疑問文は一般疑問文，もしくは Yes-No 疑問文と呼ばれてきた。

　次に，日本語，英語，フランス語による結合疑問文の表現方法を比べてみよう。

　《日本語》　　アルフレッドがきました。

《英語》　　Alfred has come.
《フランス語》Alfred est venu.

以上に対する結合疑問文は次のようになる。

《日本語》　　アルフレッドはきましたか。
《英語》　　Has Alfred come?
《フランス語》Est-ce-que Alfred est venu?　　Alfred est-il venu?

結合疑問文のマークとして，フランス語では est-ce-que が文頭にくるか，est-il が主語の後ろに入る。英語では，主語と助動詞の位置が入れ替わる。日本語では，文末に疑問辞「か」が付加される。なお，英語では，文末でイントネーションを上昇させて疑問化する方法も用いられる。

テニエールは結合疑問文を (24b) のように，結合線の中央に疑問符？をつけて表わしている。これは，上位支配項の述語 est venu〈来た〉と下位従属項の Alfred〈アルフレッド〉の間に結合の関係が成立するかどうかを問いかけているという分析によっている。

```
   (24a)       (24b)         (24c)                    (24d)
 est venu    est venu      Has ～ come               来ました
    |           | ? (est-ce-que)  | ? (主語と動詞の転換)       | ? 「か」
 Alfred      Alfred          Alfred                アルフレッドは
```

疑問符？は，疑問辞（est-ce-que，「か」）の付加や主語と動詞の転換という形で実現する。

4.7.2　否定文

テニエールは否定文についても，核否定と結合否定の別を立てている。

a　核否定文

核否定文では，文を形成するそれぞれの核を否定するものであるが，疑問の場合とは違った反応を示す。

	《日本語》	《英語》
［平叙文］	アリスがきた。	Alice has come.
［疑問文］	だれがきたか。	Who has come?
［否定文］	だれもこなかった。	Nobody has come.

　平叙文の第1行為項「アリスが」が疑問化されると，「だれが」(who)が文頭に立つ。これが否定されると，英語ならば，nobody〈だれも〜しない〉となる。「物」については nothing〈なにも〜でない〉，「場所」ならば nowhere〈どこにも〜ない〉となる。

b　結合否定文

　(25)　アンナは歌わなかった。　Anna did not sing.

上の例文について結合否定文の図系を与えておく。

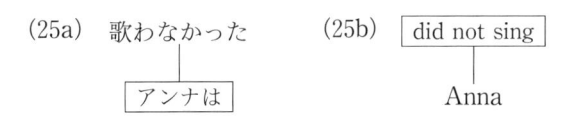

(25a)　歌わなかった　　　(25b)　did not sing
　　　　　　｜　　　　　　　　　　　｜
　　　　　アンナは　　　　　　　　Anna

　英語は，Anna did not sing.〈アンナは歌うことをしなかった。〉となる。日本語では，否定の過去形態素が語幹につき「歌わ・なかった」となる。

4.8　転用

　転用 (translation) は，テニエールによる大著の後半を占める重要な文法理論である。いままで，転用についてはほとんど紹介されていないので，その要点を解説しておこう。
　転用とは，文の構成要素がその文法的カテゴリーを変える現象を指している。テニエールは，文法的カテゴリーの名詞にO，形容詞にA，副詞にE，動詞にIの符号を用いているが，ここでは，分かりやすくするために，名詞N（名），形容詞A（形），副詞Ad（副），動詞V（動）で表わ

すことにする。

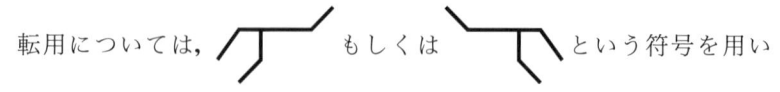

転用については，╱┐　もしくは　┌╲という符号を用いる。この符号の縦棒｜の端についた爪であるが，╱左向きならば左側に，╲右向きならば右側に「転用体」(translatif) つまり転用を示す語もしくは形態素が入る。具体例を使って説明しよう。

(26) ピーターの本　Peter's book

上例の「ピーター」(Peter) は名詞 N であるが，所有語尾の「の」(-s') という転用体が付加されると，「ピーターの」(Peter's) は形容詞化，すなわち転用されて，次の名詞「本」(book) を修飾することになる。

上の英文例をフランス語の le livre de Pierre〈ピエールの本〉と比較して，それぞれの図系を出してみよう。

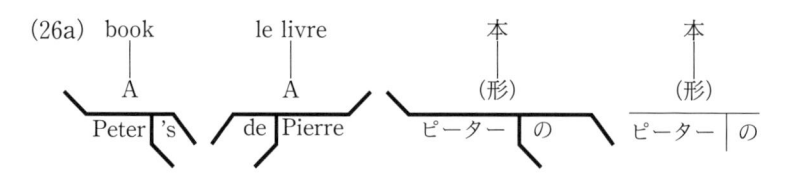

(26a)　book　　　　le livre　　　　本　　　　　本
　　　　 A　　　　　　A　　　　　　(形)　　　　(形)
　　Peter ┐'s　　de┌ Pierre　　ピーター┐の　　ピーター│の

英語の所有語尾 's もフランス語の前置詞 de も日本語の助詞「の」も共に転用体として文法的カテゴリーを変化させている。本書では，表記上「爪」を省略し，右端のように表示しておく。

とにかく，転用は次のように公式化される。

　　　　　　　　　Transféré　（転用されたもの）［転用結果］
（転用体）Translatif｜Transférende　（転用されるもの）［転用対象］

要するに，転用を受ける語句［転用対象］が転用体によって他の品詞に転用された語句［転用結果］になることが図示されている。

転用には，第 1 次の（premier degré）転用と第 2 次の（second degré）転用がある。

（a）第 1 次の転用

　　第 1 次の転用は，文を構成する語句の文法的機能を変えることで，名詞，形容詞，動詞，副詞などの文法的カテゴリーが他の文法的カテゴリーに転用される方式が考察される。

（b）第 2 次の転用（Tesnière 1966：543）

　　第 2 次の転用は，統語的段層を変える動詞核から構成されていて，階層的に上位にある核に従属する単純な役割に還元される。ここでは，伝統文法でいう従属節というものを考えてもらえばよい。階層的に上位にある核とは，主節の述語を意味し，これに支配される行為項や状況項の役割を代行するのが従属節に相当する。従属節はそれ自体述語核を保有している。要するに，従来の主節に対する名詞節，形容詞節，副詞節の機能をもつ結合体（節）の従属関係が分析される。

4.9　第 1 次の転用

　名詞（N），形容詞（A），動詞（V），副詞（Ad）の性格をもつ語句が他の品詞の語句へと転用される事例を検討する。こうした転用を，「転用対象 ＞ 転用結果」というように，＞ 印を使って表わすこともできる。

a　名詞（N）＞ 形容詞（A）（名詞語句の形容詞化）

　すでに，「ピーターの本」（Peter's book）という例を用いて分析されているが，他の例にも触れておこう。

　　1）病気（名）＞ 病気の（形）［例］病気の人（名）
　　2）健康（名）＞ 健康な（形）［例］健康な人（名）

　例示されているように，助詞の「の」と「な」は，左の名詞から右の形容詞への転用を表わす標識，すなわち転用体である。英語では，ill〈病気の〉（形）＞ ill-ness〈病気〉（名）のように，形容詞から名詞が派生している。ただし，次の例では，（名）から（形）が出ている。

3) health〈健康〉(名) ＞ health-y〈健康な〉(形)

なお，英語では，冠詞を使って，形容詞を名詞化する方法がある．

4) young〈若い〉(形) ＞ the young〈若者〉(名)

名詞の形容詞化に関連して，「ピーターの本」の構造を調べてみよう．この語句には，次のように，形容詞化と名詞化の転用が行われている．

ピーター (名) ＞ ピーターの (形) ＞ ピーターの本 (名)

これを図系で示せば，以下のようになる．

ピーターの本 (名)	
(形)	本
ピーター (名)	の

Peter's book (N)	
(A)	book
Peter (N)	's

このように，(名)＞(形)＞(名)と転用が2回繰り返されたものを，「2重転用」(Tesnière 1966：476) と呼び，最初と最後の品詞が (名) のように一致する場合を，「可逆的転用」とテニエール (Tesnière 1966：477) は名づけている．英語でも，同じように，可逆的2重転用となる．

Peter (N) ＞ Perter's (A) ＞ Peter's book (N)

b　名詞 (N) ＞ 副詞 (Ad)（名詞語句の副詞化）

　(27)　ジョンはロンドンでアリスに会った．
　　　　John met Alice in London.

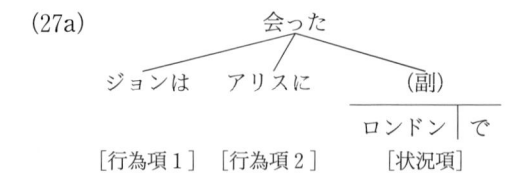

(27a)
```
              会った
         ┌─────┼─────┐
       ジョンは  アリスに   (副)
                     ┌──┬──┐
                    ロンドン で
      [行為項1] [行為項2] [状況項]
```

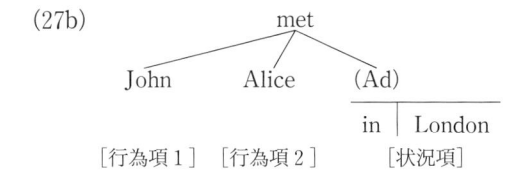

(27b)
```
              met
      ┌────────┼────────┐
    John     Alice     (Ad)
                      ┌──┴──┐
                      in  London
  ［行為項1］［行為項2］  ［状況項］
```

　名詞「ロンドン」(London) に転用体の「で」(in) がついて「ロンドンで」(in London) と副詞化されて，状況項となる。

　日本語の格助詞は転用体であるから，前にくる名詞と組んで，次のような品詞に変えていく。「山」は，名詞であるが，「山が」，「山を」は名詞化して行為項として働く。「山の」は形容詞化する。「山に」「山へ」は副詞化して状況項となるが，すでに先の状況項の節で述べたように，文を形成するための必要要素であれば，準行為項と見なされる。

c　形容詞（A）＞ 副詞（Ad）（形容詞語句の副詞化）

　　1）短い（形）＞ 短く（副）
　　2）元気な（形）＞ 元気に（副）
　　3）病気の（形）＞ 病気で（副）

　1）形容詞の「短い」では，形容詞語尾「い」を副詞語尾「く」に変えることにより，2）名詞詞では，助詞「に」が，3）名詞派生の形容詞では，助詞「で」が副詞化の転用体である。

d　動詞（V）＞ 副詞（Ad）（動詞語句の副詞化）

　　動詞（述語形）「書く」＞「書いて」（副詞形）

日本語では，動詞が連続する場合，先行する動詞を副詞化する。

　［例］ケーキを買って，来て，食べる。

動詞の副詞化でも，次のような2重転用の例が見られる。

書く（動）＞ 書いて（副）＞ 書いて・いる（動）

始発の動詞「書く」と副詞化の転用を経た終着の動詞形「書いている」の品詞が一致するから，動詞の可逆的2重転用が行われたことになる。

転用という立場から，本書では，従来の国文法用語を次のように読み替えることにする。

　　終止形　→　述語形，　連体形　→　形容詞形，　連用形　→　副詞形

4.10　動詞の名詞化——不定詞による方法

e　動詞（V）＞ 名詞（N）（動詞語句の名詞化）

　動詞語句を名詞化する方法として，欧米の言語では，不定詞や動名詞がよく用いられる。そこで，不定詞の用法について，少し踏みこんで検討することにしよう。

　この「不定詞」であるが，現在や過去という時制の要素を含まないから，不定詞と呼ばれている。日本語には，こうした意味での「不定詞」はない。そこで，英語の不定詞に対する日本語の反応を調べてみることは，日本語と英語における統語上の相違を知る上で，おおいに参考になる。

　不定詞は，動詞が名詞化（V ＞ N）したものであるが，本質的には名詞である。だが，第2行為項や状況項をとるなど動詞的な性格も保持している。その反面，時制をもたない。

　　(28)　Nancy ceased to play the piano.
　　　　　ナンシーはピアノをひくのをやめた。

　上の例文については，日英の構造はほぼ一致する。

```
    (28a)      ceased                (28b)       やめた
    Nancy        (N) ［行為項2］      ナンシーは    (名) を ［行為項2］
    ［行為項1］   to │ play           ［行為項1］    ひく │ の
                    the piano                     ピアノを
```

不定詞 to play に対する「ひくのを」であるが，この動詞「ひく」は述語形（終止形）ではなく，形容詞形（連体形）で，次にくる形式名詞「の」にかかっている。この点注意する必要がある（104頁参照）。さらに，この「の」が先行する動詞を名詞化する転用体として働いている。英語では，動詞 play に先行する前置詞 to が名詞化の転用体である。

(29)　Susan decided to marry Henry.
　　　スーザンはヘンリーと結婚することにきめた。

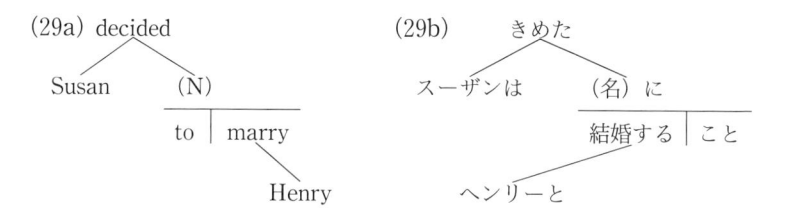

(29a)　decided
　　　Susan　　（N）
　　　　　　　to｜marry
　　　　　　　　　　　Henry

(29b)　　　　　きめた
　　　スーザンは　　（名）に
　　　　　　　　結婚する｜こと
　　　　　　　ヘンリーと

日本語では，名詞化の転用体として，形式名詞「こと」が用いられている。なお，動詞「きめる」は「〜は〜に」という文型をとる。

(30)　Nancy began to play the piano.
　　　ナンシーはピアノをひきはじめた。

(30a)　　　began
　　　Nancy　　　（N）［第2行為項］
　　　［行為項1］　to｜play
　　　　　　　　　　　the piano

(30b)　　　ひき・はじめた
　　　ナンシーは　　ピアノを
　　　［第1行為項］　［第2行為項］

英語は典型的な不定詞構造をなしているが，日本語の方は，「ひき・はじめる」というように「語幹＋始動動詞」の複合語をつくる。ただし，語幹の「ひき」が第1行為項の「ナンシーは」と第2行為項の「ピアノを」を支配している。

英語の述語 began は，Nancy を第1行為項とし，不定詞の to play を第2行為項としている。

(31) I want to buy a new car.
わたしは新車を（が）買いたい。

(31a) want
```
    want
   /    \
  I    (N)
       /  \
      to  buy
           |
        a new car
```

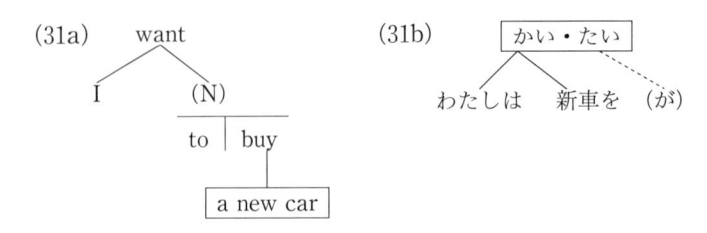

(31b)
```
    かい・たい
   /    |    \
わたしは  新車を  (が)
```

英語の動詞 want は to 不定詞をとるが，日本語では，「買い・たい」と複合形容詞の形をとる。動詞語幹の「買い」は「〜は〜を」の文型を要求するが，形容詞語尾の「たい」の方に力点がくれば，「〜は〜が」の文型に従う。なお，「買いたい」では，「買い」（名）＞「買いたい」（形）と名詞から形容詞への転用が行われている。

テニエール（Tesnière 1966：427）は，次の英文例を挙げて，「不定詞節」なるものを認めている。

(32) I suppose my friend to be very rich.
わたしは，友人をたいそう金持ちだと思っている。
(33) I suppose that my friend is very rich.
わたしは，友人がたいそう金持ちだと思っている。

(33)の that my friend is very rich は，いわゆる that 節と呼ばれるもので，独立文 My friend is very rich. に，接続詞 that が転用体として働き，次の節を名詞化している。こうした転用は第2次転用に属する。

これに対し，(32)は，不定詞節で構造上次のような相違が見られる。

(32a)
```
      supposed
     /        \
    I         (N)
             /    \
            to   be rich
                /      \
          my friend   very
```

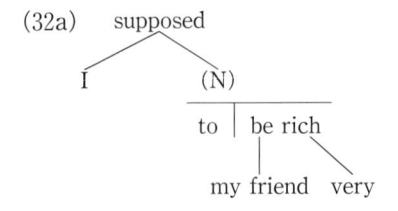

英語の to be rich における前置詞 to は名詞化の転用体で，be rich は形容詞述語である。述語を形成する補助的要素の be が名詞の my friend を支配している。この名詞は対格をとるとテニエールは述べている。英語の suppose は「想定する」内容を必要とする。さて，英語の that 節とそれに対応する日本語文は次のような図形をもつ。

```
(33a)   supposed            (33b)        思っている
      I      (N)                   わたしは    (名) と
         ══════════                        ═════════
         that  is rich               金持ちだ │ ◎
              ──────                 ─────────
         my friend  very            たいそう  友人が
```

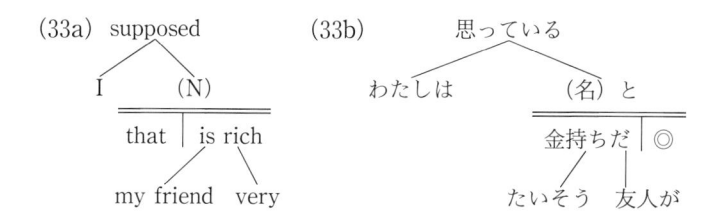

上で扱った My friend is very rich.〈友人はたいそう金持ちだ。〉は独立文である。これを名詞化する接続詞 that は第 2 次の転用体として働いている。日本語の方には，こうした明示された転用体がないので，ゼロ（◎）の転用体を設定した。なお，二重線は第 2 次の転用が行われたことを示している。

(34)　Nancy asked Bill to carry her baggage.
　　　ナンシーはビルに荷物を運ぶように頼んだ。

この依頼文は次のような図系に分析される。

```
(34a)      asked              (34b)        頼んだ
       Nancy  Bill  (N)              ナンシーは  ビルに  (名) に (と)
                  ─────                                ──────────
                  to │ carry                           運ぶ │ よう
                     ──────                            ──────
                     her baggage                       荷物を
```

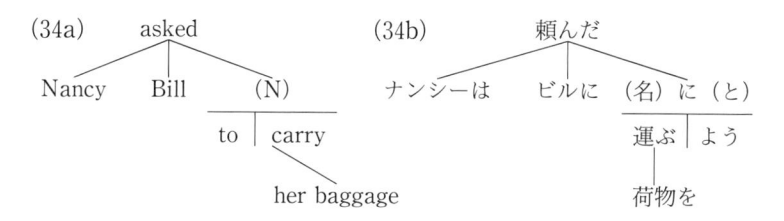

上の英文では，動詞 ask は依頼の相手を必要とする。日本語では，依頼の内容を「運ぶよう（に）（と）」とも言えるので，「よう」を様態の形式名詞と見なして，第 1 次の名詞化転用体の機能を認めた。

次の不定詞をとる動詞 try では，日本語に複雑な対応が求められる。

(35)　James tried to save a drowning child.
　　　　ジェイムズは溺れている子供を助けようとした。

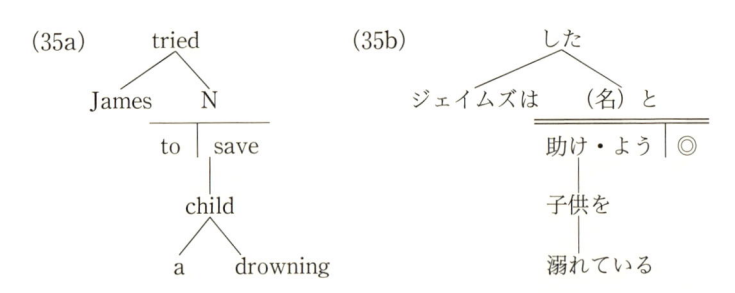

(35a)
```
        tried
       /     \
   James      N
             / \
            to  save
                 |
                child
                /   \
               a   drowning
```

(35b)
```
              した
             /    \
   ジェイムズは   (名)と
                   |
                 助け・よう │ ◎
                   |
                 子供を
                   |
                 溺れている
```

　英文の tried to save は，「助けようとした」と訳されるが，「助けよう」は，動詞の意向形の述語形である。これがゼロの名詞化転用体をとって，名詞となり，格助詞「と」が付加されたと考えられる。この「と」は，「～と思う」や「～と信じる」といった文型に用いられている。また，「学生となる」という表現では，「と」は，状態変化の結果を表わすと見なされている。そこで，「～しようとする」は，「ある意図された内容を実現に向けて行動する」ことと解釈される。また，述語形を転用する場合は第2次転用が用いられる。

4.11　形式名詞による転用

　ここで，日本語の形式名詞について付言しておきたい。形式名詞は，実質的な意味がきわめて薄く，形式的にのみ用いられるもので，「こと」「もの」「はず」「ため」「わけ」「とき」「ところ」などがある。これら形式名詞は，実質的内容を示す連体（形容）修飾語句が必要とされている。

《独立文》	《形容詞句》	《名詞節》
父は元気だ。	父が元気な	父が元気な「こと」
父は病気だ。	父が病気の	父が病気の「ため」
父は早く起きる。	父が早く起きる	父が早く起きる「わけ」

象は鼻が長い。　　　象の鼻が長い　　　象の鼻が長い「こと」
象は体が頑丈だ　　　象の体が頑丈な　　　象の体が頑丈な「こと」

上のような対応を参照して，形式名詞に形容詞句を名詞化する転用体の資格を与えた。

ここで，日本語の第2次転用について説明しておかなければならない。

(a)　春子は先生に，「父親は元気です」と話した。
(b)　春子は先生に，「父親が元気な」ことを話した。
(a)　「父親は元気です」(父親は元気だ)は動詞文(＝独立文)である。
(b)　「父親が元気な」は形容詞句で，「元気な」という形容詞形で終わっている。

すなわち，(a)助詞「と」の前には動詞文がくるのに，(b)形式名詞「こと」の前では，形容詞句が立つ。そこで，動詞文の場合には，第2次転用がかかっているが，形容詞句の場合は第1次転用が働いて名詞化していると考えた。なお，◎はゼロの転用体を示す。

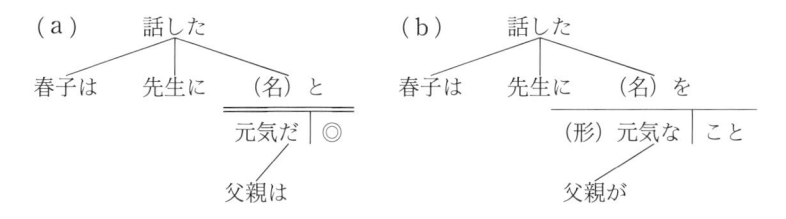

```
(a)         話した              (b)         話した
    春子は  先生に  (名) と          春子は  先生に    (名) を
            元気だ ◎                          (形) 元気な こと
            父親は                                    父親が
```

要するに，日本語における節の品詞は，次のように末尾にくる語の品詞によって定まる。

動詞述語文：本を読む（と），父は元気だ（と）。「読む」と「元気だ」は「述語形」。
形容詞句：本を読む（こと），父が元気な（こと）。「読む」と「元気な」は「形容詞形」。
副詞句：本を読んで，父は元気で。「読んで」と「元気で」は「副詞形」。

そこで,「述語形」では第 2 次転用が,「形容詞形」と「副詞形」では第 1 次転用が作用すると考えた。

また,英語では不定詞や動名詞による名詞化は,第 1 次転用によるとテニエールは解釈している。こうした英語における不定詞や動名詞による名詞化に対し,日本語は,動詞を形容詞化して形式名詞と結びつけ,「形容詞句+形式名詞」で名詞化する方法で対処している。この形式名詞による名詞化について,もう少し説明しておく。

パリの名所「エッフェル塔」であるが,これは,エッフェルという人物が作成した塔を意味する。「エッフェルの塔」とすれば,エッフェル(名)＞エッフェルの(形)という形容詞化が働いていることになる。しかし,「エッフェル塔」と言っても,人名の「エッフェル」は形容詞化して,やはり,名詞の「塔」を修飾していることになる。すなわち,

　　エッフェル(名)＞エッフェル◎(形)＞エッフェル塔(名)

次の 3 つの語句の図系を求めてみよう。

　　(36)　(a)　エッフェルの塔　　　(b)　エッフェル塔
　　　　　(c)　美和子はエッフェル塔にのぼった。

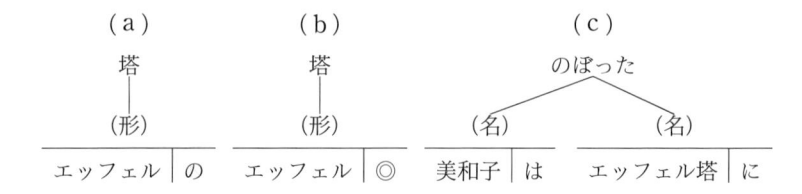

```
       (a)              (b)                  (c)
        塔               塔               のぼった
        │                │              ┌──────┴──────┐
       (形)             (形)            (名)          (名)
  ──────────────   ──────────────   ──────────────────────
   エッフェル │ の   エッフェル │ ◎   美和子 │ は  エッフェル塔 │ に
```

上の 2 重転用において,中間の「エッフェル◎」の ◎ は,名詞を形容詞化するゼロ転用体を意味する。このゼロ標識は,必要に応じて使用すればよい。

これと似た操作が,形式名詞による名詞化についても起こることがある。

　　(37)　父は元気だ [述語形] ＞ 父が元気な [形容詞形] (こと)

4　結合価文法概要 —— *139*

(38)　父は毎日日記をつける［述語形］＞
　　　父が毎日日記をつける［形容詞形］「こと」

上の例文の図系は次のように表示される。

（A）　詳細図系

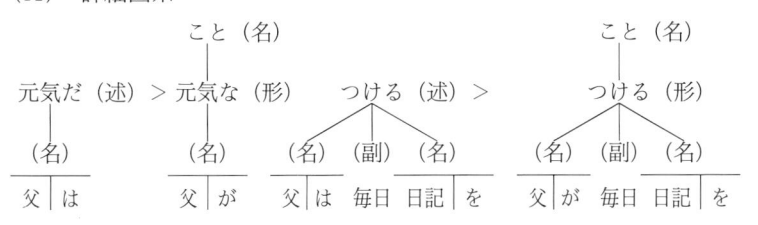

```
                 こと（名）                              こと（名）
    元気だ（述）＞元気な（形）    つける（述）＞        つける（形）
       （名）      （名）     （名）（副）（名）      （名）（副）（名）
       父 は      父 が      父 は 毎日 日記 を      父 が 毎日 日記 を
```

上の詳細図系では，述語形から形容詞形への転用と助詞の交換も明示されている。ただし，動詞「つける」の形容詞化においては，「つける（述）◎＞つける（形）」と語形が変化しないので，ゼロの形容詞化転用体を想定する必要がある。

ついで，上位項の「こと」と下位項の「元気な」や「つける」を縦に結ぶ結合線であるが，後述する（142頁）の省略転用により，これを省くと，次のような図系となる。

（B）　省略図系

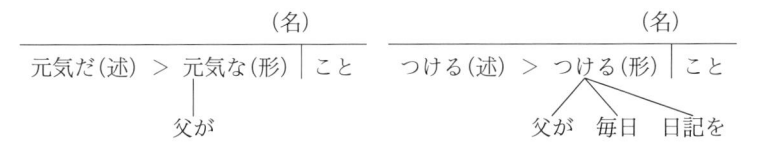

```
                （名）                          （名）
    元気だ（述）＞元気な（形）｜こと    つける（述）＞つける（形）｜こと
                  ｜                              ｜
                 父が                         父が 毎日 日記を
```

さらに，述語形を省略すれば，次のような簡約図系となる。

（C）　簡約図系　　（名）　　　　　　　　（名）
```
           元気な｜こと           つける｜こと
             ｜                     ｜
            父が                 父が 毎日 日記を
```

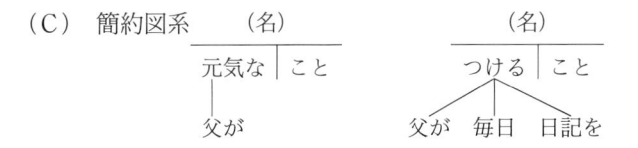

本書では，形式名詞による名詞化転用は，主として(C)の簡約図系を用

いるが，必要に応じて，(B)の省略図系，もしくは(A)の詳細図系を提示することもある。

英語では，動詞の名詞化には，動名詞による方法がある。これに対し，日本語は，やはり形式名詞による名詞化が用いられる。

(39) I remember playing tennis with my father.
わたしは父とテニスをしたことを覚えている。

上の例文では，動名詞の playing が使われている。

(39a) remember
　　　I　　(N)
　　　　(V) play- -ing
　　　　tennis with my father

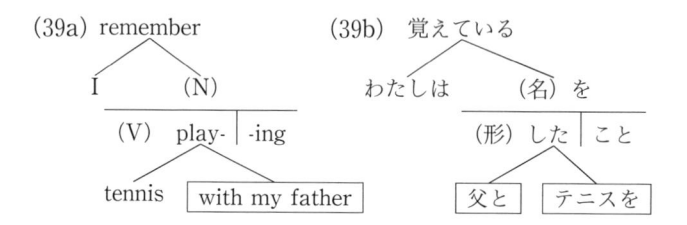

(39b) 覚えている
　　　わたしは　(名)　を
　　　　　　(形) した こと
　　　　　　　父と テニスを

この場合，動名詞の語尾-ing が転用体で，日本語では「こと」が名詞化の機能を果たしていて，これに助詞「を」が付加されている。形式名詞の「こと」は第1次の転用を導く標識である。動詞の「した」は終止形（述語形）ではなく，連体形（形容詞形）である。

4.12　動詞の形容詞化 ((V) > (A))

4.12.1　分詞による方法

(40) the boy reading a book　本を読んでいる少年

(40a)　boy
　　　the　(A)
　　　　(V) read- -ing
　　　　　a book

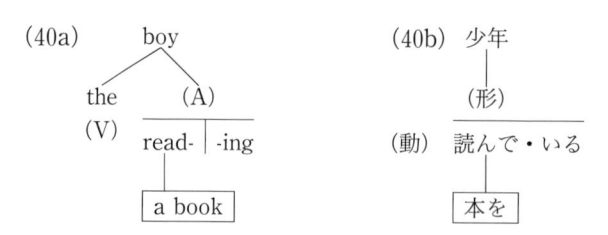

(40b) 少年
　　　　(形)
　　　(動) 読んで・いる
　　　　本を

現在分詞 read-ing の語尾 -ing が転用体の働きをしている。日本語の「読んで・いる」は分離核で,「いる」は国文法では連体形と呼ばれるが,形容詞形として,次の名詞を修飾している。日本語の「本を読んでいる」は動詞述語文のようであるが,実は形容詞句であるから,形容詞に転用されていて,そのまま名詞を修飾すると考えられる。「雨が降るとき」の「降る」は連体形(形容詞形)である。「読んで・いる」は「読んで」(副詞形)を構成語とし,「いる」を補助語とした分離核を形成している。

(41)　the lady follow-ed by a dog　犬を連れた婦人

(41a)
```
          lady
         /    \
      the      A
              / \
          follow -ed
              |
          by a dog
```

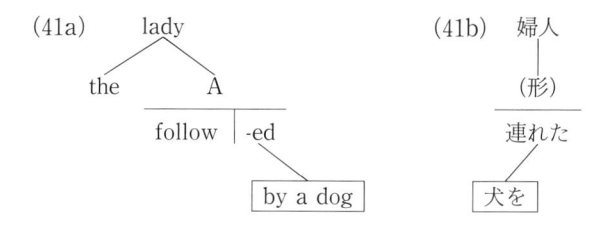

(41b)
```
     婦人
      |
     (形)
      |
     連れた
      |
     犬を
```

過去分詞 follow-ed の語尾 -ed がやはり転用体として機能している。By a dog は,前置詞句で副詞化しているが,動詞の followed が受動形なので,第2行為項の資格をもっている。日本語の動詞文「犬を連れた」の「連れた」も形容詞形であるから,形容詞化の転用は必要ない。

4.12.2　不定詞による方法

英語には,不定詞を形容詞化して修飾語句に用いる用法がある。

(42)　I want something to eat.　わたしは何か食べるものがほしい。

(42a)
```
       want
      /    \
     I    something
              |
              A
             / \
            to  eat
```

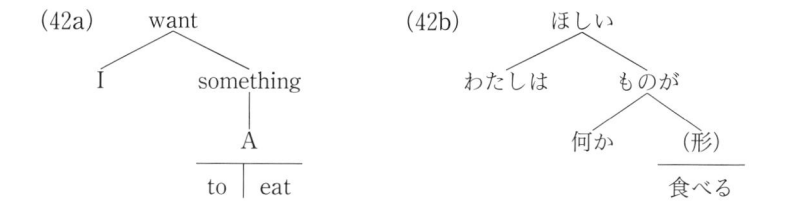

(42b)
```
         ほしい
        /     \
   わたしは    ものが
              /    \
           何か     (形)
                    |
                   食べる
```

日本語「ほしい」は形容詞述語であるから,「〜は〜が」の文型をとる。

4.13 動詞の副詞化と省略転用について

さらに, 英語は, 不定詞を副詞的に用いることがある。

(43)　We eat to live.　わたしたちは生きるために食べる。

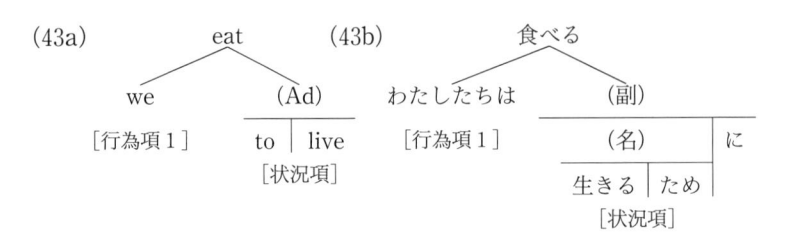

(43a)　　　　　eat　　　　(43b)　　　　食べる
　　　　　　／　　＼　　　　　　　　　／　　＼
　　　　　we　　　(Ad)　　わたしたちは　　(副)
　　　[行為項1]　to｜live　　[行為項1]　(名)　｜に
　　　　　　　　　[状況項]　　　　　生きる｜ため
　　　　　　　　　　　　　　　　　　　　[状況項]

　日本語では,「生きる」の形容詞形が形式名詞「ため」により名詞化され, これに助詞の「に」が付いて,「ために」と副詞化している。生きる (形) ＞ 生きるため (名) ＞ 生きるために (副)。
　「ために」に関連して, テニエール (Tesnière 1966：519) の言う「結合の省略転用」について触れておこう。

(44)　He takes a walk for the benefit of his health.
　　　彼は健康のために散歩をする。

上の文における for the benefit of〈〜の (利益の) ために〉という成句であるが, これを図系化すれば, 以下のようになる。

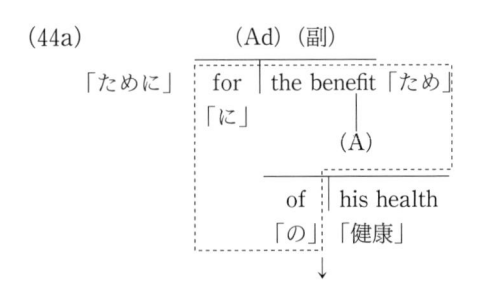

(44a)　　　　　　(Ad) (副)
　　　「ために」｜for｜the benefit｜「ため」
　　　　　　　　「に」
　　　　　　　　　　　　　　(A)
　　　　　　　　　　　of｜his health
　　　　　　　　　　　「の」｜「健康」
　　　　　　　　　　　　　↓

```
(44b)            (Ad)（副）
     ┌─────────────┬──────────┐
     │for the benefit of│his health│
     │  「健康      │のために」│
```

(44a)の上位にある副詞核 for the benefit〈利益のために〉では，前置詞の転用体 for により，名詞の benefit〈利益〉が副詞句となっている。

下位の形容詞核 of his health〈健康の〉では，前置詞の転用体 of〈の〉により，名詞の his health〈健康〉が形容詞句を作っている。そこで，

His health（名）＞ of his health（形）＞ the benefit of his health（名）＞ fot the benefit of his health（副）

と3重の転用が働いていることになる。

上下の核は，形容詞句の「健康の」が形式名詞の「ため」を修飾するという形で，縦に結合線で結ばれている。この結合線を省略して，図形(44a)のように，前置詞の of〈の〉を上の名詞に接続させて，for the benefit of〈ために〉という前置詞句を作る操作が「結合の省略転用」で，これにより図系も簡略化される。すなわち，図系の中で点線で囲まれた部分を，結合線をはずして接合すると，転用体句 for the benefit of〈のために〉が出来る。そこで，

His health（名）＞ for the benefit of his health（副）

と単一転用で事が足りる。

この方法を日本語の副詞句「箱の中に」に適用すると，

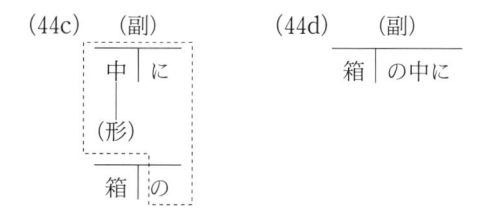

```
(44c)  （副）           (44d)   （副）
   ┌─────────┐          ┌──────────┐
   │ 中 │ に │          │ 箱 │の中に│
   │(形)│    │          └────┴─────┘
   │ 箱 │の  │
   └────┴────┘
```

上位項の「中に」が下位の助詞「の」と結びつき，内部の位置の後置詞

句「の中に」を形成する。このような副詞句は次のように3重の転用を受けていることになる。

「箱の中に」は，「箱」(名) >「家の」(形) >「箱の中」(名) >「箱の中に」(副)

これに結合の省略転用を用いれば，「箱」(名) >「箱の中に」(副) と簡略化される。

4.14 第2次の転用

第2段階の転用では，名詞節，形容詞節，動詞節，副詞節の間で転用が行われる。線状形式によれば，この転用は ≫ で表される。

4.14.1 動詞 (V) ≫ 名詞 (N) [動詞節の名詞節化]

(45) I believe that Charles is in the right.
わたしはチャールズが正しいと信じている。

上の例文では，転用体の接続詞 that の左側が「支配節」，右側が「従属節」である。日本語では，外側の「わたしは 〜 と思っている」が支配節，内側の「チャールズが正しい」が従属節で，名詞節にゼロ転用体で転用され，それに助詞「と」が付随している。

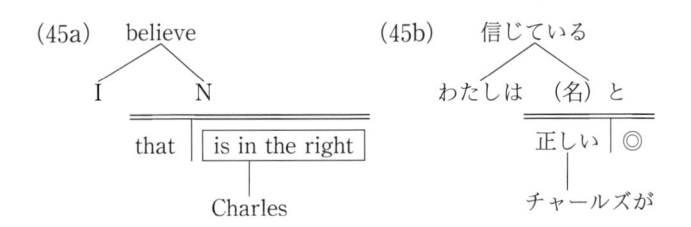

(45a) believe
   I   N
   that │ is in the right
          Charles

(45b) 信じている
   わたしは （名）と
   正しい │ ◎
   チャールズが

次に，疑問文の名詞化を考察する必要がある。疑問文には，直接疑問文と間接疑問文がある。

《直接疑問文》
Do you speak English? 〈あなたは英語が話せますか。〉

上に示された直接疑問文に対して,下のような間接疑問文が対応する。

《間接疑問文》
(46) I ask you *if (whether)* you speak English.
(47) わたしはあなたに日本語が話せるかどうかお尋ねします。

間接疑問文で,名詞化を示す転用体は,英語は if,日本語は「かどうか」である。

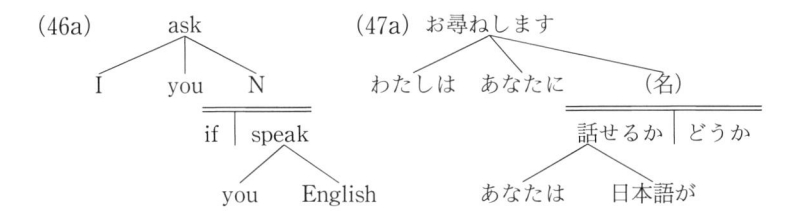

```
(46a)      ask              (47a)   お尋ねします
       I   you   N              わたしは  あなたに   (名)
              if | speak                      話せるか|どうか
              you   English                あなたは    日本語が
```

4.14.2 動詞(V)≫ 形容詞(A)［動詞節の形容詞節化］

形容詞節(従属節)が主節(支配節)の名詞を修飾する事例を扱う。

a 主節(支配節)の先行詞が従属節の第1行為項に相当する場合

(48) the book which lies on the table〈テーブルの上にある本〉

形容詞的従属節は主節の名詞を修飾するのであるが,印欧系言語では関係代名詞が転用体として働いている。(英) which や that など,これら関係代名詞は従属節の中では第1行為項に相当する。テニエール(Tesnière 1966：562-63)は,the man who is writing〈書いている人〉という語句に図系(49a)を当てている。点線で結ばれた下位項の who と上位項の the man であるが,関係代名詞 who の先行詞が the man であることを表示している。日本語の図系(49c)の中における「わたしが書いた」は形容詞節

である。関係代名詞というものがないから，第1次転用で，上位の「手紙」を直接修飾している。なお，この点線を照応線と呼んでいる。

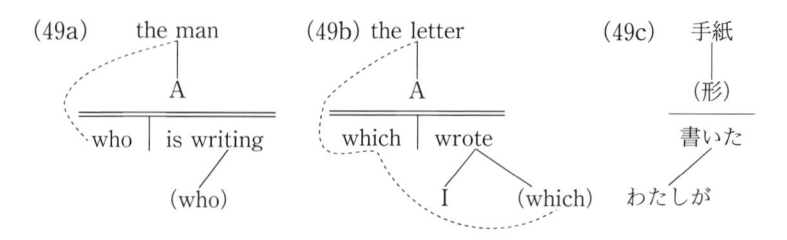

```
(49a)    the man         (49b) the letter        (49c)  手紙
            |                    |                       |
            A                    A                      (形)
       ┌────┴────┐          ┌────┴────┐           ────┬────
       who   is writing    which   wrote          書いた
             |                      |
           (who)               I  (which)         わたしが
```

b　支配節の先行詞が従属節の第2行為項に相当する場合

　　(49b)　the letter which I wrote
　　　　　わたしが書いた手紙

　上の例文の英語は図系(49b)，日本語は図系(49c)に示されている。

c　支配節の先行詞が従属節の状況項に相当する場合
　次の例文における従属節の状況項は前置詞句の形式をとっている。

　　(50)　the man whom she is speaking with
　　　　　彼女が話している人

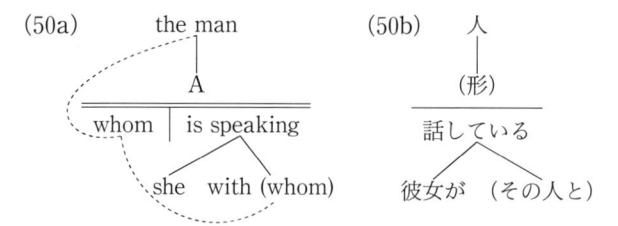

```
(50a)    the man              (50b)  人
            |                         |
            A                        (形)
       ┌────┴────┐              ────┬────
     whom   is speaking           話している
             |
          she  with (whom)     彼女が （その人と）
```

　この場合も，日本語の「話している人」が話している相手（with whom）か話の中の人物（of whom）かが分からない。これも日本語に関係人称代名詞が欠如しているためであろう。

4.14.3 動詞（V）≫ 副詞（Ad）[動詞節の副詞節化]
a 不定詞を用いる方法

(51) Mary went to the theater to see a ballet.
　　　メアリーはバレーを見に劇場へ行った。

「バレーを見に」の to see a ballet は目的を意味する不定詞の副詞的用法である。

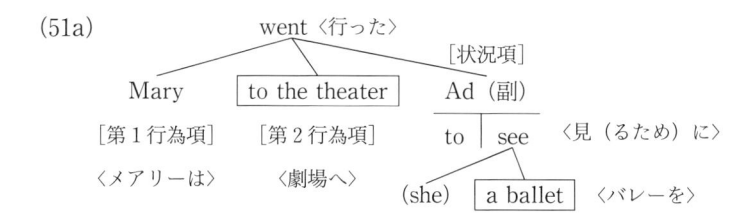

(51a)
```
              went〈行った〉
           ┌────┬─────┐
                        [状況項]
    Mary  to the theater  Ad（副）
   [第1行為項] [第2行為項]   to │ see   〈見（るため）に〉
   〈メアリーは〉〈劇場へ〉         │
                         (she)  a ballet  〈バレーを〉
```

こうした不定詞による副詞語句は上位の支配節において状況項を占める。上の不定詞句の副詞節化は次のような方法によって行われる。

(52) Mary went to the theater in order that she might see a ballet.
　　　メアリーはバレーを見るために劇場へ行った。

上の英文では，目的節を導くために in order that 〜 may〈〜するために〉という構文が使われている。これについては 97 頁を参照されたい。また，日本語訳には「ため」という形式名詞が使われている。ここで，「バレーを見に」と「バレーを見るために」という表現における構造的相違を調べてみよう。
（a）「バレーを見に」の「見に」は，「見る」という動詞述語が語幹の「見」という形で名詞化したものと考えられる。つまり，動詞「見る」＞名詞「見」の転用によるものである。そして，これに助詞「に」がついて副詞化している。（b）「バレーを見るために」の方は，形式名詞「ため」に助詞「に」が付加されて，同じく副詞化している。

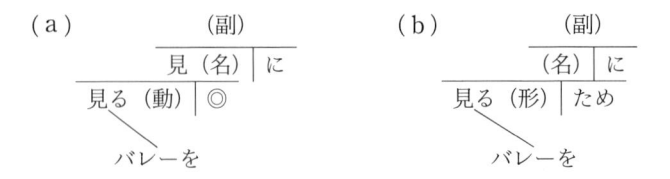

```
(a)           (副)              (b)           (副)
       ┌──────────┐                    ┌──────────┐
       │ 見 (名) │ に                  │  (名) │ に
   ┌───┴──────┐  │                ┌────┴─────┐  │
   │ 見る(動) │ ◎                  │ 見る(形) │ ため
   └──────────┘                    └──────────┘
       バレーを                        バレーを
```

　なお,「見る」＞「見」の名詞化を表わすために, ゼロ（◎）の転用体を設定した。

　文法的用語が理解を妨げることがよくある。日本語の連体形や連用形という用語にもそうした要因が含まれている。テニエール（Tesnière 1966：468）が日本語を引用した例が一箇所だけある。

　　　よい(bon)：よく(bien)　　さむい(froid)：さむく(froidement)

彼は,「接尾辞によって, 日本語は形容詞を様態の副詞に転用させる」と説明している。すなわち, 彼は連体形を形容詞, 連用形を副詞と見なしている。要するに, 形容詞では,（形容詞的）連体形と（副詞的）連用形は語形も異なるので, 両者を品詞的に区別すべきである。

　英文法における動名詞と分詞という用語にも混乱した見方が混じっている。むしろ英語の -ing 形は次のような 3 つの用法をもっていると解説した方がよい。

　　　　　　　　　　　⎰動名詞または名動詞：名詞化している。
　　動詞の -ing 形　　⎨動形容詞または形動詞：形容詞化している。
　　　　　　　　　　　⎱動副詞または副動詞：副詞化している。

b　動副詞を用いる方法

　(53)　Seeing me, he ran off.
　　　　わたしを見て, 彼は逃げ去った。

　上の文は, 動副詞 see-ing を使って副詞化がなされている。次の例文に動詞節の副詞節化が見られる。ただし, 動副詞は第 1 次転用に属する。

(54)　When he saw me, he ran off.
　　　彼はわたしを見たときに，逃げ去った。

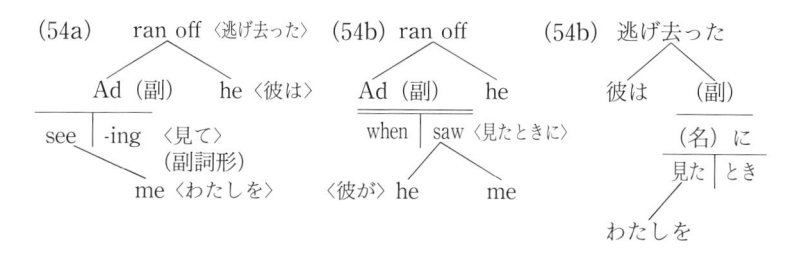

```
(54a)      ran_off ⟨逃げ去った⟩       (54b)  ran off           (54b)   逃げ去った
         Ad（副）    he ⟨彼は⟩          Ad（副）   he                彼は    （副）
      see │ -ing  ⟨見て⟩             when │ saw ⟨見たときに⟩         （名）に
              （副詞形）                                              見た │ とき
              me ⟨わたしを⟩            ⟨彼が⟩ he    me               わたしを
```

(53)では，動詞の語尾 -ing が，(54)では，時の接続詞 when が転用体として働いている。なお，Ad（副）は主節の支配節では，状況項の地位にある。なお，日本語では形容詞句「わたしを見た」に形式名詞の転用体「とき」が付いて名詞化し，これに助詞「に」が付加されて副詞化し状況項となる。なお，「見て」は「見る」の副詞形である。

さらに，もう 1 つ例を挙げておこう。

(55)　Being tired, John went to bed immediately.
　　　疲れていて，ジョンはすぐ寝た。

上の文では，being tired ⟨疲れていて⟩ が動副詞である。この文を次のような副詞節に転用させることができる。「疲れていて」は「疲れている」の副詞形である。

(56)　Because he was tired, John went to bed immediately.

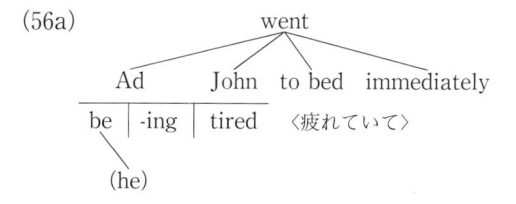

```
(56a)              went
             Ad    John   to bed   immediately
          be │ -ing   tired   ⟨疲れていて⟩
            (he)
```

(56b)
```
              went
      ┌────────┼──────┬──────────┐
      Ad      John   to bed   immediately
   ┌──────┬────────┐              
because │ was tired      〈疲れたので〉
        │   │
        he
```

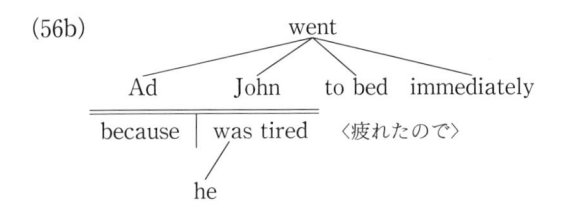

　上位の支配節では，John〈ジョンは〉が第1行為項，went to bed は「寝た」となるから，to bed は必須の第2行為項と見なされよう。immediately〈すぐに〉はもちろん状況項である。問題は be-ing tired〈疲れていて〉であるが，形態素-ing を転用体とすれば，分離核をなす2つの語 be と tired の間にはさまれた形式というものを考えなければならない。なお，補助的動詞の be〈いる〉と was〈いた〉が第1行為項の he〈彼は〉を支配している。

　日本語の接続助詞「ので」は，形式名詞「の」が先行する形容詞形「疲れた」を名詞化し，名詞の「疲れたの」が助詞「で」によって副詞化していると分析される。

　(57)　冬子は病弱なので，学校をよく休む。
　(58)　冬子は病弱だから，学校をよく休む。

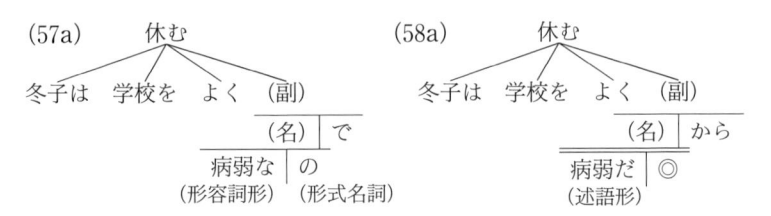

(57a)
```
           休む
    ┌─────┬─────┬─────┐
  冬子は  学校を  よく  (副)
                    ┌──┬──┐
                   (名) │ で
                ┌───┤
              病弱な │ の
             (形容詞形)(形式名詞)
```

(58a)
```
           休む
    ┌─────┬─────┬─────┐
  冬子は  学校を  よく  (副)
                    ┌──┬──┐
                   (名) │ から
                ┌───┤
              病弱だ │ ◎
             (述語形)
```

　理由の「なので」は，病弱な（形）＞ 病弱なの（名）＞ 病弱なので（副）と転用されている。

　理由の「だから」は，病弱だ（述）≫ 病弱だ（名）≫ 病弱だから（副）。

　「病弱な」の形容詞形は，形式名詞「の」により名詞化し，転用体の「で」で副詞となる。「病弱だ」は述語形であるから，ゼロ転用体により名

詞化し，それに転用体の「から」がついて副詞となっている。

　以上で，転用の要点を紹介したことになる。こうした転用に基づく結合価文法の構造分析はいままでほとんど顧みられることがなかった。しかし，読者は変形文法の枝分かれ図方式とは違って，現実に即した無理のない図系方式に実用的価値を見つけてくれるものと思う。

　なお，副詞節については第3章7節で分析してあるので参照されたい。また，フランス語の例文がついているものは，テニエールの原著から引用したものであるが，英語の例文とその図系は筆者の手によるものである。

4.15　述語と準動詞

　ここで，（a）動詞述語，（b）形容詞述語，（c）名容詞述語，（d）名詞述語の構造的相違を明らかにしておく必要がある。

　　（a）　直子は毎朝果物を食べる。［動詞述語］
　　（b）　直子は性格が明るい。　　［形容詞述語］
　　（c）　直子は果物が好きだ。　　［名容詞述語］
　　（d）　直子はまじめな学生だ。　［名詞述語］

これらの例文は次のような図系をもつ。なお，［行］は行為項の略である。

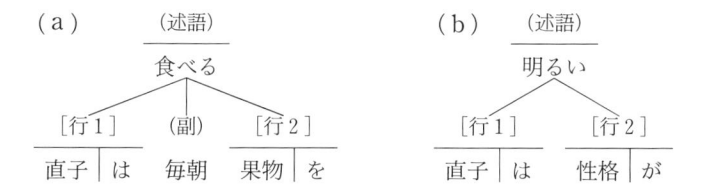

```
(a)        （述語）              (b)        （述語）
           食べる                           明るい
      ┌──────┼──────┐                  ┌──────┴──────┐
   ［行1］ （副） ［行2］              ［行1］        ［行2］
    直子│は 毎朝 果物│を              直子│は      性格│が
```

　日本語では，行為項は通例「名詞＋格助詞」の構成をなしている。それぞれの格助詞は格役割を担っているから，（a）の文の「は」は動作主を，「を」は対象物を指している。同じく，（b）の文においては，格助詞「は」は主題を示し，主格の「が」は対象物を意味している。そこで，（a）の動詞述語「食べる」では，食べる動作主の直子が第1行為項，食べられる対

象物の「果物」が第2行為項となる。(c)の名容詞述語「好きだ」では、好悪を感じる主体の「直子は」が第1行為項、感じられる対象の「果物が」を第2行為項と解釈した。また、(b)の形容詞述語「明るい」では、ある特徴の所有者「直子は」を第1行為項、所有される特徴の「性格が」を第2行為項と見なした。

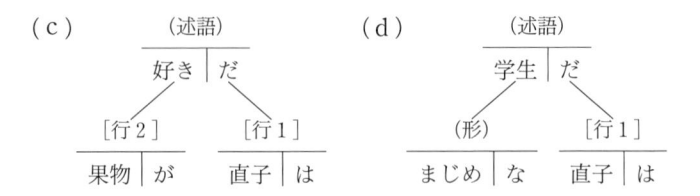

```
 (c)        (述語)              (d)        (述語)
            好き│だ                         学生│だ
        ┌────┴────┐                     ┌────┴────┐
      [行2]     [行1]                    (形)     [行1]
      果物│が   直子│は                  まじめ│な 直子│は
```

さらに、(d)のような名詞述語文では、「学生だ」という述語は、第1行為項の「直子は」についてのある状態を意味している。

(c)と(d)の文では、述語がいずれも準動詞「だ」を含んでいる。テニエールの見方に従い、準動詞が行為項1をとると分析した。

さて、(c)の文は、(b)の文のように、「～は～が…」という文型をとっているが、格助詞「は」は経験者の役割を、格助詞「が」は対象物を示している。(d)の文における形容詞「まじめな」は、上位項の名詞「学生」を修飾している。

なお、テニエールは、文全体を支配する上位項をすべて「動詞」と認定しているが、日本語では、動詞の要素を含まない形容詞も文の上位項を占めるので、「述語」と改めた。ただし、名容詞述語の「好きだ」や名詞述語の「学生だ」は準動詞「だ」をもつので、やはり「動詞」に所属している。

「準動詞」であるが、本書では、本動詞に対し、補助的な働きをする「だ」を準動詞と呼ぶことにした。

		(本動詞)	(準動詞)		(本動詞)	(準動詞)
(肯定)	[非過去]	書く	～だ	(否定)	書かない	～ではない
	[過去]	書いた	～だった		書かなかった	～ではなかった

このように，本動詞と準動詞は，対極性の（肯定）と（否定），時制の［非過去］と［過去］において，対応が見られる。そこで，独立性のない「〜だ」を準動詞とし，名容詞や名詞と結合して述語を形成する性能を認めた。

4.16　構文の種類

4.16.1　行為構文と状態構文

第1段階と第2段階の転用について解説してきたが，これらと関連して行為構文と状態構文の関係を考察しておこう。

(59)　わたしは毎朝ミルクを飲んでいる。［行為構文］
(60)　わたしは毎朝ミルクが飲みたい。　［状態構文］

上の例文の「ミルクを飲んでいる」は行為を表わす「〜は〜を…している」という行為構文の形式をとっているが，下の例文の「ミルクが飲みたい」では，欲求状態を表わす「〜は〜が…したい」という状態構文に転移している。

(61)　加代子がピアノをひいている。［行為構文］
(62)　加代子はピアノがひける。　　［状態構文］

上の例文は，「加代子がピアノをひく」という行為を伝えているので，行為構文が使われている。また，具体的出来事の客観的描写であるから，第1行為項は「加代子が」というように，助詞「が」が用いられている。

下の例文では，「ピアノがひける」というように，ピアノをひく能力を加代子がもっている状態を意味している。そこで状態構文の形式がとられている。

(63)　加代子は［ピアノをひくこと］ができる。

上の例文における名詞句の「ピアノをひくこと」であるが，「ピアノをひく」という行為を表わす形容詞句が形式名詞の転用体「こと」により第

1次転用の名詞化を行うと，全体としては，「加代子［は］（ピアノをひくこと）［が］できる」と状態構文の形式にはめられている。

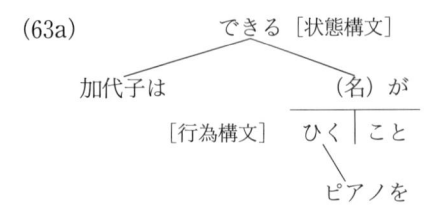

(63a)　　　　　できる［状態構文］
　　　　　加代子は　　　　　（名）が
　　　　　　　　　　［行為構文］ひく　こと
　　　　　　　　　　　　　　　　　　ピアノを

4.16.2　存在構文と所有構文

行為構文と状態構文の外に存在構文と所有構文がある。

存在構文では，「ある」「いる」という存在動詞が支配結節となる。

(64)　　机の上に本がある。
(65)　　直子には弟が2人いる。

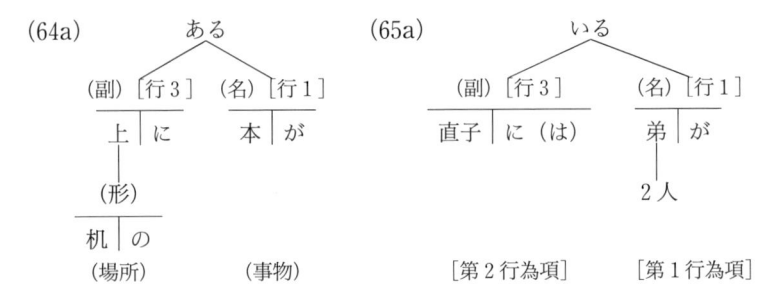

(64a)　　　　ある　　　　　　(65a)　　　　　いる
　　（副）［行3］（名）［行1］　　　　（副）［行3］　（名）［行1］
　　　上　に　　本　が　　　　　　　直子　に（は）　弟　が
　　（形）　　　　　　　　　　　　　　　　　　　　　　2人
　　　机　の
　　（場所）　　　（事物）　　　　　　［第2行為項］　［第1行為項］

(64a)では，「机の」が形容詞化して上位名詞の「上」を修飾している。ただし，「机｜の上に」と分析することもできる（143頁参照）。(65a)では，「2人」という数詞が「弟」に依存しているので，「弟の」の前もしくは後に配置され，「2人弟が」とも「弟が2人」ともなる。上の例文では，存在動詞が場所を表わす第3行為項と事物を表わす第1行為項を支配している。場所は副詞句で示されが，必須要素であるから，行為項と見なされる。

存在構文で，第3行為項が所有者を，第1行為項が所有物を表わすと

き，所有構文となる。

(66) わたしは多少金がある。　(67) わたしはまったく金がない。

(66a)
```
            ある（存在動詞）
        ／          ＼
    わたしは        金が
                    │
                   多少

    （所有者）    （所有物）
```

(67a)
```
              ない（形容詞述語）
        ／        │         ＼
    わたしは   まったく       金が
   [行為項3]   [状況項]      [行為項1]
```

(66a)では，「多少」が「金」を修飾している。(67a)では，「まったく」という副詞が状況として述語「ない」を修飾している。「ある」は存在動詞で，存在する対象物（名）と存在する場所（副）を要求する。「ない」は形容詞述語であるが，やはり対象物と場所を表わす2つの行為項を必要とする。

また，次のような経験を表わす言い方も所有構文の枠組みに入る。

(68) わたしはパリへ3回行ったことがある。

この文に含まれている「こと」は「経験」を意味しているようである。

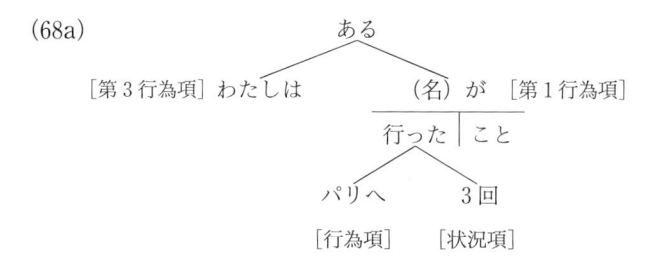

(68a)
```
                    ある
        ／                    ＼
 [第3行為項] わたしは       （名）が  [第1行為項]
                         行った│こと
                         ／     ＼
                      パリへ    3回
                     [行為項]  [状況項]
```

「パリへ3回行った」が転用体「こと」によって名詞化され，(わたしはパリへ3回行った経験をもっている) という構文をなしている。

さて，次の例文は，すでに言及したものである。

(61) 加代子がピアノをひいている。[行為構文]
(62) 加代子はピアノがひける。[状態構文]

(63)　加代子はピアノをひくことができる。[状態構文]

これら例文の図系を求めれば次のようになるであろう。

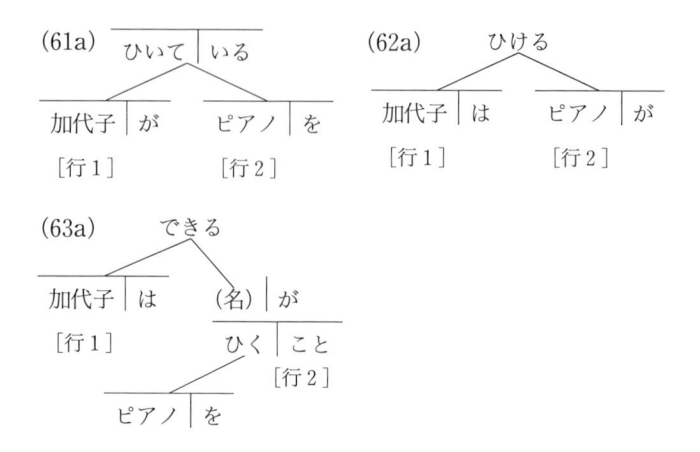

(61a)　　ひいて｜いる
　　　加代子｜が　　ピアノ｜を
　　　　[行1]　　　　[行2]

(62a)　　ひける
　　　加代子｜は　　ピアノ｜が
　　　　[行1]　　　　[行2]

(63a)　　できる
　　　加代子｜は　　(名)｜が
　　　　[行1]　　　ひく｜こと
　　　　　　　　　　　　[行2]
　　　　　　　　　ピアノ｜を

　図系(62a)と(63a)は，基本的には同じ状態構造をなしている。ただし，(63a)では第2行為項に名詞化転用が施されていて，「こと」が転用体として働いている。これら2つの図系における第1行為項の「加代子は」がどのような意味役割を担っているか探ってみよう。これは法の助動詞の問題と深くからんでいる。

4.17　助動詞の構文

　助動詞は，いわゆる「助動詞」と「法の助動詞」に分けて考察する必要がある。

4.17.1　助動詞

　テニエール (Tesnière 1966：397-399) は，助動詞を次のように規定している。「動詞によって，その一部を本来のカテゴリーとは異なる下位のカテゴリーに転用して，他の動詞がある活用体系を作る手助けをするものを助動詞（verbe auxiliaire）と名づける。そこで，助動詞は固有の意

味内容を喪失し，下位カテゴリーの転用体として働く。」たとえば，

 (69) Grace has written a letter.
    グレイスは手紙を書いた。

 上の例文において，have 動詞の変化形 has は「所有する」という本来の意味を失って，単なる現在完了を表わすための文法的な指標となっている。英語では，「have＋過去分詞形」を完了形と呼んでいるが，have はまさに完了形という下位カテゴリーを作るための標識の役割を担っている。英語では，他に be「ある」がある。これらの助動詞は他の動詞と組んで相や態などを表わす。英語では，be 動詞と have 動詞が助動詞に相当する。

 Be「ある」 : Alfred was beaten. ［受動形］
       〈アルフレッドはなぐられた。〉
     : Alfred is reading a book.［進行形］
       〈アルフレッドは本を読んでいる。〉
 Have「もつ」: Alfred has come.   ［完了形］
       〈アルフレッドが来た。〉

 日本語では，「いる」，「しまう」，「ある」，「おく」，「みる」がこうした意味での助動詞と言えよう。

  いる : 時計が動いている。 ［行為の進行相］
      時計が止まっている。 ［結果の状態相］
  しまう: 時計がこわれてしまった。［完了相］
  おく : 窓を開けておく。   ［行為の準備相］
  ある : 窓が開けてある。   ［処置の結果相］
  みる : 窓を開けてみる。   ［行為の試行］

 また，「正男はなぐられた」［受動態］や「正男に食べさせた」［使役態］は，接尾辞「られ」や「させ」で表現されていて，上記のような本動詞を助動詞に転用するという意味での助動詞とは異なる。また，「みる」とい

う動詞を助動詞として用いれば試行を意味する。

4.17.2　フランス語と英語の助動詞

テニエール（Tesnière 1966：107）は，フランス語の助動詞 peut〈できる〉を次のように処理している。

　　(70)　Alfred donne le livre à Charles.
　　　　　〈アルフレッドがシャルルに本を与える。〉
　　(71)　Alfred peut donner le livre à Charles.
　　　　　〈アルフレッドはシャルルに本を与えることができる。〉

テニエールは上の例文の図系を次のように提示している。

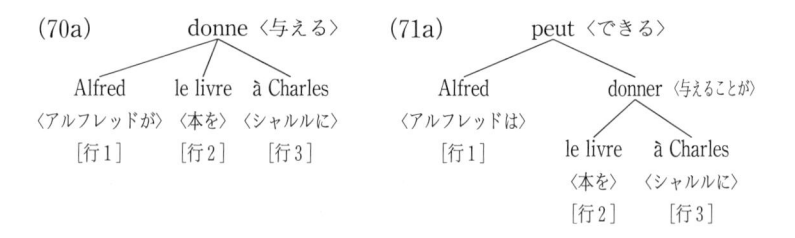

```
(70a)          donne〈与える〉       (71a)         peut〈できる〉
         ┌───────┼───────┐                  ┌────────┴────────┐
       Alfred  le livre  à Charles        Alfred           donner〈与えることが〉
      〈アルフレッドが〉〈本を〉〈シャルルに〉    〈アルフレッドは〉        ┌─────┴─────┐
         [行1]   [行2]   [行3]              [行1]       le livre      à Charles
                                                       〈本を〉       〈シャルルに〉
                                                        [行2]         [行3]
```

テニエール（Tesnière 1966：417-418）は，不定詞 donner を動詞が名詞化してものと見なしている。

　そして，テニエールは，(70a) の行為項の構造は (71a) のものとまったく違いはないと，説明している。たしかに，2つの図系における行為項の配列と内容は同じである。このことは，先に示した (61a)(62a)(63a) の図系についても認められる所である。フランス語と同じように英語の助動詞も処理できる。

　　(72)　Nancy can play the piano.
　　　　　〈ナンシーはピアノをひくことができる。〉

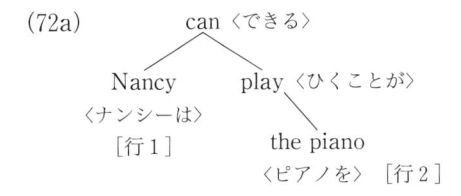

```
        (72a)         can〈できる〉
                 Nancy     play〈ひくことが〉
                〈ナンシーは〉
                 ［行1］    the piano
                         〈ピアノを〉 ［行2］
```

4.17.3 法助動詞

英語の助動詞は，伝達内容の事実性を伝える「認識的法」と伝達内容の実現に関する必要性を伝える「義務的法」とに分けられる。日本語にも，もちろん両者に対応する法的表現がある。「恵美さんは病気にちがいない」と言えば，病気である可能性がきわめて大きいことを意味しているから，認識的である。これに対し，「君はもっと勉強しなければならない」と言えば，勉強の必要性が大であることを強調しているから義務的である。

法の助動詞を分析するにあたり，確認しておかなければならない事項がある。それは名詞述語と存在動詞との区別である。

(73) 立身出世が人生の目標だ。

(74) 立身出世は人生の目標ではない。

上の2つの例文は判断文であって，肯定の排他形「AがBだ」に対し，否定形は「AはBではない」となる。このように，「目標だ」〜「目標ではない」という肯定と否定の対立をもつ場合は，「名詞述語」と判定する。

(75) 多くの人には人生の目標がある。

(76) 一部の人には人生の目標がない。

上の例文では，肯定形の「AにはBがある」に対して，否定形は「AにはBがない」となる。このように，「目標がある」〜「目標がない」という対立が見られるときは，「ある」と「ない」という「存在述語」が用いられる。

こうした区別を立ててから，つぎのような法の助動詞の対比を扱うことが可能になる。

(77) Amy must be ill.〈恵美さんは病気にちがいない。〉
(78) Amy can't be ill.〈恵美さんは病気のはずがない。〉
(79) Amy may be ill.〈恵美さんは病気かもしれない。〉

　英文法では，認識的法の助動詞 must の否定形は can't（＝cannot）とされている。日本語では，「～にちがいない」に対して，「～のはずがない」という法的表現が用いられている。
　まず，(78)の「はずがない」から分析してみよう。この語形は，上述の規準からすれば，「ある事物があるかないか」という存在述語が結節として働いていることになる。そこで，英語と日本語の図系を次のように設定する。

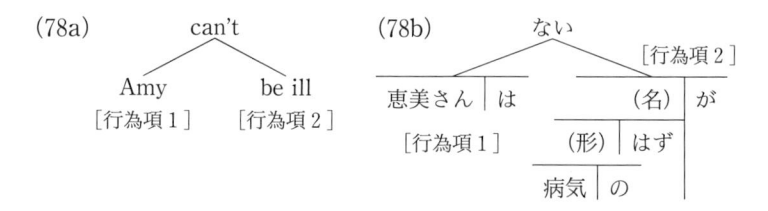

```
        (78a)       can't              (78b)           ない
                                                            ［行為項2］
              Amy        be ill        恵美さん│は    （名）│が
           ［行為項1］［行為項2］             ［行為項1］（形）│はず
                                            病気│の
```

「病気の」は転用体「はず」により名詞化される。かくて，その可能性がないと判定されている。『学研国語大辞典』(1978)によると，「はず」は「当然そうなるような事情，状況，道理，予定」を表わす形式名詞と記されている。

(80) 恵美さんは病気のはずだ。

　上の例文の「はずだ」は名詞述語と見なす方がよいと思う。
　次に，(77)の must「ちがいない」について考えてみよう。

　　（a）　（ま）ちがいがない。：
　　　　　　存在文の否定（「（ま）ちがい」の有無について）
　　（b）　（ま）ちがいではない。：
　　　　　　判断文の否定（「（ま）ちがいだ」という名詞述語の否定）
　　（c）　（ま）ちがいない。

（ａ）「ちがいがない」は「相違のある・なし」について，「ない」方が取り上げられているから，否定の存在動詞「ない」の方が支配節をなしている。ところが，（ｂ）の「ちがいではない」は，「それは，たいしたちがいではない」のように，「ちがいだ」という名詞述語が否定されている。

問題は（ｃ）「ちがいない」であるが，これは（ａ）「ちがいがない」の短縮されたものではない。たとえば，次のような書き換えは認められない。

　　これはあれとほとんどちがいがない。
　　→　？これはあれとほとんどちがいない。

そうなると，「ちがいない」は形容詞述語と認定した方がよいであろう。

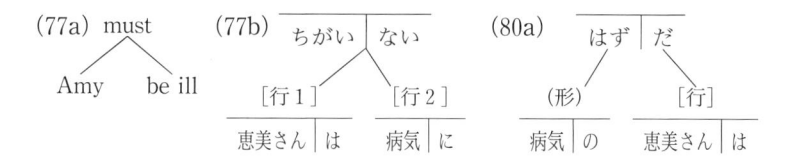

```
(77a) must          (77b)  ちがい  ない      (80a)  はず  だ
      Amy  be ill          [行1] [行2]            (形) [行]
                           恵美さん は 病気 に        病気 の 恵美さん は
```

形容詞述語の「ちがいない」は２つの行為項をとる。名詞述語の「はずだ」では，「病気の」は形式名詞「はず」を修飾する。この「はず」は述語の主成分であるから，転用体としては働かない。「はずだ」については第６章で再度とりあげたい。

やっかいなのは「かも」である。これは辞書によると，副助詞となっている。「かもしれない」という推測の法表現において，「しれない」は明らかに自動詞「しれる」の否定形である。「しれる」は「わかる」と意味的に似た成分をもっている。

　　(81)　正男は恵美の気持ちがわからなかった。[状態構文]
　　(82)　恵美さんは来るか（来ないか）わからない。

(82)の文における「か」は疑問の終助詞であるが，これに並立の「も」が付加されて，「かも」が形成されたように思える。並立の「も」は他の同類項を前提としていることを暗示している。なお，「か」に名詞化の機能を認めた。

(83)　　恵美さんは来るかもしれないし，(来ないかも)しれない。

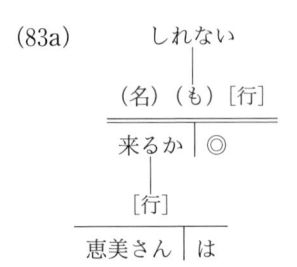

(83a)
```
                しれない
                  │
            (名)(も)[行]
          ─────────────
          来るか │ ◎
            │
           [行]
        ─────────
        恵美さん │ は
```

そこで，「かも」は述語「しれない」の第1行為項を導く可能性の名詞化転用体として扱うことにした。また，

(a)　　おじいさんは元気だ(よ)。[平叙文]
(b)　　おじいさんは元気か(な)。[疑問文]

平叙文の「元気だ」に対し，疑問文では「元気か」という独立文が成立するので，第2転用の ◎ が働いて名詞化されたと解釈した。

次は，義務的法について考察してみよう。

(84)　　You must take the examination.
　　　　君は試験を受けなければならない。
(85)　　You need not take the examination.
　　　　君は試験を受ける必要はない。

日本語の「～しなければならない」という義務的法表現はよく用いられる慣用句であるが，その意味分析は複雑である。

この「～しなければならない」という複合表現は，否定の条件節「～しなければ」と否定の主節「ならない」(許されない)から合成されている。つまり，「～しないことは許されない」を意味している。そこで，図系の次のような構成内容をもつことになる。

```
(84a)  must                    (84b)  ならない（いけない）
       you    take ［行2］            ［行］        （副）［準行為項］
       ［行1］                        君 は    受けなければ （受けない と）
                the examination
                                              試験 を
```

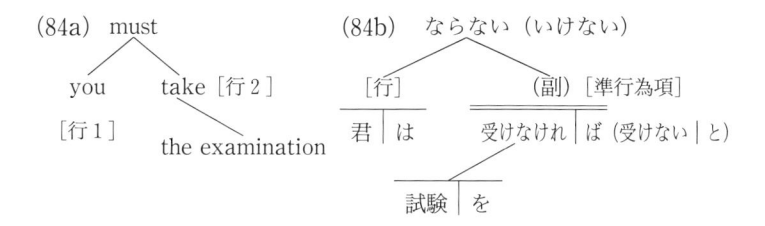

　なお，「〜しなければ」は副詞節であるが，これを省いて，「君は・ならない」では文意が通らない。したがって，「〜しなければ」は準行為項（行為項2）と見なされる。
　次に，(85)の「必要はない」に移ろう。これは「君には〜する必要性がない」という所有構文にあてはまる。

```
(85a)  need not                (85b)              ない
       you    take                        ［行2］       ［行1］
                the examination           君 は         必要 は
                                                        （形）
                                                        受ける
                                                        試験 を
```

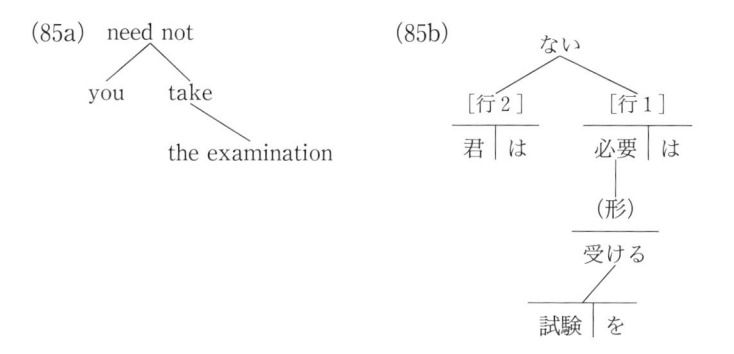

　なお，「試験を受ける」は，形容詞句であるから，名詞の「必要」を修飾する。
　益岡・田窪（1992：127-31）は，認識的法を「概言」と称し，次のような意味分類をおこなっている。

　　1）推測：だろう，まい
　　2）証拠のある推量：らしい，ようだ，みたいだ，はずだ
　　3）可能性：かもしれない
　　4）直感的確信：にちがいない
　　5）様態：そうだ

6）伝聞：そうだ，という

すでに，2）「はずだ」，3）「かもしれない」，4）「にちがいない」の図系は提示しておいた。

次に，義務的法表現を「当為のムード」（益岡・田窪 1992：109）として，以下の語句を列挙している。

  a)「べきだ（べきでない）」， b)「〜なければならない」，
  c)「〜なくてはならない」， d)「〜なくてはいけない」，
  e)「〜ないといけない」， f)「のだ（のでない）」，
  g)「ほうがいい」，   h)「ものだ（ものでない)」など。

a)の表現は文語調で，b)，c)，d)，e)の表現が口語調としてひんぱんに用いられる。口語調の4つの表現において，前半の「なければ」，「なくては」，「ないと」は交換可能であり，後半の「ならない」と「いけない」も交換可能である。したがって，図系の構造は共通している。関西方言ならば，「せにゃ（せんと）あかんわ」と言われる。

4.17.4 日本語の法の助動詞

国文法で，法の助動詞と見なされているのは，伝聞「そうだ」，様相「ようだ」，推定「らしい」，それに推量の「だろう」がある。これらは，助動詞というよりも形容詞や名容詞の性格をおびた接尾辞である。

まず，これらの語尾が名詞と動詞に付加される事例を比べながら調べてみよう。

  (86) あの人は刑事らしい。 雨が降るらしい。
  (87) あの人は刑事のようだ。 雨が降るようだ。
  (88) あの人は刑事だろう。 明日雨が降るだろう。
  (89) あの人は刑事だそうだ。 雨が降るそうだ。

(86)の文における「らしい」は形容詞である。左の文では，名詞の「刑事」に付加されているから，右の文の動詞の連体形（形容詞形）「降る」

も名詞化していると解釈される。

```
(86a)      らしい              (86b)   らしい
      ┌─────┴─────┐                ┌────┴────┐
   あの人│は    刑事（名詞）       雨│が      （名）
                                         ┌────┘
                                      降る│◎（名詞化）
```

　(87)の文における「ようだ」の「よう（様）」は形式名詞であるが，「ようだ」は名容詞述語である。(87a)では，「刑事の」と形容詞化し，上の名詞「よう」を修飾しているので，(87b)の図系における「降る」も形容詞化していると考える。

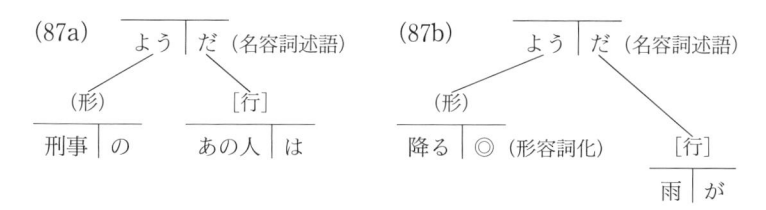

```
(87a)      よう│だ（名容詞述語）    (87b)      よう│だ（名容詞述語）
       ┌────┴────┐                       ┌────┴────┐
      (形)      [行]                     (形)      [行]
    刑事│の   あの人│は              降る│◎（形容詞化）
                                                   │
                                                 雨│が
```

　(88)の文における「だろう」であるが，断定の「だ」は次のような派生の道をたどってきた。

　　〜である　→　〜だ，〜や　　　　[断定]
　　〜であろう　→　〜だろう，〜やろう　[推量]

歴史的には，「でぁ」が関東では「だ」，関西では「や」に変化したと考えられている。「だ」は名詞や名容詞を述語化する語尾であるから，「だろう」は断定から派生した推量の語尾と見なされる。

```
(88a)   刑事だ・ろう           (88b)    降る・だろう
           │                         ┌─────┴─────┐
         [行]                       (副)       [行]
       あの人│は                  明日      雨│が
```

　最後に(89)伝聞の「そうだ」であるが，文の後に用いられ，形式的には名容詞である。そこで，文全体が形容詞述語「そうだ」の第1行為項を形

成していると分析される。

```
(89a) そう｜だ                  (89b) そう｜だ
      (名)[行2]  [行1]              (名)[行2]  [行1]
      刑事だ｜◎   あの人｜は         降る｜◎    雨｜が
```

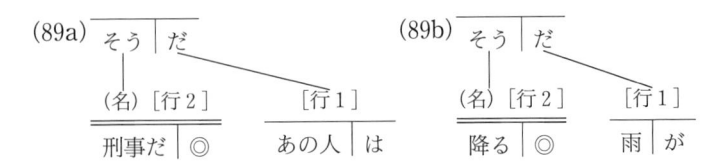

「あの人は刑事だ」が独立文であるから，「雨が降る」も独立文と見なされるので，第2転用の名詞化がほどこされている。

以上をもって，英語の法助動詞および日本語の法的表現の図系分析を終えることにする。

4.17.5 日本語の接尾辞型助動詞

日本語では，接尾辞の形で表示される使役（せる・させる），受身（れる・られる），可能（れる・られる）も「助動詞」と呼んでいる。可能と希望の（たい・たがる）については，すでに述べておいたから，使役と受動について考察してみよう。これと関連して「する」という代動詞の用法を調べてみよう。

(90)（a）洋子は英語を勉強している。　（b）洋子は英語の勉強をしている。

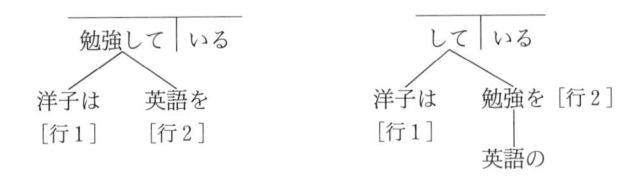

```
     勉強して｜いる                  して｜いる
   洋子は    英語を               洋子は    勉強を[行2]
   [行1]    [行2]                [行1]    英語の
```

（a）では，「勉強する」が1語で，「英語を」を第2行為項としているが，（b）では，述語「する」が第2行為項として「英語を」を支配している。「勉強している」は現在進行中の行為であるが，「勉強をしている」は勉強という行為に従事しているというように長い射程で物事を見ている。次の例文に当たってみよう。

(91)　（a）　勇はよく学校におくれる。

（b） 勇は学校におくれないようにした。

「学校におくれない」は上の文の否定であるが，「学校におくれないようにする」は遅刻という行為の発生を未然に防ぐことを意味する。

```
(91a)      おくれる              (91b)       する
       勇は   よく   学校に            勇は            （名）に
       [行1]       [行2]             [行1]    おくれない│よう [行2]
                                              学校に
```

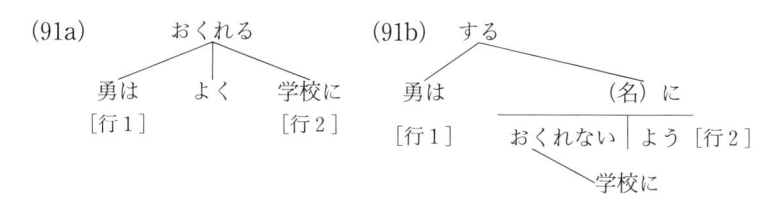

「ように」は，形式名詞「よう」に助詞「に」がついていて，「おくれないように」は「遅刻しない状態に」を意味する。「おくれるようにする」となると意図的行為である。「好きだ」は「好きな（ように）」と形容詞形になるから，「おくれない（ように）」も形容詞句として第1次転用を用いた。

4.18 使役文と受動文の構造

次に，使役文と受動文であるが，使役文から考えていこう。

(92)　（a）　先生は勇にレポートを書かせた。
　　　（b）　先生は勇にレポートを書くようにさせた。

```
(92a)   書かせた                    (92b)        させた
                                                              [行3]
  先生は   勇に   レポートを       先生は   勇に   （名）に
  [行1]  [行2]    [行3]           [行1]  [行2]   書く│よう
                                                 レポートを
```

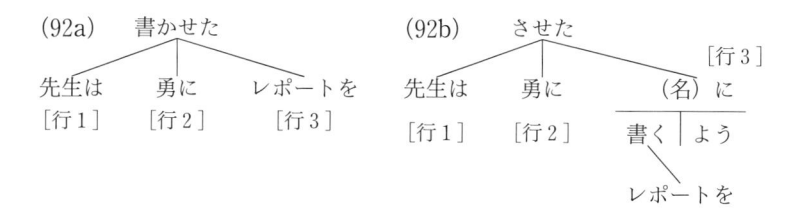

上の使役文において，「先生は」は「勇がレポートを書く」ようにさせた「使役主」であり，勇は「レポートを書く」動作主である。左の書き換え文において，勇を「レポートを書く」状況に追い込んだ（させた）こと

が分かる。

 (93) 警察は部外者が現場に入らないようにさせた。

 (93a)
```
              させた
          ／       ＼
       警察は      （名）に
       ［行1］    ／    ＼
                入らない  よう［行2］
                      ／    ＼
                  部外者が    現場に
```

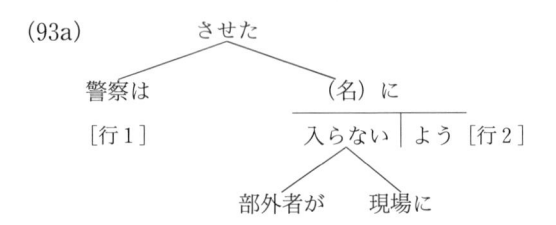

 この文では、「部外者が」と主格の助詞をとっているので、「部外者が現場に入らないように」という下位従属節をたてて考えた方がいいだろう。この従属節の意味する出来事が発生しないように処置することを伝えている。

 受動について、（a）能動文から（b）受動文へと次のように捉えられる。

 (94) (a) 宏は洋子を映画に誘った。
    (b) 洋子は宏から映画に誘われた。

 (94a) 誘った   (94b) 誘われた
   宏は→　洋子を　映画に   洋子は　←宏から　映画に

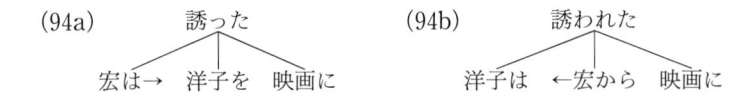

 すでに、態質の項で説明したように、能動と受動では矢印で示されたように行為方向が逆転している。

 (95) (a) だれかが洋子の肩をたたいた。
    (b) 洋子はだれかに肩をたたかれた。

 これは、ある人物の所有するものが動作をうける場合の受動である。

 (95a) たたいた   (95b) たたかれた
   だれかが　→　肩を   洋子は　肩を　←　だれかに
        洋子の

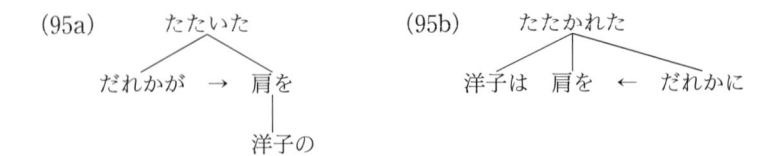

さらに，利害の受動を探ってみよう。

(96)　山田さんは娘さんに家出された。
(97)　山田さんは息子が先生にほめられた。

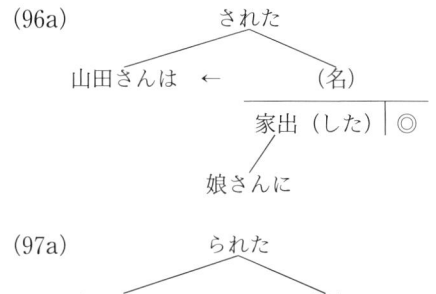

(96a)
```
           された
山田さんは ←    （名）
              ￣￣￣￣￣
              家出（した）│◎
                娘さんに
```

(97a)
```
           られた
山田さんは ←    （名）
              ￣￣￣￣￣
              ほめ（た）│◎
              息子が ← 先生に
```

　(96a)の文では，家出したのは娘さんで，そのことが山田さんにとって悩みの元であった。そこで，娘さんの家出という事件を名詞化し，これが山田さんに精神的苦痛となったことを示している。(97a)の図系では，息子が先生にほめられた事柄が山田さんを喜ばせたことを暗示している。なお，「家出された」の「家出」や「ほめられた」の「ほめ」は動詞語幹であって，時制を欠いているので，英語の不定詞に近く，第1次転用とした。

　最後に，使役と受動の組み合わさった文を考察してみよう。

(98)　勇は先生にレポートを書かされた。

　上の文では，「書かす」（使役）と「された」の受動が接合している。しかし，使役と受動は層をなすと考えた方がいい。使役層から受動層へと移動する。

（a）　　書かせた（使役）　　━━━▶　　書かせ・られた（使役の受動化）
　　　先生が → 勇に　レポートを　　　　勇は ← 先生に　レポートを

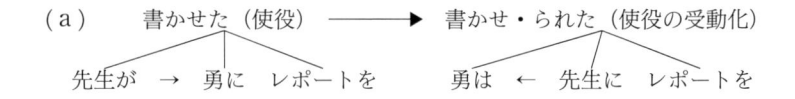

4.19　授受動詞の構文

　行為の方向が「態質」の本領とするならば，行為にともなう恩恵の方向も態質と見なしてよいだろう。恩恵方向は，いわゆる授受動詞「やる」「くれる」「もらう」の補助的用法から引き出される。となると，補助的用法は，授受動詞の本来の意味から派生した恩恵という下位カテゴリーを形成するから，助動詞ということになる。

a　授受動詞
　授受動詞は，ある事物について所有権の移動を表わす動詞である。
　　「やる」：わたしは恵美さんにチョコレートをやった。
　　「くれる」：恵美さんはわたしにチョコレートをくれた。
　　「もらう」：わたしは恵美さんにチョコレートをもらった。
　これら授受動詞の意味は次のようにまとめられる。

b　授受動詞の意味
　　「やる」は，話し手側から他者へ事物を与える。
　　「くれる」は，他者が話し手側に事物を与える。
　　「もらう」は，話し手側が他者から事物を受け取る。
　なお，「もらう」には，相手に依頼しておいた事物を取得するという含意がある。

c　授受動詞の補助的用法
　こうした授受動詞の本質的意味は，補助的に使用されると，b項に含まれている「事物」が「行為」に置きかえられ，その行為にともなう「恩恵」の方向を暗示するようになる。

「～してやる」：話し手側から他者への恩恵行為を指す。
「～してくれる」：他者から話し手側への恩恵行為を指す。
「～してもらう」：話し手側が他者から受ける恩恵行為を指す。

こうした恩恵方向の研究はあまり進んでいない（佐久間 1966，小泉 1990，155-157）。

(99)　？恵美さんはわたしにチョコレートを買いました。

上の文は充足した文とは言えない。

(100)　恵美さんはわたしにチョコレートを買ってくれました。

「くれました」という助動詞から，チョコレートを買う行為が相手の恵美さんから話し手のわたしに対する恩恵行為であることを意味している。日本語の会話では，こうした恩恵行為の方向がきわめて重要な意味をもっている。

d　補助的授受動詞の構文

授受動詞はある物品を授与したり受け取ったりする動作を表わしているが，こうして受授される物品を，ある行為の恩恵に入れ替えたのが補助的機能と見なされる。

(101)　恵美さんはわたしにチョコレートをくれました。

上の文はチョコレートという物品の授与を意味しているが，その代わりに「チョコレートを買う」という行為に置きかえると恩恵行為の方向が見えてくる。

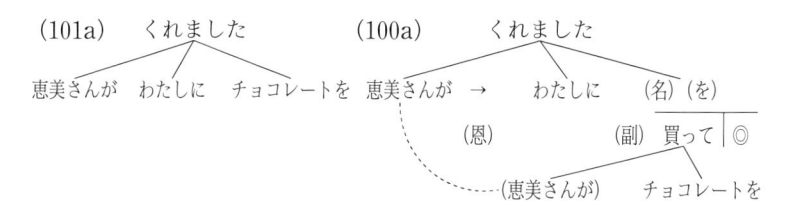

```
(101a)    くれました           (100a)    くれました
  恵美さんが  わたしに  チョコレートを  恵美さんが  →   わたしに  (名)(を)
                                       (恩)           (副) 買って │◎
                                           ‥‥‥‥(恵美さんが)  チョコレートを
```

「恵美さんがチョコレートを買って」は副詞文であるが，これを名詞化して，上位の動詞「くれる」の行為項とした。同じようにして他の授受動詞も分析すれば，次のようになる。

　　(102)　お母さんはルミちゃんに絵本を買ってやった。
　　(103)　ルミちゃんはお母さんに絵本を買ってもらった。

いずれも「お母さんが絵本を買った」という行為が恩恵という形でルミちゃんにどのようにかかわるかが分析の対象となる。以下 ◎ は，いずれも副詞文の名詞化転用体を示す。点線は同一人物を意味する照応線である。

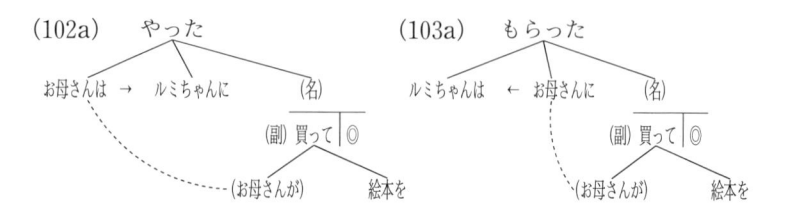

```
(102a)    やった                    (103a)    もらった
     ┌──────┼──────┐                    ┌──────┼──────┐
  お母さんは → ルミちゃんに  (名)          ルミちゃんに ← お母さんに  (名)
                        │                                    │
                     (副)買って│◎                          (副)買って│◎
        ┊            ┌─┴─┐                 ┊            ┌─┴─┐
        └┄(お母さんが)    絵本を            └┄(お母さんが)    絵本を
```

e　補助的授受動詞の複合

補助的授受動詞は相互に組み合さって複合形を作ることが出来るが，恩恵方向も複雑にからみあう。まず，授受動詞の丁寧形を紹介しておく必要がある。

　　やる：あげる，さしあげる。
　　くれる：くださる。
　　もらう：いただく。
　　(104)　わたしは大山名人に色紙を書いていただいた。
　　(105)　わたしが大山名人に色紙を書いてもらってあげます。

(105)の言辞には，聞き手の「あなた」が暗示されている。「もらう」と「やる」の組み合わせである。

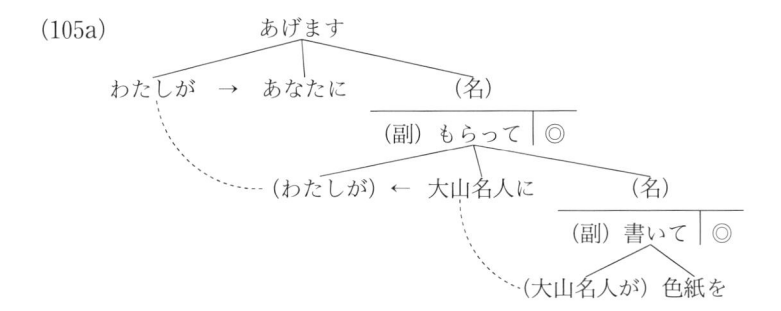

(105a)　　　　　あげます
　　　わたしが　→　あなたに　　　（名）
　　　　　　　　　　　　　　（副）もらって│◎
　　　　　　　………（わたしが）←　大山名人に　　　（名）
　　　　　　　　　　　　　　　　　　　　（副）書いて│◎
　　　　　　　　　　　　　　　………（大山名人が）色紙を

「やる」と「くれる」の組み合わせ。

(106)　　あの人の話を聞いてやってください。

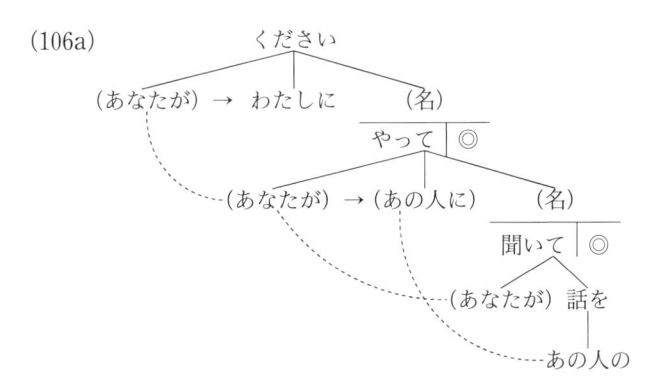

(106a)　　　　　ください
　　　（あなたが）→　わたしに　　（名）
　　　　　　　　　　　　　　やって│◎
　　　　　　　………（あなたが）→（あの人に）　（名）
　　　　　　　　　　　　　　　　　　　聞いて│◎
　　　　　　　　　　　　　………（あなたが）話を
　　　　　　　　　　　　　　　　　　　　│
　　　　　　　　　　　　　　　　………あの人の

4.20　使役と授受動詞の補助的用法

補助的授受動詞は使役態とも結合する。使役態には強制使役と許容使役とがある。

(107)　The teacher made the pupils recite the poem.［強制使役］
　　　〈先生は生徒に詩を暗誦させた。〉
(108)　Grace let the children play in the park.［許容使役］
　　　〈グレイスは子供たちを公園で遊ばせた。〉

使役主が動作主の意思を考慮しないで行動させるのが強制使役で，動作主の意思にまかせて行動させるのが許容使役である。英語では，強制使役には make や cause などの使役動詞を用いるが，許容使役では，動詞 let を使う。日本語にはそうした区別はないが，授受動詞と組み合わさると許容的な意味をもつことがある。

  (109) 課長，わたしにその仕事をやらせてください。
  (110) 先生のご本を読ませていただきます。

(109a)
```
              ください
     課長は  →  わたしに    (名)
        (恩)         やらせて │◎
                課長が → わたしに　その仕事を
```

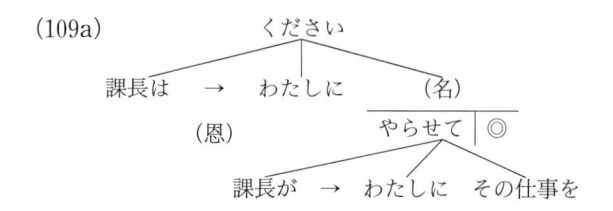

(110a)
```
              いただきます
     わたしは ←  先生に    (名)
        (恩)         読ませて │◎
                先生が → わたしに　ご本を
```

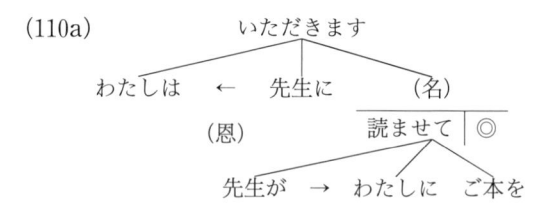

使役形の「やらせて」「読ませて」は動作主が使役主へ申し出ているから許容使役である。

最近次のような許容使役まがいの勝手な「いただきます」文を見かけることがよくある。

  (111) 明日休店させていただきます。

(111a)
```
              いただきます
   (店主が)← (お客に)   (名)
                     休店させて │◎
                (お客が) → (店主に)
```

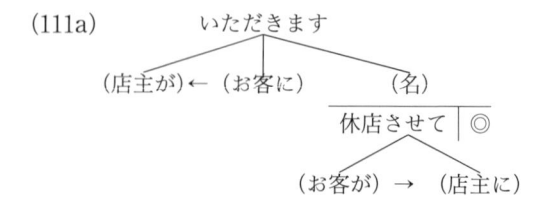

■コラム(3)

「ある」と「ない」の違い

　日本語の「ある」は「存在動詞」であるが,「ない」は「形容詞」である。動詞は行為や過程を表わすが,形容詞は状態を表わす。

（a）　Amy didn't come here yesterday.
（b）　恵美さんはきのうここへ来なかった。

　英文の(a)では,過去の否定が didn't という語で表示されている。これは「しなかった」を意味し,「来るという行為を行わなかった」と注釈することができる。さらに,否定の要素のn't＜not は「副詞」として,前の動詞 did「した」を修飾し,これに融合している。
　日本語の(b)では,「こなかった」という否定の表現は,「こ・なかった」と分析され,「こ」が動詞の語幹で,「なかった」は形容詞の過去形である。つまり,「くる」という行為が「存在しなかった」と見ていることになる。
　要するに,英語の動詞否定は,「ある行為を行わなかった」という見方に立っているのに,日本語の動詞否定は,「ある行為そのものが存在しなかった」という立場をとっている。だから,

（c）　A：もうご飯食べたかね。
（d）　B：まだ食べてない。

　Aは「食べたか」と「食べる」という行為が完了したかどうか尋ねているのに対し,Bは「食べて・いない」と「食べる」という行為が存在していない,と答えている。
　こうした「行為否定」の英語と「行為の存在否定」の日本語とでは,考え方において大きく食い違っていることに気づくであろう。こうした否定表現の相違は,日本人と外国人との思考法の違いに深く根ざしていると思われる。

上の文は，お客が店主に頼まれて許可したわけではないので，恩恵関係は成立しないはずである。しかし，「明日の朝刊は休ませていただきます。」となると実質的値上げとなるから不愉快である。

　以上で，結合価文法の概要説明を閉じることにする。この章で提示されたフランス語とドイツ語の文例はテニエールによるものであるが，大半の英語と日本語の文例とその分析は，筆者がテニエールの主旨に沿って行ったものである。

5 話線

5.1 構造系列から線状系列への切り替え

　ある文を音声の形で表現したものが「発話」(utterance) である。発話は音声の連続をなしているから，時間軸にそって配列された「話線」(chaîne parlée) を形成する。[a b] という音声連続では，[a] と [b] を同時に発音することはできない。[a] 音の後に [b] 音をつづけて調音しなければならない。なお，音声連続の各音声を文字化すれば，文字の連続となる。

　いままで，文を構成する結合関係を図式化して構造図，すなわち図系を取り出してきたが，これは支配項と従属項との関係を表わす縦と横の平面図によって表示されている。図系は構造系列 (ordre structural) に所属する。これに対し，話線は線状系列をなしている。テニエール (Tesnière 1966：19) は「すべての統語構造は構造系列と線状系列の間に存在する関係に基づいている」と述べている。すなわち，図系を取り出すことは，話線の上に配列された語の線状系列を構造系列に置き換えることであり，逆に，構造系列を線状系列に変えることにより，図系は語の連続した発話の形に変えられることになる。

　要するに，構造系列を線状系列に改めることが「ことばを話すこと」であり，線状系列から構造系列を取り出すことが「ことばを理解すること」である。

　たとえば，（1）の文の図系は(1a)(1b)のようになる。

(1) 3つの線分が1つの三角形を形成する。
　　Three lines form a triangle.

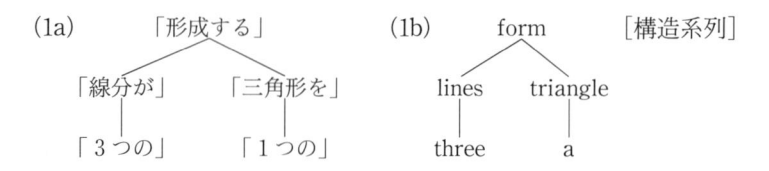

```
(1a)      「形成する」           (1b)       form          ［構造系列］
         ／      ＼                      ／    ＼
    「線分が」  「三角形を」           lines   triangle
       ｜         ｜                   ｜        ｜
    「3つの」   「1つの」              three      a
```

上の構造系列を線状系列に変えると次のようになる。

　　3つの・線分が・1つの・3角形を・形成する
　　Three lines form a triangle.　　　　　　　［線状系列］

　このように，構造系列と線状系列は相互に切り替えられるのであるが，ここで，テニエール (Tesnière 1966：20) は，面白い比喩を用いている。「図系をローラー（圧延機）にかけるようにすると」構造系列を線状系列に変えることができると言っている。テニエールは系列の切り替えについては，これ以上具体的に述べていない。筆者にとって，構造系列から線状系列に切り替えることは，きわめて興味のある操作である。

5.2　求心的関係と遠心的関係

5.2.1　従属項と支配項

　たとえば，次頁の表の語句であるが，英語とフランス語では図系は同じ「白い馬」を表わしている。
　英語では，従属項の冠詞 the と形容詞 white は共に支配項の名詞 horse の左側にくる。しかし，フランス語では，従属項の冠詞 le は支配項の名詞 cheval の左に立つが，従属項の形容詞 blanc は支配項の右側にくる。日本語は，従属項の形容詞「白い」を支配項の名詞「馬」の左側におく。
　支配項が中核をなすので，中核支配項 (cheval) から従属項 (blanc) へ向かう (2b) の右辺にあるような矢印↘で示される依存関係は，中心

《英語》	《フランス語》	《日本語》
●構造系列		
(2a)　horse〈馬〉（支配項） 　　　／＼ 　　the　　white〈白い〉 　（冠詞）　（従属項）	(2b) cheval〈馬〉（支配項） 　　／＼ 　le　　　blanc〈白い〉 （冠詞）　　（従属項）	(2c)　馬 　　　↗ 白い
●線状系列		
(2a′)　the　white　horse 　（従属）（従属）（支配）	(2b′)　la　cheval　blanc 　（従属）（支配）（従属）	(2c′) 白い・馬 　（従属）　（支配）

から遠ざかるので「遠心的」と呼ぶ。

　従属項「白い」から中核の支配項「馬」へ向かう図(2c)における矢印↗は，周辺から中心へと向かうので，「求心的」と称する。いま，冠詞を省いて形容詞と名詞との関係を考察すると，

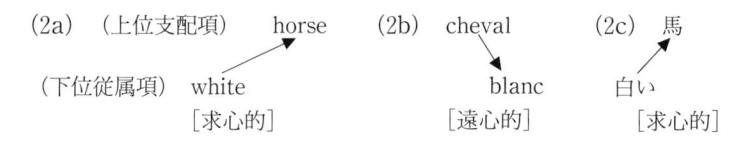

　　(2a)　（上位支配項）　　horse　　(2b)　cheval　　(2c)　馬
　　　　　　　　　　　　　　　↗　　　　　　　↘　　　　　　↗
　（下位従属項）　　　　　white　　　　　　blanc　　　　白い
　　　　　　　　　　　　［求心的］　　　　［遠心的］　　　［求心的］

　　（ａ）　下位従属項から上位支配項へ向かう関係：求心的上昇型
　　（ｂ）　上位支配項から下位従属項は向かう関係：遠心的降下型

5.2.2　述語を中核とした遠心型と求心型

　いま，次の３つのタイプの文型について図系を取り出してみよう。

　　ａ）《アラビア語》qara'a 'Umaru kitaban.〈読んだ・ウマルが・本を〉
　　ｂ）《英語》　　　John read a book.〈ジョンが・読んだ・本を〉
　　ｃ）《日本語》　　一郎が本を読んだ。〈一郎・本を・読んだ〉

　ａ）のアラビア語は，［動詞・主語・目的語］という配列をもつVSO型言語である。

　ｂ）の英語は，［主語・動詞・目的語］という配列をもつSVO型言語である。

c）の日本語は，［主語・目的語・動詞］という配列をもつ SOV 型言語である。

それぞれの言語の図系は，同じ構造をなしている。

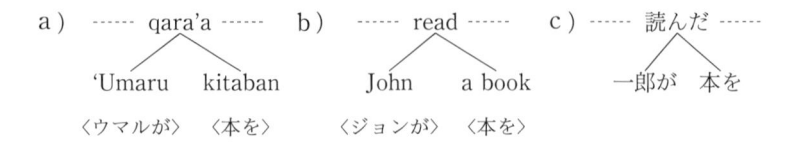

a) ------ qara'a ------   b) ------ read ------   c) ------ 読んだ ------
　　　'Umaru　kitaban　　　　　John　a book　　　　　一郎が　本を
　　〈ウマルが〉〈本を〉　　〈ジョンが〉〈本を〉

5.3　図系から話線へ

5.3.1　行為項の配列

テニエールが述べたように，構造図系から話線に切り換えるためには，次のような操作が考えられる。

まず，従属項を点線 ------ で示された支配核の高さまで持ち上げる必要がある。

a)　（支配項）　（従属項）　（従属項）
　　　　　qara'a　'Umaru　kitaban.
　　'Umaru　　　kitaban　　［遠心的］

アラビア語では，第1行為項'Umaru〈ウマルが〉を動詞述語の右側へ，第2行為項のkitaban〈本を〉をさらにその右側へ移動させて話線を作る。

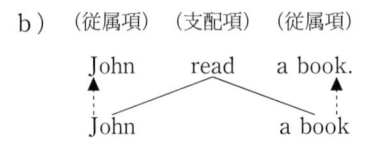

b)　（従属項）　（支配項）　（従属項）
　　　　John　　read　　a book.
　　　John　　　　　　　a book

英語では，第1行為項のJohn〈ジョンが〉を動詞述語の左側へ，第2行為項のa book〈本を〉を動詞述語の右側へ持ち上げる。

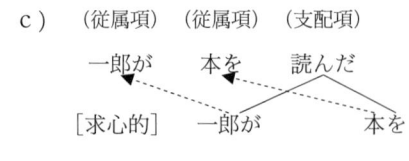

c)　（従属項）　（従属項）　（支配項）
　　　一郎が　　本を　　読んだ
　　［求心的］　一郎が　　　　　本を

日本語では，第2行為項の「本を」を動詞述語の左側へ，さらにその左側へ第1行為項の「一郎が」を引き上げる。

アラビア語のように，動詞述語から2つの行為項が右へと置かれるのは，中核から周辺へと離れていくことになるので，遠心的である。逆に日

本語のように，2つの行為項が動詞の左側にあることは，周辺から中核へと向かう関係にあるから，求心的となる。また，英語のように，2つの行為項が動詞述語の両側に配置される場合は，求心と遠心の両面の性格をもつと見なされる。

このように，行為項を述語の右にそろえるか左にそろえるかは，各言語のもつ固有の配列の原則によるのである。とにかく述語が規準となっている。変形文法のように，述語動詞の移動を認めると，上で述べた3つの言語のタイプの派生関係が混乱してしまう。

実は，テニエールは，行為項の上昇方向については触れていない。しかし，彼の言うように，図系をローラーで押しつぶすと，話線になると考えるにしても，述語を中心とする行為項や修飾項それに状況項の配列順序を予定しておかないと，適切な話線が形成されなくなる。筆者は従属項を支配項の水準に「持ち上げる」方法をえらんだ。

そこで，話線を作り上げるために，図系を構成する要素の配列を決める方法を解明する必要性がでてくる。この点について，テニエール本人も言及していないし，彼の分析方式を追従する研究者もなにも考慮していない。筆者は，このような面で結合価文法を充実して，その適用性を高め，文法理論としての効力の向上を考えている。

そこで，次の2点について整備しようと思う。

　　（a）　文法的一致と支配の関係
　　（b）　構造系列における語の配列

5.3.2　文法的一致

次の文例から分析してみよう。

　　（3）　《英語》　　Mary bought a white hat.
　　　　　《フランス語》Marie a acheté un chapeau blanc.
　　　　　《日本語》　　メアリーは白い帽子を買った。

上の3つの文は同じような図系をもっている。

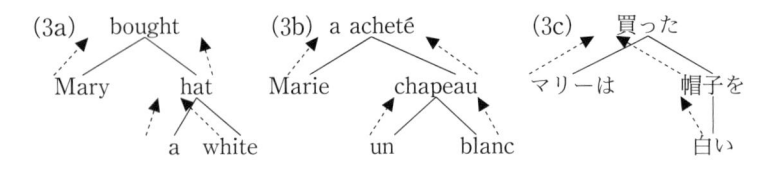

```
(3a)    bought        (3b)  a acheté       (3c)    買った
      ↗       ↖           ↗        ↖            ↗       ↖
   Mary      hat       Marie      chapeau    マリーは    帽子を
              ↑                   ↑     ↑                ↑
            a  white             un   blanc             白い
```

英語とフランス語では，第1行為項が動詞節点の前に，第2行為項はその後にくる。日本語では，第1と第2行為項が共に動詞節点の前にたつ。このように，行為項の配列位置は言語によって決まっている。

次に，名詞節点では，英語とフランス語は冠詞を名詞の前にたてる。だが，形容詞については，これを英語は名詞の前に，フランス語では主として名詞の後におく。日本語には，冠詞はないが，形容詞はつねに名詞の前にくる。こうした従属項の配列には言語によって定まった方式がある。

また，日本語の図系における格助詞「は」と「を」は後置詞の形をとった「格形式」であるが，英語やフランス語では，格形式は語順により示されている。

さらに，フランス語の複合過去における助動詞 a は単数3人称の現在形をしている。これは，第1行為項の名詞 Marie により指定されたものである。第2行為項の chapeau〈帽子〉は単数の男性名詞であるから，単数の不定冠詞 un と男性形容詞 blanc〈白い〉は形式的にも支配名詞に従属していることが分かる。そこで，こうした行為項から述語核への働きかけや支配項から従属項への束縛を矢印 → で表わせば，上の図系は下のように改められるであろう。

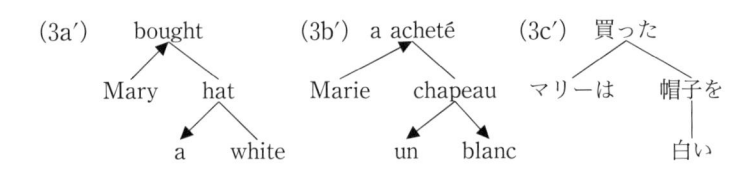

```
(3a′)   bought        (3b′)  a acheté      (3c′)   買った
      ↗      ↘            ↗        ↘           ↗       ↘
   Mary     hat        Marie     chapeau   マリーは    帽子を
             ↓                   ↓     ↓                ↓
            a  white            un   blanc             白い
```

英語でも，動詞は数と人称において第1行為項の名詞と一致しなければならないし，不定冠詞は名詞の数に規定される。

変形文法は，支配とか一致という文法現象を説明するために，「一致句」

(Agreement Phrase) や「変化句」(Inflectional Phrase) という階層をわざわざ作っておきながら，そこで行われる具体的操作については何も説明していない。また，名詞と冠詞および形容詞の間の一致には何も言及していない。

ハンガリー語には，動詞の変化に定活用と不定活用の2種類がある。定活用は，動詞が定の目的語をとるとき，不定活用は，不定の目的語をとるとき用いられる。

（4）［不定活用］Péter olvas egy könyvet.
〈ペーテルは・読んでいる・ある本を。〉
（5）［定活用］　Péter a könyvet olvassa.
〈ペーテルは・(定の)本を・読んでいる。〉

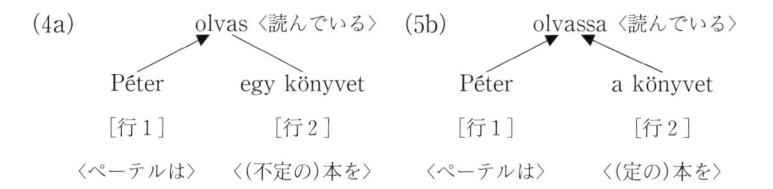

(4a)　　　　olvas〈読んでいる〉　(5b)　　olvassa〈読んでいる〉

　　Péter　　egy könyvet　　　Péter　　　a könyvet
　　［行1］　　［行2］　　　　　［行1］　　　［行2］
　〈ペーテルは〉〈(不定の)本を〉　〈ペーテルは〉〈(定の)本を〉

第1行為項は，数と人称について動詞節点を規制する。第2行為項の名詞が定冠詞 a をもつとき動詞語形に影響を与える。いずれも矢印でこの点を示しておいた。なお，ハンガリー語には不定冠詞は存在しない。Egy は数詞の「1」で，「ある」の意味をもつ。

5.3.3　構造系列における語の配列

上で解説したような文法的一致の作業を終えてから，述語結節と行為項および状況項の配列が問題になる。そこで，行為項と状況項の配列について考察してみよう。

a　行為項の配列

すでに能動文については説明したので，受動文を取り上げてみよう。

（6）　チャールズはアルフレッドになぐられた。
　　（7）　Charles was beaten by Alfred.

上の例文の図系を求めると次のようになる。

（6a）　　　なぐられた　　　　　（7a）　　was beaten
　　チャールズは　　アルフレッドに　　　Charles　　　by Alfred
　　［第1行為項］　　［第2行為項］　　　［第1行為項］　　［第2行為項］

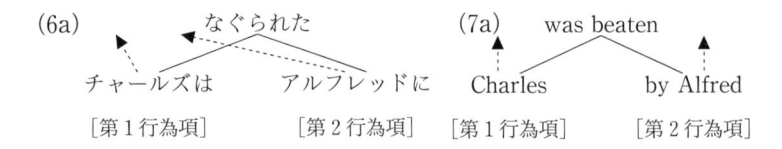

b　状況項の配列

　状況項には，時間，場所，様態などの種類があるが，これらの間にもある序列が見られる。

　　（8）　The Olympics　were held　splendidly　in Tokyo　in 1964.
　　　　　［第1行為項］　［動詞結節］　［様態］　　［場所］　　［時間］
　　（9）　1964年に　東京で　オリンピックが　はなばなしく　挙行された。
　　　　　［時間］　［場所］　［第1行為項］　　［様態］　　［動詞結節］

　英語では，動詞結節の右側に，様態，場所，時間の順に状況項が配列されるが，日本では，動詞結節の左側に時間，場所，様態の状況項と逆向きに鏡像関係をなして並べられる。

　これらを図系を通して対比させてみよう。

（8a）　　　　　were held
　　the Olympics　splendidly　in Tokyo　in 1964
　　　［第1行為項］　［様態］　　［場所］　　［時間］

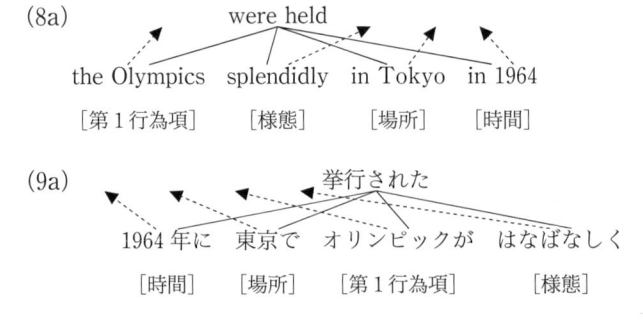

（9a）　　　　　　　　挙行された
　　1964年に　東京で　オリンピックが　はなばなしく
　　　［時間］　［場所］　［第1行為項］　　　［様態］

状況項の配列も言語ごとに異なる方式が用いられている。

言語によっては，こうした配列にめんどうな手順を必要とするものがある。たとえば，ドイツ語の配列はやっかいである（Tesnière 1966：107）。

(10a)　　Franz　*besuchte*　gestern　das Museum.
　　　　　①　　　②　　　　③　　　　④
　　　　　フランツは・訪れた・きのう・博物館を
　　　　　〈フランツはきのう博物館を訪れました。〉

(10b)　　Gestern　*besuchte*　Franz　das Museum.

(10c)　　Das Museum　*besuchte*　Franz　gestern.

　いずれも5語からなる文であるが，(10)の文頭に(a)第1行為項，(b)状況項，(c)第2行為項がきている。一般に文頭にたつ語に焦点がおかれている。ただし，文頭に動詞もしくは助動詞を立てると疑問文になる。

(10d)　　*Besuchte* Franz gestern das Museum?
　　　　　〈フランツはきのう博物館を訪れましたか。〉

　そこで，次のような図系が考えられる。

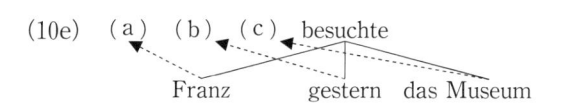

(10e)　(a)　(b)　(c)　besuchte
　　　　Franz　　gestern　das Museum

　要するに，動詞 besuchte の前に Franz, gestern, das Museum のいずれかを移動させ，他の語はすべて動詞の後ろに引き上げられる。とにかく，ドイツ語には動詞もしくは助動詞が文頭から2番目の位置を占めるという配列の原則がある（Tesnière 1966：129-130）。

　構造を話線化するために，それぞれの言語がどのような「持ち上げ」方法を使用するか，さらなる検討が必要である。

5.4 変列

テニエールは，翻訳という作業に注目し，「変列」(métataxe) という項目をたてている。彼は変列によって自己の理論の実用的効果を訴えている。

ある言語を他の言語に翻訳するためには，異なる構造によらなければならない。こうした構造の変化を「変列」と呼ぶことにする (Tesnière 1966：283)。

どんな言語でも思考のカテゴリーとこれを表わす文法的カテゴリーの間に，独自の対応が組み立てられている。すなわち，ある言語の概念を表わすためには，その言語の文法的カテゴリーによるのが望ましい。すべての言語が同じ思考のカテゴリーを表わすのに，同じ文法的カテゴリーによることはないから，ある言語を他の言語に訳出する場合は，異なる文法的カテゴリーによることになる。

 (11) 《英語》 I miss you.
 (12) 《フランス語》Vous manquez me.
 (13) 《日本語》 わたしはあなたがいないと，淋しい。

英語とフランス語は意味内容は同じだが，文法的カテゴリーに違いが出ている。日本語では，miss, manquer〈～を欠いている〉という言い方をしないので，意訳するしかない。

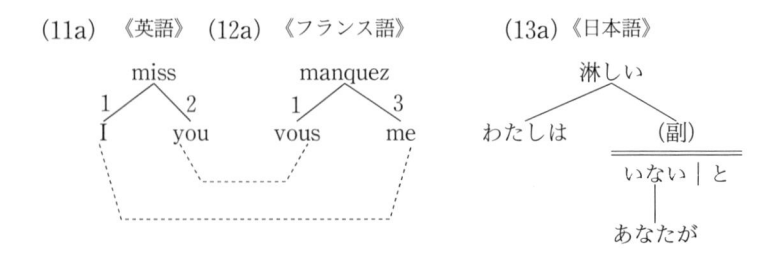

 (11a)《英語》 (12a)《フランス語》 (13a)《日本語》

```
      miss           manquez              淋しい
     1   2          1     3              /     \
    I    you      vous    me         わたしは   (副)
                                              ‖
                                           いない｜と
                                              ｜
                                           あなたが
```

英語の第1行為項は I〈わたし〉であるが，フランス語では vous〈あな

た〉である。また，英語の you〈あなた〉は第2行為項であるが，フランス語の me〈わたし〉は第3行為項であると，テニエール（Tesnière 1966：288）は述べている。この me は，「わたしに（とって）」を意味し，「あなたが」不在であると捉えているからであろう。上図のように，両言語の対応する項どうしを点線でむすんで「行為項の入れ替え」と称している。

とにかく，英語とフランス語では，行為項の意味役割が異なっているのが面白い。

     《英語》   《フランス語》
［経験者］第1行為項（I）： 第3行為項（me）
［対象］ 第2行為項（you）： 第1行為項（vous）

日本語では，「あなたがいないと」と相手の不在を条件節とし，「わたしは淋しい」と自分の感情を表明している。

翻訳にあっては，意味内容の伝達が重要であるから，そのために，上例のように表現構造においておおきな違いを招くことがよく起こる。こうした表現構造の相違が多いほど，言語の間の類似性は少ないといえよう。

もう1つ例を挙げておく。次の日英対訳文の図系がその下に示されている。

 （14）《英語》 Antony swam across the river.
   《日本語》アントニーは泳いで川を渡った。

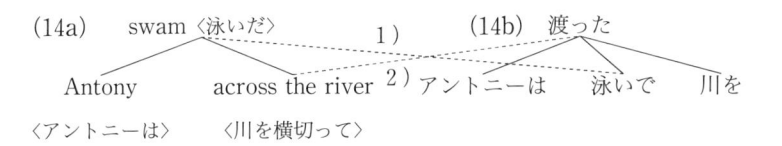

（14a） swam〈泳いだ〉 1) （14b） 渡った
 Antony across the river 2) アントニーは 泳いで 川を
〈アントニーは〉 〈川を横切って〉

日本語には，英語の across〈横切って〉, through〈通って〉, over〈越えて〉のような通過・貫通を意味する助詞がないので，経路の対格助詞「を」で代用される。細かく意味を区別するためには，「横切って」「通って」「越えて」と動詞の副詞形「～して」を用いる。点線で結んだ語の間に次のような関係がある。

1）英語の述語動詞 swam〈泳いだ〉が，日本語では手段の副詞形「泳いで」と表現されている。
2）英語の前置詞 across〈横切って（動詞の副詞形）〉の意味が，日本語の横断移動詞「渡った」の中に含まれている。

こうした文法構造の違いを探せばきりがないので，もう1つ訳しにくい例に触れておく。

(15) Illness prevented George from attending the meeting.
〈[直訳] 病気がジョージの会合に出席することを妨げた。〉
〈[意訳] ジョージは病気で会合にでられなかった。〉

英語の prevent ～ from ～ing は「邪魔して～に～をさせないようにする」という意味であるが，意訳ではそうした意味合いがでてこない。

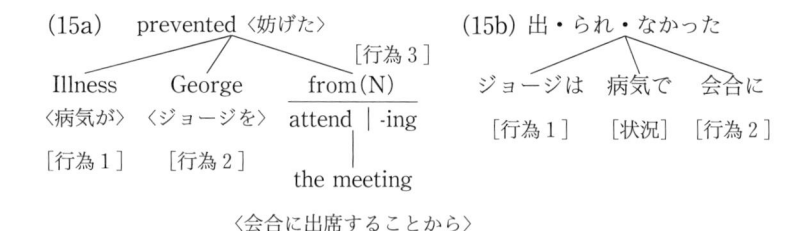

(15a)　prevented〈妨げた〉　　　　　　(15b) 出・られ・なかった
　　　　　　　　　　　　　[行為3]
　Illness　George　from (N)　　　　ジョージは　病気で　会合に
　〈病気が〉〈ジョージを〉attend │ -ing　　[行為1]　[状況]　[行為2]
　[行為1]　[行為2]　　│
　　　　　　　　　　　the meeting
　　　　　　　〈会合に出席することから〉

このように，英語の行為項1の名詞（病気が）が，日本語で原因の副詞（病気で）となることがよくある。

　要するに，図系が似ているほど真意は伝わりやすく，食い違うほど伝わりにくいと言えよう。このよに，言語が異なれば，行為項と状況項の内容と配列も違うし，図系を比較すれば，その相違が見分けられる。そこで，テニエールは，統語面と意味面は互いに分離，独立していると明言している。

5.5 連接

テニエール (Tesnière 1966：323) は，結合，連接，転用はすべての構造的統語事象が従う3大項目であると述べ，第1部を結合，第2部を連接，第3部を転用にあてている。

連接は，語句の接続を扱ったもので，その要点だけ紹介しておく。

(16) Alfred and Bernard are working, and Charles is singing and laughing.〈アルフレッドとバーナードは働いているが，チャールズは歌って，笑っている。〉

英語の図系は次のような構造をなす。なお，接続詞を連接辞と称する。

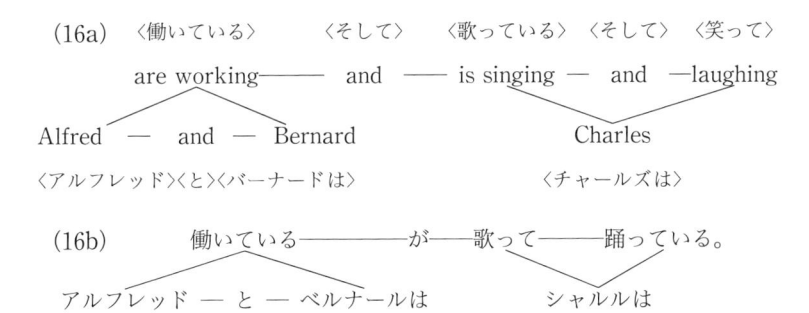

(16a)　〈働いている〉　　〈そして〉　〈歌っている〉〈そして〉〈笑って〉
　　　　are working──── and ──── is singing ── and ──laughing
　　Alfred ── and ── Bernard　　　　　　　Charles
　　〈アルフレッド〉〈と〉〈バーナードは〉　　　　　〈チャールズは〉

(16b)　　　　働いている────が──歌って────踊っている。
　　　アルフレッド ── と ── ベルナールは　　　シャルルは

日本語では，名詞の連接辞は「と」であるが，動詞の連接は前の動詞が副詞形「歌って」となるのが普通である。上の例文では，前節と後節の内容が対立するので，逆説の「が」が使われている。日本語では，「働く」と「歌う」が対立的行為と考えられているのに対し，英語は，連接辞 and〈そして〉を用い，並列的に行われている行為と受けとめている。

6 文の種類

6.1 結節の種類

　テニエールは，文すなわち動詞結節を小さなドラマに喩えている(Tesnière 1966：102)。動詞が筋書きで，俳優が名詞，その衣装が形容詞で，背景は副詞に相当するというのである。動詞の筋書きによって，名詞の俳優の役割と人数が決まる。俳優が筋書きにしたがって，演技することにより，ある出来事が展開される。こうしたドラマが言語表現では文の意味にあたる。俳優に代わる名詞を行為項と呼び，舞台装置を表わす副詞を状況項と区別される。

　さて，(a) 動詞結節は，名詞の行為項と副詞の状況項を支配する。(b) 名詞結節は，形容詞を従属させ，(c) 形容詞結節は，副詞を配下におく。また，(d) 副詞結節では，さらに副詞がその下位にくる。それぞれの結節について例を与えておこう。

　　(a) 動詞結節： ジョンはビルをなぐった。(John hit Bill.)
　　(b) 名詞結節： かわいい女の子 (a pretty girl)
　　(c) 形容詞結節：たいそうかわいい (very pretty)
　　(d) 副詞結節： たいそうかわいらしく (very prettily)

いま，これらの結節を図系で示せば次のようになる。

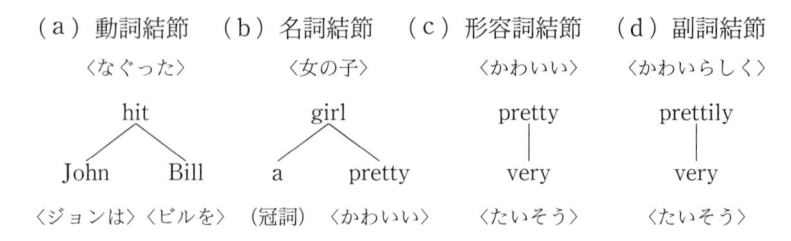

```
 (a) 動詞結節   (b) 名詞結節   (c) 形容詞結節   (d) 副詞結節
    〈なぐった〉      〈女の子〉      〈かわいい〉       〈かわいらしく〉
      hit           girl          pretty          prettily
     /  \          /   \            |                |
   John  Bill    a    pretty       very             very
  〈ジョンは〉〈ビルを〉 (冠詞)〈かわいい〉  〈たいそう〉        〈たいそう〉
```

動詞 hit〈なぐった〉を中心の結節としている文(a) John hit Bill.〈ジョンがビルをなぐった〉は動詞文と称する。また，名詞を中心の結節としている句(b) a pretty girl〈かわいい女の子〉は名詞句となる。形容詞結節のpretty を中心とする句(c) very pretty〈たいそうかわいい〉は形容詞句である。同じ要領で，句(d) very prettily〈たいそうかわいく〉は副詞文とされる。なお，冠詞のa〈一人の〉も形容詞の一種として，上位の名詞に支配される。

6.2 動詞文の構成

動詞結節は行為項と状況項を支配すると述べたが，テニエール(Tesnière 1966：127-9)も，行為項と状況項を区別するにあたり，その境界線の引き方に苦慮している。

行為項は，形式的には名詞で，意味的には動詞と一体になっていて，「動詞の意味を完結するために」欠くことのできない成分であると規定している。

(1) Alfred hit Bernard.
    〈アルフレッドはバーナードをなぐった。〉

上の文例では，第2行為項の Bernard〈バーナードを〉を省いて，「アルフレッドはなぐった」ではまとまりある文意を汲み取ることができない。

(2) Alfred is walking with a stick.
    〈アルフレッドは杖をついて（で）歩いている。〉

上の文例では，with a stick〈杖をついて（で）〉を省いて，「アルフレッドは歩いている」だけで理解できる。そこで，「杖で」(with a stick) は状況項であると説明している。

（3） Alfred gives the book to Charles.
〈アルフレッドは本をチャールズに与える。〉
《ドイツ語》Der Alfred gibt dem Karl das Buch.
〈アルフレット（主格）・与える・カールに（与格）・本を（対格）〉

ドイツ語のように，主格，与格，対格が語形で決まっていれば，dem Karl〈カールに〉は疑いなく行為項であるが，そうでなければ，与格が to Charles〈チャールズに〉のように「前置詞＋名詞」の構成をなす場合は，状況項に近づくと述べて，これを行為項と認めている。ところが，次の受動文について，

（4） Bernard was hit by Alfred.
〈バーナードがアルフレッドになぐられた。〉

By Alfred〈アルフレッドに〉が第2行為項と見なされている（Tesnière 1966：109）のは，これが行為を行う「動作主」として受動文における意味的にも形式的にも必要な成分であるからである。

テニエール（Tesnière 1966：102）は，「行為項は名詞もしくは名詞に相当するもの」と規定しているが，格の表示の仕方は言語によって異なる。いま，次のような言語について比べてみよう。

	［主格］	［与格］	［対格］
《ラテン語》	puer	puerō	puerum
《ドイツ語》	der Knabe	dem Knabe	den Knabe
《英語》	the boy	to the boy	the boy
《日本語》	少年が	少年に	少年を

ラテン語は語尾によって格が区別され，ドイツ語では冠詞が格を表示す

る。英語の与格は「前置詞＋名詞」の形をとり，日本語は「名詞＋格助詞」の構成をなしている。なお，英語の主格と対格は同形で，動詞に対する位置によって格の性格が決まる。このように，格成分は，格語尾，前置詞句，後置詞句，冠詞によるか，語順などを使って表現される。

　すると，行為項は名詞というよりも「名詞＋格成分」という構成をなしていると考えた方がよい。この構成は英語の与格では，「前置詞＋名詞」(to the boy) という形で実現し，行為項の資格が認められている。だが，

　　（5）　Tom met Nancy by the church.
　　　　〈トムはナンシーと教会のそばで会った。〉

上の英文例において，by the church〈教会のそばで〉という語句も「前置詞＋名詞」の形式を備えているが，文を構成するのに必要要素とは見なされないので，状況項と評価される。そこで，行為項と状況項との判別は，文を構成するのに必要成分であるかどうかの認定にかかわることになる。この問題については，文型の章で論じることにする。

6.3　形容詞文

　テニエール (Tesnière 1966：182) は，「動詞は行為項と状況項を支配し，形容詞は状況項のみを支配する」と述べているが，これについては注釈が必要である。

　形容詞には，（a）修飾的 (attributive) と（b）述語的 (predicative) の2種の用法がる。

　　（6）　the new house〈新しい家〉　　　［修飾的用法］
　　（7）　The house is new.〈家は新しい。〉［述語的用法］

（6）と（7）の図系を比べると次のようになる。

(6a) 修飾的形容詞

```
      house              家        [支配項]
     /    \              |
   the    new          新しい       [従属項]
```

〔修飾的形容詞は主要語の名詞に支配されている。〕

(7a) 述語的形容詞

```
   is new            新しい       [形容詞述語]
     |                 |
  the house          家は        [第1行為項]
```

〔(6a)の修飾的形容詞は上位の名詞に従属するが，(7b)の述語的形容詞は上位にあって下位の名詞を「第1行為項」として支配している。〕

6.3.1 述語的形容詞

さて，英語に用いられている繋辞の be 動詞の働きであるが，テニエール（Tesnière 1966：160）は，次のように分析している。

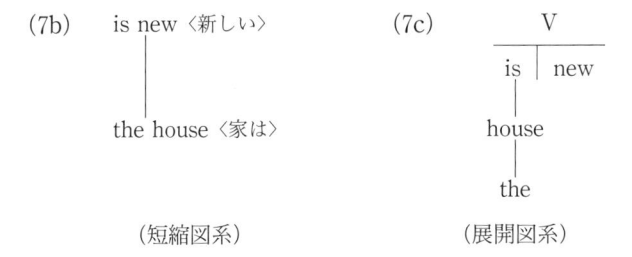

```
(7b)  is new〈新しい〉        (7c)       V
        |                            ┌──┬──┐
                                     is │ new
      the house〈家は〉                  │
                                      house
                                        │
                                       the

     （短縮図系）                    （展開図系）
```

is new は構造的には ［is｜new］ と分けられ，前半の ［is］ が構造的な機能をもち，後半の形容詞が意味的成分を担っているので，形容詞核の is new は分離核であると説明している。そこで，図系(7c)では，is と new が同じ枠でくくられている。なお，補助的動詞の is が行為項の house〈家〉を支配し，この名詞に冠詞の the が従属している。ただし，図系が複雑になるので，必要に応じて図系(7b)のような短縮図系が使用される。

さて，英語の形容詞述語について，もう少し検討を加えておこう。

(8) Alfred is capable to read this latin book.

(9) Alfred can read this latin book.
〈アルフレッドはこのラテン語の本が読める。〉

例文(8)と(9)の間で，(8)is capable＝(9)can〈できる〉という書き換えが可能である。すでに，助動詞 can は，第2行為項として不定詞句 (read this latin book) を支配することが認められている。そこで，形容詞述語の is capable〈できる〉も不定詞句 (to read this latin book) を第2行為項として従えることができると考えられる。すなわち，形容詞述語にも第1と第2の行為項を支配する能力があることになる。この考え方に従って，次の英文例に当たってみよう。

(10) Mary is fond of music.
(11) Mary likes music.
(12) メアリーは音楽が好きだ。

上の文例の図系は次のようになる。

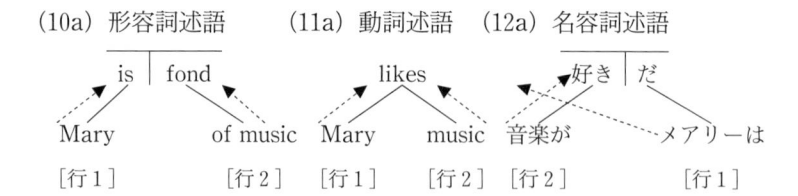

(10a) 形容詞述語　　(11a) 動詞述語　　(12a) 名容詞述語

```
   is │ fond          likes          好き │ だ
  ↗       ↖          ↗     ↖       ↖        
Mary    of music   Mary   music   音楽が ……メアリーは
[行1]   [行2]      [行1]  [行2]    [行2]      [行1]
```

英語の形容詞述語 is│fond (10a) の行為項2の of music は，動詞述語 likes (11a) の行為項2の music と対応する。また，形容詞述語では，第1行為項の Mary (10a) は，分離核の補助成分 is に支配されている。日本語の名容詞述語「好き│だ」でも，分離核の補助成分「だ」が第1行為項の「メアリーは」を支配していると分析した。だから，この配列は話線に持ち上げるとき調整することになる。とにかく，英語の形容詞述語 be fond は「of 名詞」という第2行為項を要求すると考えてよい。

同じ要領で，次の形容詞述語を分析してみよう。

(13) My opinion is different from yours.

(14)　My opinion differs from yours.
(15)　わたしの意見は君の意見と違う。

(13a)　形容詞述語　　(14a)　動詞述語　　(15a)　動詞述語
　　is different　　　　　　differs　　　　　　　　違う
My opinion　from yours　My opinion　from yours　わたしの意見は　君の意見と
　〔行1〕　　〔行2〕　　〔行1〕　　〔行2〕　　〔行1〕　　　〔行2〕

　上の例文では，形容詞述語 be different〈違う〉は第2行為項に「from 名詞」〈〜と〉をとっている。(13)と(14)の英文は同義であるから，動詞の differs〈違う〉も第2行為項として「from 名詞」を支配すると考えてよい。さらに，次の受動文についても，同じことが言える。動詞述語のis｜made は，「機能的成分＋意味的成分」からなる分離核である。

(16)　Paper is made from wood.
　　　〈紙は木から出来ている。〉

さらに，もう一例あげておく。

(17)　This sack is full of wheat.
　　　〈この袋は小麦で一杯だ。〉

　テニエールは，上のような「述語形容詞＋前置詞 of 〜」という文型について，「of 〜」の部分を「状況的補語」と呼んでいる。だが，述語形容詞 be full〈一杯だ〉は「of 名詞」〈〜で〉という第2行為項を必要としていると見るべきである。
　上の文と関連して，「of 名詞」の第2行為項をとる動詞述語 consist〈成る〉の例を与えておく。

(18)　Water consists of hydrogen and oxygen.
　　　〈水は水素と酸素から成る。〉

とにかく，形容詞結節が文を形成するのは述語形容詞の場合である。ま

た，英語の動詞述語と形容詞述語に「前置詞＋名詞」の形式をもつ第2行為項が存在することを確認した。

6.3.2 修飾的形容詞

次のような名詞句を図系化してみよう。

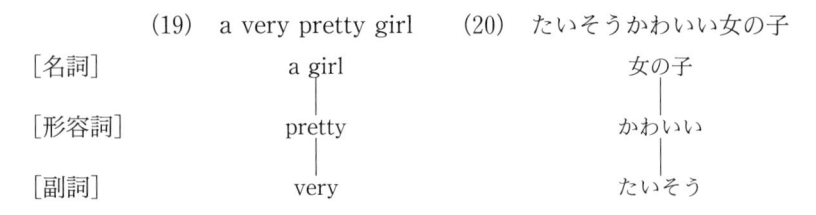

```
               (19)  a very pretty girl      (20)  たいそうかわいい女の子
[名詞]               a girl                         女の子
                       │                              │
[形容詞]              pretty                         かわいい
                       │                              │
[副詞]                very                           たいそう
```

いずれも上位の名詞が下位の形容詞を支配し，これに最下位の副詞が従属する構造をなしている。

また，日本語で，(21)「長い白い指」と(22)「長く白い指」には次のような構造上の違いがある。

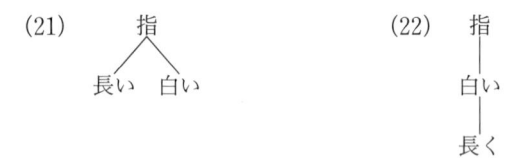

```
  (21)       指                (22)      指
           ╱   ╲                          │
         長い   白い                       白い
                                           │
                                          長く
```

形容詞の形容形の「長い」「白い」は，ともに名詞の「指」に支配されるが，副詞形の「長く」は副詞の身分であるから，形容詞「白い」に従属するように思える。

だが，動詞が連続するとき，前の動詞が副詞形をとるのが普通である。

(23)　犬が走って来た。

(24)　わたしは郵便局へ行って来た。

(23)の文では，副詞形「走って」が動詞「来た」を修飾し，その行為の様態を表わしている。(24)の文の「行って来た」では，副詞形「行って」は動詞「来た」よりも以前の行為を示している。つまり，「行って」と

「来た」は，時間的に連続した行為である。

```
    (23a)     来た                (24a)      行って・来た
           ／    ＼                        ／         ＼
        犬が    走って              わたしは          郵便局へ
        ［行1］ ［状況］             ［行1］          ［行2］
```

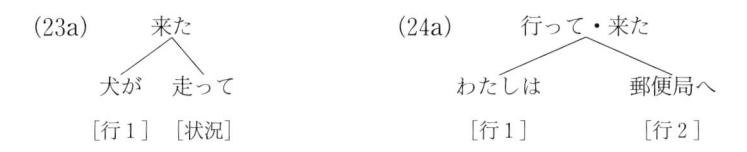

同じようなことが形容詞についても言える。

(25) 長い白い指　　(26) 長く白い指　　(27) 長くて白い指

(25)(26)(27)の句表現における「長い」「長く」「長くて」は，いずれも名詞の「指」を修飾している。すると，これらの語形には，修飾の仕方において，相違があることになるであろう。いま，形容修飾の度合を，結合線の長短により，強弱をつけるならば，次のように表示できる。結合線が短いほど，関係が強であり，長ければ関係は疎で弱となる。

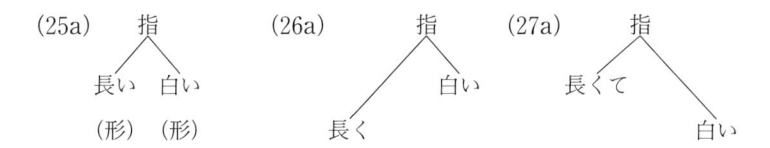

```
  (25a)  指        (26a)   指         (27a)   指
        ／＼              ／   ＼            ／    ＼
      長い 白い         白い              長くて
                     長く                          白い
      (形)(形)
```

ただし，名容詞の場合は，次のような語形をとる。

(28) まじめな（形）素直な（形）生徒
(29) まじめで（形1）素直な（形2）生徒

また，副詞形が動詞を修飾するときは，形容詞と名容詞に次のような違いが見られる。

(30) 長く（副）働く
(31) まじめに（副）働く

名容詞の方は，「まじめで」ではなく，「まじめに」となる。
次の不定詞節をとる形容詞結節を図系化してみよう。

(32) Je suis aise de voir. 《英語》I am glad to see you.
〈わたしはあなたにお会いしてうれしい。〉

(32a)
```
      V
   am │ glad
   /    \[行2]
  I     (Ad)
[行1]   to │ see
            │
           you
```

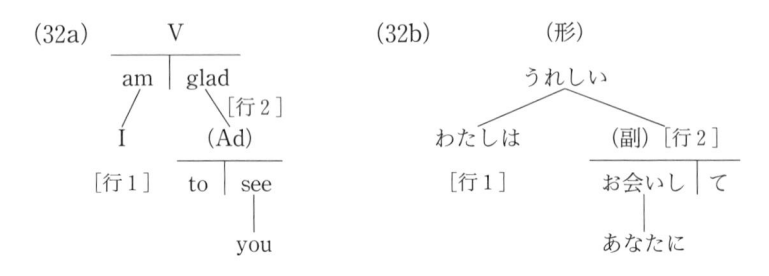

(32b)
```
         (形)
        うれしい
        /    \
    わたしは   (副)[行2]
   [行1]    お会いし│て
               │
             あなたに
```

英文[副詞]の to see you も和文の「あなたにお会いして」も副詞の状況項として，形容詞の glad〈うれしい〉を修飾している。だが，「わたしはうれしい」という心的状態だけでは表現は不完結である。その原因となる状況項があってこそ，完結したまとまりある出来事の表現となる。この場合は第2行為項と見なしてよい。

6.4 名詞文

実は，テニエールは，次の例文を提示したのみで，名詞文の構造についてはほとんど言及していない。

(33) Man is the measure of all things.
〈人間は万物の尺度である。〉

(33a)
```
      〈万物の尺度である〉
   is the measure of all things
           │
          man
        〈人間は〉
```

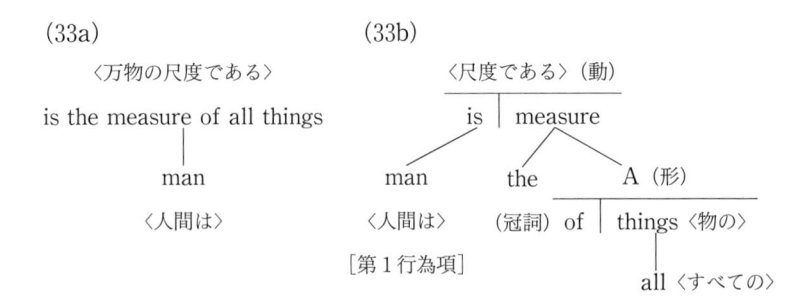

(33b)
```
         〈尺度である〉(動)
          is │ measure
         /    \
       man   the    A (形)
      〈人間は〉(冠詞) of │ things〈物の〉
      [第1行為項]         │
                       all〈すべての〉
```

図系(33a)は短縮図系であるが，図系(33b)はその内部を厳密に分析したものである。「人間は」は名詞結節の第1行為項である。(冠詞) と助詞「の」を転用体とした形容詞句「物の」が上位の「尺度」に従属している。is measure は動詞化して文となる。

　日本語では，歴史的にも「である」が短縮して「だ」となったのであるから，「である」も準動詞と見なしてよい。

　テニエールの著書の巻末にある「セミとアリ」という寓話の中につぎのような名詞文の例がある。

(34) 　La fourmi n'est pas préteuse.
　　　〈アリは金貸しではない。〉

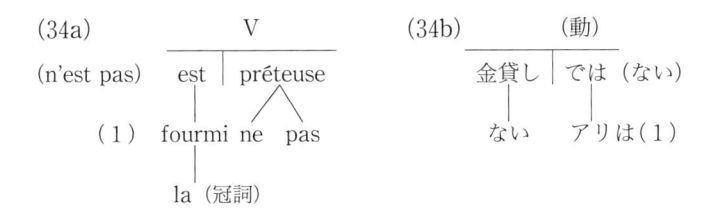

(34a)　　　　　　V　　　　　　　(34b)　　　　　 (動)
(n'est pas)　est　préteuse　　　　　　金貸し　では (ない)
　　(1)　fourmi　ne　pas　　　　　　ない　　アリは(1)
　　　　　　la (冠詞)

　この文では，否定辞の「ない」は「金貸し」を否認しているのであって，その存在を否定しているのではない。そこで，「ない」は「金貸し」を修飾することになる。「アリは」は準動詞 est〈では〉に支配される第1行為項である。

　だが，フランス語でも日本語でも否定辞は動詞と結びついているから，(n'est pas)〈ではない〉と，括弧で示したように扱った方がよいと思う。

6.5　名詞補語と形容詞補語

次に，「なる」と「する」について説明しておこう。

(35)　John has became a lawyer.
　　　〈ジョンは弁護士になった。〉
(36)　Mary has become pretty.

〈メアリーは美しくなった。〉

「なる」(become) という動詞は「A が B になる」というように 2 つの名詞を必要とするから 2 価動詞である。名詞の「弁護士に」が第 2 行為項であれば，副詞的連用形の「美しく」も不可欠要素であるから，行為項として扱うべきであろう。

なお，図系内の(1)と(2)は，それぞれ「第 1 行為項」と「第 2 行為項」の略である。

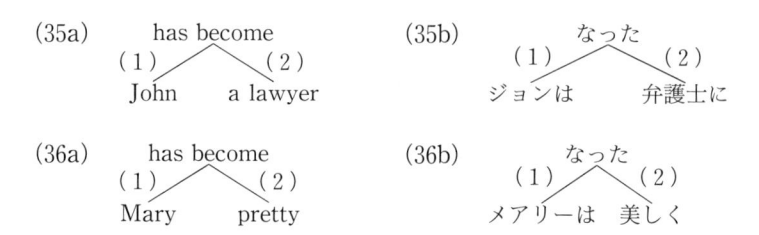

```
(35a)      has become              (35b)         なった
       (1)/        \(2)                   (1)/       \(2)
      John       a lawyer              ジョンは    弁護士に

(36a)      has become              (36b)         なった
       (1)/        \(2)                   (1)/       \(2)
      Mary        pretty              メアリーは   美しく
```

ついでに，感覚動詞についても触れておこう。

(37)　　The lily smells sweet.
　　　　〈百合はいい匂いがする。〉

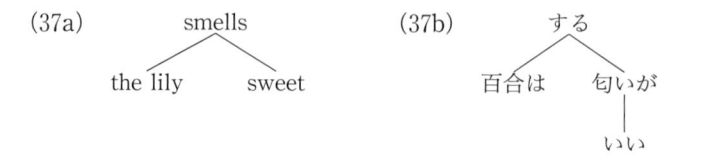

```
(37a)         smells                 (37b)         する
          /         \                          /        \
       the lily    sweet                   百合は     匂いが
                                                       |
                                                      いい
```

英語の感覚動詞は形容詞の第 2 行為項をとるが，動詞「する」が「匂いが」を第 2 行為項として要求する。つまり，英語の smell，日本語における「匂いが」と「する」が合体（結合的省略転用を）したと，意味的にも構造的にも分析できる（166 頁参照）。

7 日本語の述語

7.1 述語とは何か——山田孝雄の定義と分類

　日本語の述語を明確に特徴づけたのは，山田孝雄（1922：242）である。
　山田は，「ある語が主語に対して陳述をするに用いられるを述格といい，述格に立っている語を述語という」と説明している。
　また，「述格に立つ語は主として用言で，形容詞，動詞，存在詞の各種皆これに用いられる」（山田 1922：237）とし，次のような例文を掲げている。

　　（1）　夏の月夜の涼みは又格別に<u>快い</u>。（形容詞）
　　（2）　孔雀が驚いて<u>飛び出す</u>。（動詞）
　　（3）　村の西にくぬぎ林が<u>ある</u>。（存在詞）

　さらに，山田（1922：162）は，用言を実質用言と形式用言に分けている。
　実質用言は「陳述の力と共に何等かの属性観念をあらわしている用言」で，具体的内容をもった動詞や形容詞を指している。上の例では，（1）と（2）がこれに相当する。
　これに対し，形式用言は「実質の甚しく欠乏してただ存在をいう用言」であって「ある」「だ」「です」が形式用言に相当する。そして，これらをまとめて「存在詞」と名づけ1つの品詞として扱っている。
　要するに，存在詞は「あるものの存在」を意味し，英語の be 動詞，ド

イツ語の sein 動詞，フランス語の être 動詞に相当する。だから，"A is B" の is は日本語の「AはBだ」の「だ」と同じ陳述の力をもっていると，山田はいうのである。なお，（4）の「である」を山田は「格助詞デ＋存在詞アル」と分析している。

（4）　文学は人生の縮図である。

7.2　指定の助動詞

さて，形式用語の「ダ」と「デス」であるが，橋本進吉の『口語法別記』(1917) では，指定の助動詞ダを立てている。

　　［連用形］デ　　　　［終止形］ダ

そして，この連用形から，「デ＋アル」→「デス」が導きだされると説明している。以後学校文法では，「ダ」が指定もしくは断定の助動詞として扱われてきた。

7.3　述語の内容

鈴木重幸（1972：63）は，主語と述語を次のように説明している。

述語は人やもののうごき，状態，存在，性質などをあらわします。そのうごきや状態や性質のもちぬしをあらわす部分は主語です。
（5）　ひろしくんはちからいっぱいボールをなげた（うごき・動詞）
（6）　波は高い（状態・形容詞）
（7）　ひでりのときのすいかはとてもおいしい（性質・形容詞）
（8）　村のはずれに川があります（存在・動詞）
（9）　かもはわたり鳥だ（性質・動詞）

次いで，述語になるのは，動詞，形容詞（形容動詞もふくむ）および名詞であるとしている。動詞と形容詞が述語の働きをもつのは当然である

が，名詞についてはさらに検討の必要がある。

7.4　形容詞述語

日本語の形容詞について，三尾砂（1948）は，次の3種に分類している。

　　（a）「い」で終わるイ形容詞：赤い，美しい（形容詞）
　　（b）「な」で終わるナ形容詞：静かな，進歩的な（形容動詞）
　　（c）「の」で終わるノ形容詞：本当の，当然の（名詞）

イ形容詞は形容詞の本質的部分を形成しているが，ナ形容詞はきわめて名詞に似た挙動を示すので，両者の境界ははっきりしない。同じことを寺村（1982：68-75）も述べている。

　　あの人は貧乏だ　〜　貧乏な人（ナ形容詞）
　　あの人は金持ちだ　〜　金持ちの人（名詞）
　　あの人は元気です　〜　元気な人（ナ形容詞）
　　あの人は病気です　〜　病気の人（名詞）
　　桜が見事だ　〜　見事な桜（ナ形容詞）
　　桜が満開だ　〜　満開の桜（名詞）

寺村はナ形容詞を「名詞的形容詞」または「名容詞」と呼んでいる。

7.5　名詞述語

鈴木重幸（1972：413-4）は，(10)(11)の例文の「動物だ」や「動物です」という名詞述語を，「名詞が述語になるときには，その名詞のあとに『だ』『です』がつきます。『だ』『です』はむすびのくっつきです。」と分析している。

　　(10)　くじらは動物だ。　　　(11)　くじらは動物です。

さて,「むすびのくっつき」であるが,むすび（繋辞copula）とは,それ自身では独立の文の部分にはならず,他の単語と組み合わさって,その単語が述語としてはたらくのをたすける補助的な単語であると,解説している。「くっつき」とは独立性がなく前の名詞にくっつくという意味であろう。

学校文法でいう指定の助動詞「ダ,デス」を,山田文法は「存在詞」,三上は「準詞」と称している。寺村はこれを「判定詞」と呼称して,「品詞」の資格をあたえ,文法的に一国領主の地位を保証している。そこまで優遇する価値があるかどうかは別として,その根底には,英語の"A is B"構文が日本語の「AはBだ」構文と等価であると捉え,繋辞の働きを高く評価した結果であろう。とにかく,繋辞とされるbe動詞や「ダ,デス」が機能的にも意味的にも独立性をもつかどうか再考する必要がある。

「繋辞」という用語からして,英語の"A is B"構文では,動詞isはAとBをつないでいるが,日本語の「AハBダ」という構文では,文末要素の「ダ」が先行するAとBをつないでいるとは解釈できない。

7.6　述語の構造

テニエールは,述語を文の核と定めているので,形容詞述語をもつ文を次のように分析している。英語,ドイツ語,ロシア語,日本語の「木は緑だ」に相当する文を比べてみよう。

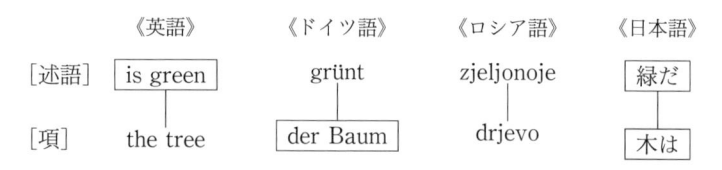

	《英語》	《ドイツ語》	《ロシア語》	《日本語》
[述語]	is green	grünt	zjeljonoje	緑だ
[項]	the tree	der Baum	drjevo	木は

テニエール（Tesnière 1966：46-7）は,上の図における英語の'is'を機能的形態素とし,形容詞のgreenを意味的形態素とし,両者が組み合わさって核の述語を形成していると,主張している。また,「機能的形態

素＋意味的形態素」から成る述語を「分離核」と呼んでいる。なお、ドイツ語の grünt は「緑だ」を意味する動詞であり、ロシア語の zjeljonoje は形容詞だけで補助的な要素は付加されていない。このように、形容詞述語の扱いは言語により異なる。問題は日本語である。「緑だ」の「緑」は「緑の屋根」というように名詞である。すると、「緑だ」は「意味的形態素（緑）＋機能的形態素（だ）」という構成をなす分離核の「名詞述語」と見なすことができる。

　テニエールは名詞述語については明確に述べてはいないが、当然形容詞述語と同じ扱いを受けることになる。

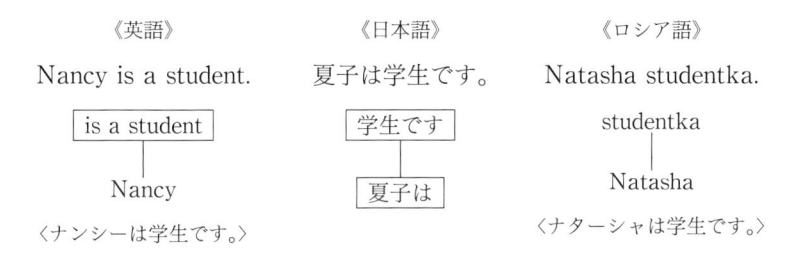

《英語》　　　　　　《日本語》　　　　《ロシア語》
Nancy is a student.　夏子は学生です。　Natasha studentka.

is a student　　　　学生です　　　　　studentka
　　｜　　　　　　　　｜　　　　　　　　｜
　Nancy　　　　　　夏子は　　　　　　Natasha

〈ナンシーは学生です。〉　　　　　　〈ナターシャは学生です。〉

やはり、'is a student' や「学生です」は分離核の名詞述語である。ロシア語には、繋辞が用いられないので、単一核の名詞述語の形をとる。

7.7　述語化辞

　チェイフ（Chafe 1970：201）は、名詞述語は「述語化辞」（predicativizer）と呼ばれる派生単位によって作り出された状態動詞であると述べている。

　　(12)　Roger is a student.
　　　　　ロジャーは学生だ。

　上の文例をチェイフは次のように図式化している。

```
        ┌─────┐           ┌─────┐              「学生だ」
                                             ┌──────────┐
                                             is │ a student
         V     N         (述語) (対象)          │
       状態動詞 被動体    学生だ ロジャーは     Roger「ロジャーは」
       is- a student  Roger
```

すなわち，is- a student では，a student が is という述語化辞をとって，状態動詞になったと考えている。日本語でも，名詞述語「学生だ」の「ダ」を述語化辞と見なすことができる。

チェイフは形容詞文についても同じように分析している。

(13) This box is heavy.
     この箱は重い。

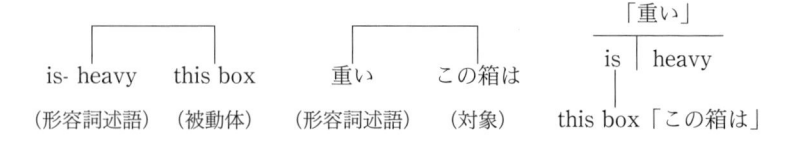

```
   ┌─────┐         ┌─────┐                「重い」
                                        ┌──────────┐
                                        is │ heavy
  is- heavy  this box    重い   この箱は   │
                                        this box「この箱は」
 (形容詞述語)(被動体) (形容詞述語)(対象)
```

要するに，述語化辞は，形容詞や名詞に時制や相，法などの要素を与えたり，述語化する働きをもっている。

(14) Russia was a kingdom.
     ロシアは王国であった。
(15) Russia has been a republic since 1917.
     ロシアは1917年以来共和国である。
(16) Russia must be a capitalistic country now.
     ロシアはいまや資本主義国家にちがいない。

英文の(14)の was は過去の状態，(15)の has been は現在までの継続状態を示し，(16)の must be は状態の可能性が大であることを表わす法の助動詞と結んでいる。同じく日本語の述語化辞「ダ，デス」も「ダッタ，

デシタ」で過去を,「ダロウ,デショウ」で推量を表わしている。
　そこで,整理すると,日本語の述語には次の4種が認められることになる。

　　　　［述語］　　　　　　　　　［例文］
　　1）動詞　　　　　　　　　　本を読む。
　　2）形容詞　　　　　　　　　風が強い。
　　3）名容詞　　　　　　　　　体が丈夫だ。
　　4）名詞　　　　　　　　　　夏子は学生です。

筆者は,「ダ,デス,デアル」をまとめて,「準動詞」と名づけようと思う。これは名詞的形容詞や名詞を述語化するための語尾要素にすぎない。とくに,「存在詞」や「判定詞」という品詞の項目を立ててやる必要はない。いま,図系を使って,判定詞と準動詞との違いを示しておこう。「父は病気です。」という文について,

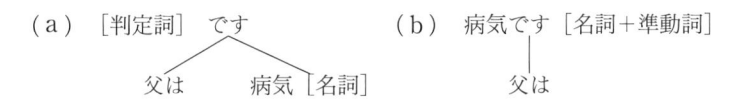

　　（a）　［判定詞］　です　　　　（b）　病気です［名詞＋準動詞］
　　　　　　父は　　病気［名詞］　　　　　　父は

（a）では「父は」と「病気」が判定詞「です」で結ばれているが,（b）の準動詞ならば,名詞述語の「病気です」が行為項の「父は」を支配していて,「父は」と「病気」は同等の関係にはない。
　なお,ことわっておくが,「ある」「いる」は,存在を表わす動詞であって,述語化辞の準動詞とは機能を異にしている。もちろん,行為の「する」や変化の「なる」も動詞である。

7.8　述語と文種

　三上章（1953：40-1）は,「センテンスの主役は,多分東西を通じて述語である」と述べてから,述語によって,文種を次のように分けている。

　　（a）　動詞文　　（事象の経過（process）を表わす）

(b) 名詞文 { イ. 形容詞文 / ロ. 準詞文 } （事物の性質 (quality) を表わす）

　この分類は，佐久間鼎（1943：142）の分類に従って，名称を改めたものである。

　　（a）　物語文　　　　　　　　　鳥が飛ぶ。
　　（b）　品定め文 { イ. 性状規定　　富士山は美しい。 / ロ. 判断措定　　イナゴは有害だ。 }

　三上は「ダ，デス」を準詞と呼び，「AはBだ」という判断措定を念頭においている。佐久間も「ダが普通に解されるコプラの役目を荷っている」と述べ，「ダ」に「措定詞」という名称をつけて，特別扱いをしているが，この流れは，三上，寺村，益岡・田窪へと及んでいる。
　三上（1953：134-5）は，ハとガの用法について，次のような論理的区別を施している。

　　(17)　私ハ幹事デス。（包摂判断）　AハBダ。
　　(18)　私ガ幹事デス。（一致認定）　AガBダ。

　概念領域からすれば，(17)の包摂判断では，A（私）はB（幹事）に含まれるが，(18)の一致認定によれば，A（私）＝Bで，A（私）とB（幹事）が同一認定されていると論じている。だが，そのような論理的解釈は間違っている。
　R. ジャッケンドフ（Jackendoff 1983）は，意味論の立場から，(17)包摂判断と(18)一致認定を次のように分析している。

　　(19)　セーラームーンは女の子だ。
　　　　　(Sailor Moon is a girl.)
　　(20)　セーラームーンは月野うさぎだ。
　　　　　(Sailor Moon is Usagi Tsukino.)

　彼は上の2つの文における論理的内容を，次のように意味的に特徴づけ

ている。

(21) セーラームーンは，女の子というタイプ（類）の1つの（個別）例である。
(22) セーラームーンと月野うさぎは同一（人物）である。

たしかに，"A is B."という表現のほとんどは，"A is an instance of type B."〈AはBというタイプ類の1つの個別例だ〉という包摂型で把握され，同一型の場合はごくまれである。先の「私は幹事です」にしろ「私が幹事です」にしろ，「私は/が幹事という役職（類）の1メンバーである」という包摂型であることには変わりない。

では，（a）「私は幹事です。」と（b）「私が幹事です。」の違いはどこになるか。それは助詞「が」のもつ排他性にある。

（a） 私は幹事です。（私について言えば，私は）
（b） 私が幹事です。（他の人ではなく，私が）

7.9　排他性

排他性は，ある個体を取り上げ，他の対等の個体を排除する意味的特徴である。たとえば，Aという個体について，「A（だけ）が」「（外でもない）Aが」という意味をもつ。この排他性を久野暲（Kuno 1973）は「総記」（exhaustive listing），芳賀綏（1962：198）は「取立て」とも呼んでいる。この意味特徴をふまえた，三上の愛用する例文を考察してみよう。

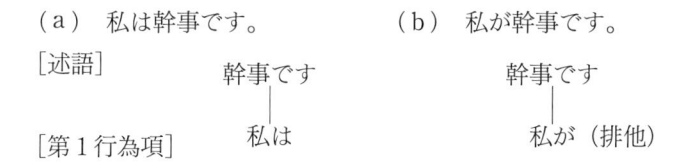

（a）　私は幹事です。　　　　（b）　私が幹事です。
[述語]　　　　幹事です　　　　　　　　幹事です
　　　　　　　　｜　　　　　　　　　　　｜
[第1行為項]　　私は　　　　　　　　　私が（排他）

助詞「は」は提示の働きをもち，排他性を含んでいない。次に述語と行

為項を入れ替えてみよう。

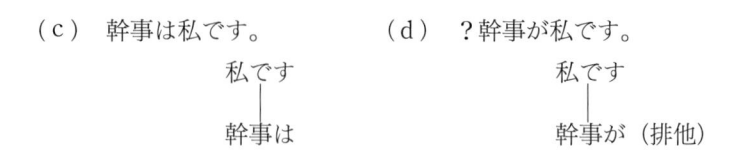

（c）幹事は私です。　　　　（d）？幹事が私です。

　　　　私です　　　　　　　　　　私です
　　　　｜　　　　　　　　　　　　｜
　　　　幹事は　　　　　　　　　　幹事が（排他）

（d）の文は不自然である。この原因はどこにあるのであろうか。さらに疑問詞「だれ」を使って検討してみよう。

（e）×だれは犯人か。　　　（f）だれが犯人か。

疑問詞「だれ」は，不明の者を特定化して明示することを求めている。こうした特定化は排他性と同じ性格をもつ。だから，排他性をもつ「だれが」は適格であるが，排他性をもたない「だれは」は不適格となる。ここでも，述語と行為項を入れ替えてみよう。

（g）犯人はだれか。　　　　（h）×犯人がだれか。

（g）の文のように，不特定の「犯人は」を特定化するのはいいが，（h）の文のように特定化した「犯人が」を「だれが」と特定することに矛盾があるから，不可となるのであろう。

また，排他性について，「他の対等の個体」を排除すると説明したが，「対等の」というのは，「選択的対立をなす（paradigmatic）」という意味で，「同じような資格をもつ」と考えていただきたい。（d）「幹事が私です」という例文であるが，「外でもない幹事が」という場面は考えにくいので当惑するのであろう。「会長が山田先生で，幹事が私です」という状況ならば成立する。さらに，よく引用される有名な例文であるが，

（g）象は鼻が長い。　　　　（h）象が鼻が長い。

（g）の「象は」は「象というタイプ（類）」を提示しているから適格であるが，（f）の「象が」は排他的で，象と対比できる動物を想定するのがむずかしいので，三上もこの文を用いる場面は考えにくいと述べている。

このように，排他のフィルターのかかった文を基底文とするわけにはいかない。やはり，(g)のように，余分な特徴をもたない無標の文にこそ基本文の資格がある。また，助詞「ハ」と「ガ」の用法は，意味的な相違に基づくもので，文法構造の違いによるものではない。

7.10　名詞述語の図系

寺村秀夫（1982：62-75）は，品詞の間の連続性に関して，次のように説明している。

（a）　太郎は病気だ。　　　　Taroo is ill.
（b）　エイズは恐ろしい病気だ。　AIDS is a dreadful disease.

（a）と（b）の「病気」はいずれも名詞であるが，英語では，（a）の文のように 'ill' で表わされているのに，（b）の文では，名詞 'disease' が用いられていると，述べている。

（a）の「病気だ」は病気の状態を意味しているから，「状態的名詞」であるが，（b）の「恐ろしい病気だ」の方は，「災難」「飢餓」などと同じ普通名詞である。後者を「分類的名詞」と呼ぶことにしよう。状態的名詞には「本当だ」や「嘘だ」などがあり，三尾砂が「ノ形容詞」と称しているグループに属する。

状態的名詞にしろ分類的名詞にしろ，名詞述語として用いられる。

（a）　太郎は病気だ。
（b）　エイズは恐ろしい病気だ。
（c）　君の意見は本当だ。

実は，「太郎は」，「病気だ」，「エイズは」，「君の」，「意見は」，「本当だ」はいずれも分離核であるから，「太郎｜は」，「病気｜だ」のように，「名詞＋格助詞」もしくは「名詞＋準動詞」と分析される。この方式によれば，上に提示された文例は次のように図系化されよう。

[述語]　　（a）　　　　　（b）　　　　　　（c）

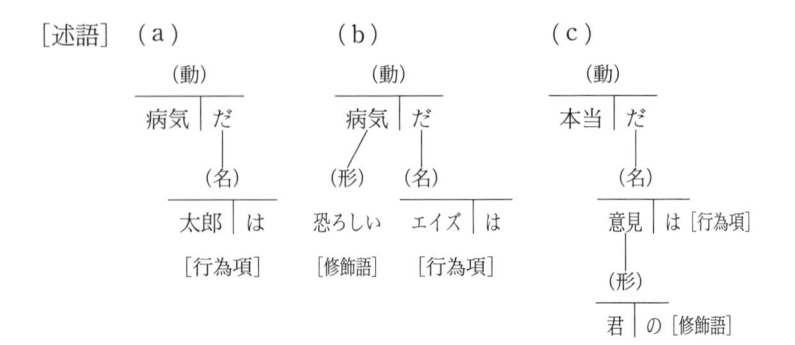

```
             (動)              (動)               (動)
          病気 | だ         病気 | だ          本当 | だ
             (名)         (形)   (名)              (名)
          太郎 | は      恐ろしい エイズ | は     意見 | は [行為項]
          [行為項]      [修飾語]  [行為項]           (形)
                                                 君 | の [修飾語]
```

　（a）の「病気｜だ」であるが，これは分離核で，「恐ろしい」という形容詞は「病気」を修飾するが，準動詞「だ」が第1行為項の「エイズは」を支配する。

　「病気｜だ」，「本当｜だ」は動詞化（動）して「文」となる。また，「太郎｜は」，「エイズ｜は」は名詞化（名）して行為項の資格をとる。最後の「君｜の」は形容詞化して上位の「意見」を修飾する。

7.11　述語と図系

7.11.1　日本語の図系

　テニエールによる図系化の方式をそのまま日本語に当てはめると，無理があるので，次のような修正を加えることにした。

　日本語の行為項は，[名詞＋格助詞]の構成をなすのが普通である。だが，この構成をなすものが，常に行為項というわけではない。時に副詞句として働くこともある。

　　(23)　わたしの姉は「東京に」（行為項）住んでいる。
　　(24)　わたしの兄は「東京に」（副詞句）家を建てた。

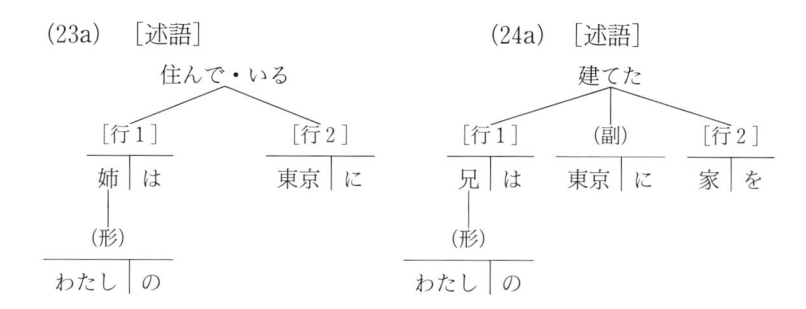

(23a)　［述語］
　　　　住んで・いる
　　　／　　　　＼
　［行１］　　　［行２］
　姉｜は　　　東京｜に
　（形）
　わたし｜の

(24a)　［述語］
　　　　建てた
　　／　　｜　　＼
［行１］　（副）　［行２］
　兄｜は　東京｜に　家｜を
（形）
わたし｜の

　そこで，上記のように，行為項は［行］，副詞句は（副）と分離核の上に表示した。また，名詞の転用体「の」，「こと」，あるいは「◎」（ゼロ）を用いて，名詞化した場合は，（名）としてから，格助詞をつけ，その横に［行］と記した。

(25)　弘君と守君は食べるのが早い。
(26)　わたしたちは誠実に働くことが大切だ。
(27)　子供たちは健やかに育った。

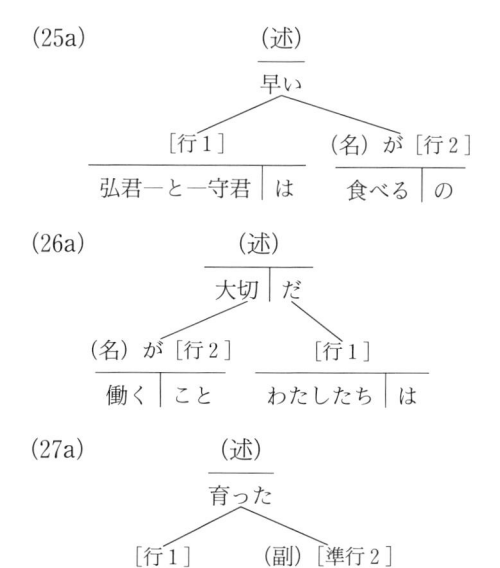

(25a)　　　　　（述）
　　　　　　　早い
　　　　／　　　　＼
　　［行１］　　（名）が［行２］
　弘君─と─守君｜は　　食べる｜の

(26a)　　　　　（述）
　　　　　　　大切｜だ
　　　／　　　　　＼
（名）が［行２］　　［行１］
　働く｜こと　　　わたしたち｜は

(27a)　　　　　（述）
　　　　　　　育った
　　　／　　　　＼
　［行１］　　（副）［準行２］
　子供たち｜は　健やか｜に

日本語では，名容詞述語と名詞述語は準動詞がつくので，動詞的であるが，形容詞述語の方はそうした要素がない。そこで，最上位項を（述語）で統一することにした。なお，「と」が接続詞（連接辞）として働くときは，[A—と—B] のように表記される。

(27a)の図系における「健やかに」は一見副詞形に見えるが，(27)の文が完結するために必要な成分である。「子供たちが育った」だけでは，伝達内容として不十分に感じる。そこで，準行為項と見なした。

7.11.2 英語の図系

英語の図系についても，修正が必要に思われる。テニエールは，行為項が名詞もしくは名詞相当語に当たるとしているが，この説明は適切ではない。行為項は「名詞＋格要素」と規定すべきである。この形式をとる言語としては，ラテン語，ドイツ語，それに日本語がある。英語やフランス語は格要素が表示されないので，名詞のみと考えがちである。実は，英語も名詞と動詞の配列関係や代名詞との置き換えにより，主格（Nom）と対格（Acc）を区別することができる。

(28) The girl saw the boy.〈少女が少年を見た。〉
(29) She saw him.〈彼女が（主格）彼を（対格）見た。〉

(28)の文では，動詞 saw〈見た〉の前に立つ名詞が主格で，その後にくる名詞が対格である。(29)のように，人称代名詞で置き換えれば判然とする。こうした見分け方はフランス語にも適用できる。そこで，英語でも，行為項は名詞と格要素を分けた形で表示するのが望ましい。

(30) Mary always eats fruits. [動詞述語]
    〈メアリーはいつも果物を食べる。〉
(31) Mary is fond of fruits. [形容詞述語]
    〈メアリーは果物が好きだ。〉
(32) Mary is a good student. [名詞述語]
    〈メアリーはよい学生だ。〉

上の文例から次のような図系が取り出されるであろう。

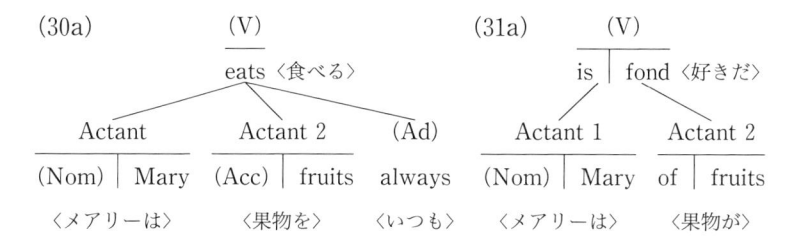

```
(30a)           (V)                    (31a)           (V)
              eats〈食べる〉                         is  fond〈好きだ〉

      Actant      Actant 2    (Ad)         Actant 1      Actant 2
     (Nom)│Mary  (Acc)│fruits  always      (Nom)│Mary   of │fruits
     〈メアリーは〉 〈果物を〉  〈いつも〉    〈メアリーは〉   〈果物が〉
```

(31a)の図系において，形容詞述語に支配される 'of fruits' は，「好みの対象」を表わしているし，形式的にも属格の前置詞 of をとる名詞であるから，行為項としての資格を認めてよい。こうした分析は次の文にも当てはまる。

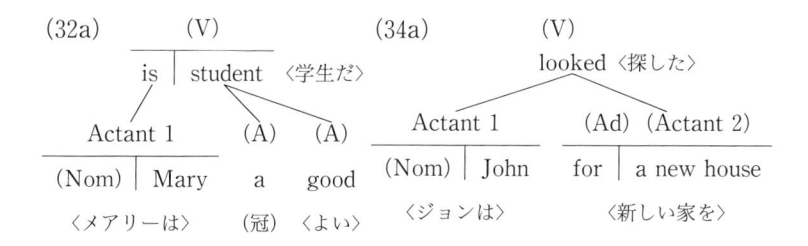

```
(32a)        (V)                       (34a)          (V)
           is│student 〈学生だ〉                   looked〈探した〉

     Actant 1   (A)   (A)          Actant 1     (Ad)  (Actant 2)
    (Nom)│Mary   a    good        (Nom)│John    for │a new house
    〈メアリーは〉〈冠〉〈よい〉      〈ジョンは〉      〈新しい家を〉
```

形容詞述語に関連して，動詞述語についても問題が出てくる。

(33)　John sought a new house.〈ジョンは新しい家を探した。〉
(34)　John looked for a new house.〈ジョンは新しい家を探した。〉

上の2つの文を比べて見れば，(33)の文の 'a new house'〈新しい家を〉は第2行為項である。すると，(b)の文では，'looked for'〈探した〉という動詞句の述語，すなわち「for 名詞」という副詞的状況項を行為項として要求する動詞 look を認める必要がでてくる。

7.12 図系と意味

いままで提示してきた図系がそのまま意味構造を表わすものではない。テニエール（Tesnière 1966：41）は，「構造的面と意味的面は，理論的には相互に完全に独立している」と述べている。だが，彼は，理論的には独立しているこれらの2つの面が平行関係にあることは認めている。

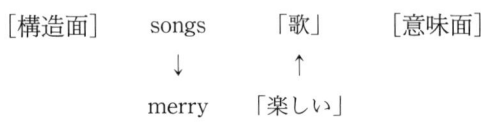

```
  [構造面]    songs      「歌」     [意味面]
                ↓          ↑
             merry      「楽しい」
```
構造的には，上位項が下位項を支配しているが，
意味的には，下位項が上位項を修飾している。

次の(a)「学校の先生」と(b)「先生の学校」を比べて見よう。

```
  (a)    先生       (b)    学校      (上位項)
          |                 |
         学校の              先生の    (下位項)
```

統語的には，両方とも，上位項が下位項を支配していて，同じ構造をなしている。ただ，名詞の「先生」と「学校」が入れ替わっているだけである。しかし，『学校の先生』は「学校で教えている先生」であり，『先生の学校』は「教師を養成する学校」で，両方の語句の意味は大違いである。そこで，テニエールは，統語面と意味面は互いに独立していて，平行的関係はないと繰り返し述べている。すなわち，統語構造は意味構造を表わすものではないのである。

つまり，図系は語彙の意味が結合していく順序を示すにしろ，その内容を表わすわけではない。テニエール（Tesnière 1966：108）は，意味論の見地からすれば，第1行為項は「行為を行う者」（動作主）であり，第2行為項は「行為を受けるもの」（被動体）である，と説明している。しかし，

(35) Mary fears big dogs.〈メアリーは大きな犬を恐れている。〉

上の例文では，第1行為項の「メアリーは」恐怖を抱く「経験者」であり，第2行為項の「大きな犬を」は，恐れの対象物である。行為項の意味は，それぞれの述語が管理する格役割から引き出されるべきものである。

7.13 形式名詞の構造

日本語には，「もの」,「こと」,「の」のような形式名詞がよく用いられ，さまざまな意味を伝えている。こうした形式名詞は下位にくる語群を名詞化する転用体の機能をもっているし，準動詞「だ」と結合して名詞述語を形成する。

7.13.1 形式名詞「もの」

「もの」には，形容詞を支配する「もの」と名詞を支配する「もの」とがある。

（a） 形容詞を支配する「もの」
　　(36) この本は去年東京で買ったものです。(この本＝もの)
（b） 名詞を支配する述語としての「もの・だ」
　　(37) 昔はよく古本を買ったものです。(述懐)

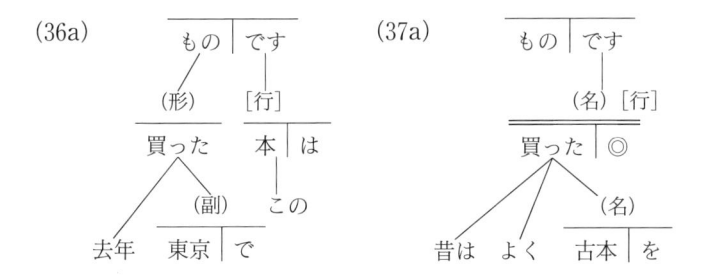

(36a), (37a) 図

（a）の文の「買った本」では，「買った」が「本」を修飾しているが，（b）の文では，「昔はよく古本を買った」という過去の事柄（名）を指し

ていて，述語の「もの」に述懐の意味がこめられている。なお，[行]は行為項，[状]は状況項の略号である。

(38)　子供は無邪気なものだ。(傾向)
(39)　運命は分からないものだ。(道理)

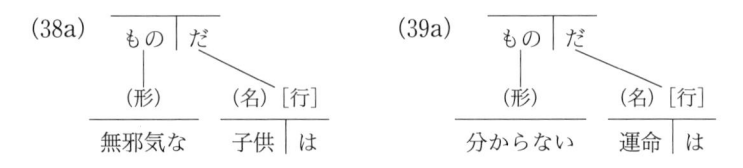

(38a)

```
     もの   だ
    ┌──┐┌─┐
    (形)   (名)[行]
   無邪気な  子供 は
```

(39a)

```
     もの   だ
    ┌──┐┌─┐
    (形)   (名)[行]
   分からない 運命 は
```

上の例文における「無邪気だ」や「分からない」は形容詞として「もの」を修飾している。

7.13.2　形式名詞「こと」

「ことだ」の文例は，『学研国語大辞典』(689)から引用した。

(40)　痩せる秘訣は食を減らすことだ。(方法)
(41)　亜沙子さんはスチュアデスになったと言うことです。(伝聞)
(42)　日本が豊かになったのはありがたいことだ。(事実)

上の例文は，いずれも名詞述語「ことだ」を含んでいる。これらの図系は次の通りである。

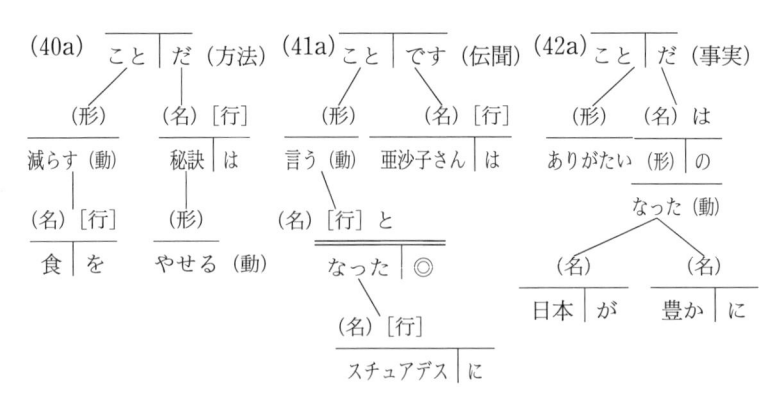

(40a)
```
     こと  だ (方法)
    (形)  (名)[行]
   減らす(動) 秘訣 は
   (名)[行]   (形)
    食 を    やせる(動)
```

(41a)
```
     こと  です (伝聞)
    (形)   (名)[行]
   言う(動) 亜沙子さん は
   (名)[行] と
    なった ◎
    (名)[行]
   スチュアデス に
```

(42a)
```
     こと  だ (事実)
    (形)   (名)は
   ありがたい(形) の
         なった(動)
         (名)   (名)
         日本 が 豊か に
```

上の図系では，「減らす」,「言う」,「やせる」は動詞の形容詞形（連体形）であるが，動詞の述語形が形容詞に転用されたと見て，動 ＞ 形のように扱った。これらは形式名詞の「こと」を修飾するので，形容詞の機能をもっている。なお，「なった｜と」における「なった」は述語形（終止形）であるから，第2次のゼロ（◎）転用で名詞化されている。

この名詞化された「なった」に「言う」の内容を示す格助詞「と」が付加されている。たとえば，「亜沙子さんは病気だと言うことだ」という例文では，「病気だ」は名詞述語である。また，「伝聞」の「こと」であるが，これは，「～と言うことだ」という慣用語句をなしている。

次に，可能性，経験，必要，習慣の「こと」の統語的構造を探ってみよう。

(43) 食あたりすることがある。（可能性）
(44) わたしはパリへ3回行ったことがある。（経験）
(45) 西山さんのお嫁さんを恨むことは無い。（必要）
(46) 寝る前に歯をみがくことにしている。（習慣）

上の例文の(43)(44)(45)は「ことがある」「ことがない」というように，存在動詞の「ある」「ない」が来ているので，次のような図系が当てはめられる。

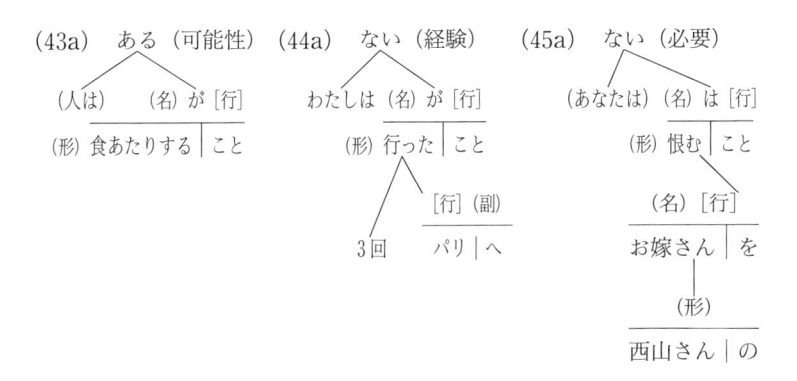

(43a)　ある（可能性）　　(44a)　ない（経験）　　(45a)　ない（必要）

(人は)　　(名) が [行]　　わたしは (名) が [行]　　(あなたは) (名) は [行]
(形) 食あたりする｜こと　　(形) 行った｜こと　　(形) 恨む｜こと
　　　　　　　　　　　　　　　　　　[行] (副)　　　　　　(名) [行]
　　　　　　　　　　　　　　　　3回　パリ｜へ　　　　　お嫁さん｜を
　　　　　　　　　　　　　　　　　　　　　　　　　　　　　　(形)
　　　　　　　　　　　　　　　　　　　　　　　　　　　　西山さん｜の

以上の例文は，いずれも所有構造をなしていて，「(人)は」「わたしは」

「(あなたは)」が所有者の第2行為項,「食あたりする｜こと」「行った｜こと」「恨む｜こと」が所有物の第1行為項となる。これらに含まれる「こと」は名詞化の転用体と見なされる。なお,「パリー｜へ」「お嫁さん｜を」が第2行為項に相当する。最下位の「西山さん｜の」は転用体「の」の働きで形容詞化している。

例文(46)の「～することにしている」は(46a)のように分析される。

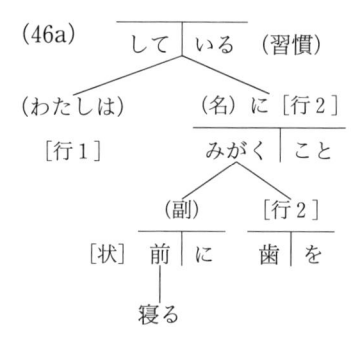

```
(46a)         ─────────
              して│いる   (習慣)
         ─────────────
(わたしは)  (名) に ［行2］
  ─────    ─────────
 ［行1］    みがく │こと
            ─────────
            (副)   ［行2］
         ───── ─────
        ［状］前 に  歯 を
            ───
            寝る
```

習慣を表わす「～することにしている」という表現は,「～にする」という動詞が中核をなしている。この動詞の第2行為項へ「～すること」が挿入されたものである。

なお,副詞句「寝る前に」であるが,「寝る」を連体形とすれば,英語の分詞と同じように,名詞の「前」を修飾すると解釈できる。

7.13.3 転用体の「の」

「のだ」の「の」は,文法書によっては,「準体言助詞」とも呼ばれている。本書では,名詞化するための「転用体」として扱うことにする。この「の」は,「ので」「のに」などの接続助詞の中にも含まれているし,断定の「のだ」に対し,疑問の「のか」の形をとることもある。

a　のだ

「のだ」は『日本国語大辞典』第2版第10巻 (p.814) によると,事実を確かなものと認めて提示したり,自分の立場を述べたりして,それがあ

る事情や理由にもとづく判断であると，説明されている。従来「のだ」は，その前の部分で表わされる事態を既定のものとして捉える表現であると見なされてきた（野田春美 1997：15-6）。

(47)　奥さんは君のことを心配してこられたのだ。（森鷗外『仮面』）

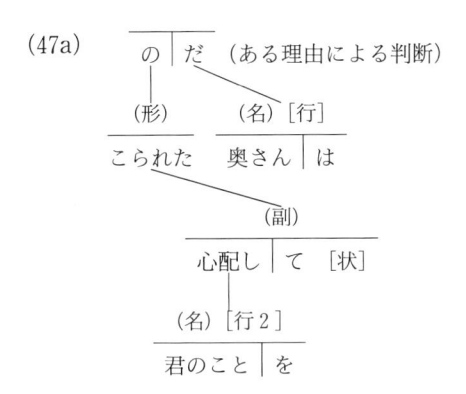

(47a)
```
        の │ だ    （ある理由による判断）
       ┌─┴─┐
      （形）  （名）［行］
      ─────  ─────
      こられた  奥さん │ は
                   │
                 （副）
                 ─────
                 心配し │ て　［状］
               （名）［行 2］
               ─────
               君のこと │ を
```

「奥さんは君のことを心配してこられた」という文を名詞述語「のだ」の構文にはめこむと，判断の意味がかぶせられる。なお，「奥さん」は準動詞「だ」の第1行為項となる。

また，「心配して」の「て」は接続助詞に分類されているが，動詞を副詞化するための転用体と見なすことにした。

b　強調構文

「のだ」と関連して，「〜のは〜だ」という強調構文が用いられる。この場合，「の」と「だ」が分離しているが，英語の It is 〜 that に相当する。この構文は「分裂文」（Cleft sentence）とも呼ばれている。

(48)　This handbag is Mary's.
　　　〈このハンドバッグはメアリーさんのだ。〉
(49)　John broke the window.
　　　〈ジョンが窓をこわした。〉
(50)　It is John that broke the window.

〈窓をこわしたのはジョンだ。〉

(48)は所有文である。(50)は(49)の強調構文に相当する。これらの図系は次の通りである。

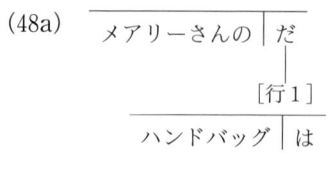

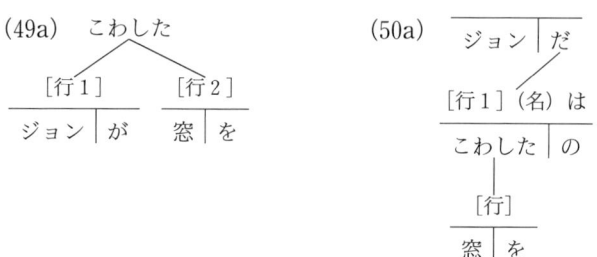

```
(48a)  ────────────
       メアリーさんの│だ
              │
            [行1]
       ────────────
       ハンドバッグ│は

(49a)     こわした           (50a)  ─────────
         /      \                   ジョン│だ
       [行1]   [行2]                   │
       ─── ───                      [行1](名)│は
       ジョン│が  窓│を              ─────────
                                    こわした│の
                                        │
                                       [行]
                                    ─────
                                    窓│を
```

「メアリーさんの」は「メアリーさんのもの」がつづまった語形である。「メアリーさん」に「の」が付加されて形容詞化されたと見なせば、「メアリーさんのだ」は形容詞述語文となる。これに対し「ジョンだ」はもちろん名詞述語文である。「こわしたのは」では、「こわした」に転用体の形式名詞「の」がついて名詞化し、これに助詞「は」が添加されている。

　要するに、強調構文は強調される語句を述語化する表現方法である。

　(51)　バレンタインデーに恵美さんは正男君にチョコレートを渡しました。

　(51)には、「バレンタインデーに」「恵美さんは」「正男君に」「チョコレートを」という4つの補語項が含まれている。これらを強調構文にあてはめると、次のようになる。

　(a)　恵美さんが正男君にチョコレートを渡したのはバレンタインデーです。(「に」脱落)

（ｂ）　バレンタインデーに正男君にチョコレートを渡したのは恵美さんです。(「は」脱落)
？（ｃ）　バレンタインデーに恵美さんがチョコレートを渡したのは正男君です。(「に」脱落)
　　（ｄ）　バレンタインデーに恵美さんが正男君に渡したのはチョコレートです。(「を」脱落)

　こうして見ると，着点格の助詞をもつ「正男君に」を強調すると不自然になる。

　(51)の文と図系とその強調構文との対応を調べてみよう。

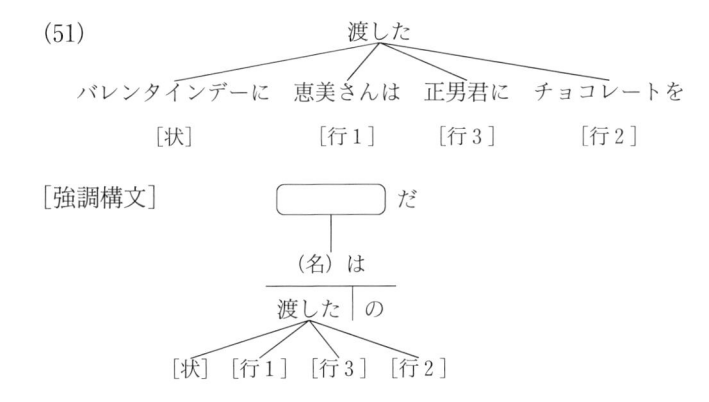

(51)　　　　　　　　　　渡した
　　　バレンタインデーに　恵美さんは　正男君に　チョコレートを
　　　　　　［状］　　　　［行1］　　［行3］　　［行2］

［強調構文］　　　　□　だ
　　　　　　　　　(名) は
　　　　　　　　渡した│の
　　　　　　　［状］［行1］［行3］［行2］

　強調構文において，下位にある補語項のうち，強調される項が上位の四角な枠の中にはいる。日本語では，［行3］以外は強調できるようである。また，「正男君がチョコレートをもらったのは恵美さんからだ」という表現は可能である。

c　「ので」と「のに」

　すでに状況項の副詞節と主節との関係を論じたが，理由節を導く「ので」と譲歩節を導く「のに」にはやはり転用体の「の」が含まれている。まず，理由節について考察する。

(52) 恵美さんは病気だから，学校を休んだ。

(53) 恵美さんは病気なので，学校を休んだ。

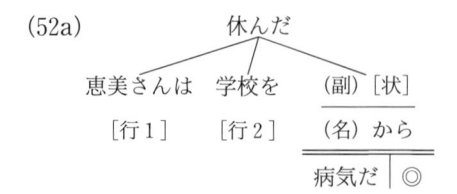

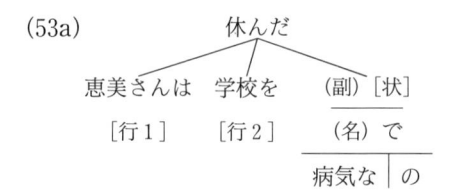

(52a)
```
              休んだ
      ┌─────────┼─────────┐
  恵美さんは   学校を    (副)[状]
    [行1]     [行2]    ─────────
                       (名)から
                       ═════════
                       病気だ │ ◎
```

(53a)
```
              休んだ
      ┌─────────┼─────────┐
  恵美さんは   学校を    (副)[状]
    [行1]     [行2]    ─────────
                       (名)で
                       ═════════
                       病気な │ の
```

(52)では,「病気だ」は名詞述語である。これが第2次転用で名詞化し，起点格の助詞「から」が付加されて理由節を作っている。(53)では,「病気な」という修飾語が転用体の「の」にかかって名詞化し，これに具格の助詞「で」と結びついて理由節を形成している。具格の「～で」は「～によって」と言い替えることができる。この場合の動詞「よる」は，ある原因にもとづくことを意味し，この副詞形が「よって」となる。

次に，譲歩節を導く接続助詞「のに」について考察しよう。

(54) ボールが芝生の上を転がっていく。

このボールは，やがて風圧と芝生の摩擦によって停止するであろう。ある力が加わって移動する物体が「動力体」（Agonist）で，これを妨げる風圧や芝生の摩擦が「反動力体」（Antagonist）である（Talmy, L. 2000：413-7）。

(55) ボールが壁に当たって止まった。

動力体のボールが障害となる壁に当たって止まったとき，反動力体は壁である。「壁に」という行為項の助詞「に」には，そうした反発の意味要

素があると思われる。これは限界をもつ有界の着点格の身分をもっている。

(56) 恵美さんは病気なのに，学校を休まなかった。
(57) 君は学校を休まない方がいい。

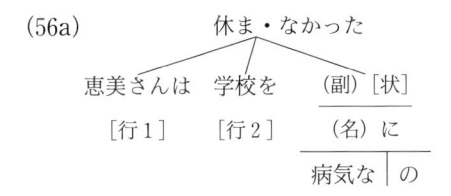

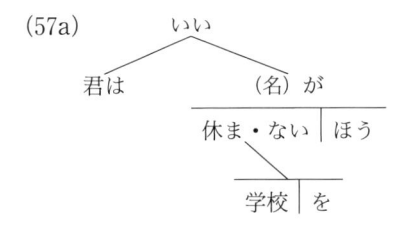

(56a)
```
           休ま・なかった
恵美さんは  学校を    (副)［状］
 ［行１］  ［行２］   (名) に
                    病気な の
```

(57a)
```
        いい
君は    (名) が
     休ま・ない ほう
       学校 を
```

上の分析により，理由の「ので」と譲歩の「のに」の間に，具格「で」と障害の着点格「に」の対立があることが分かる。また，「～しない方が」の「方」も形式名詞である。

7.14 他の形式名詞述語構文

次に形式名詞「ところ」と「つもり」を考察してみよう。
　B. コムリー (Comrie 1976：64) は，近接未来という項目で次の例文を提示している。

(58) The ship is going to sail.
　　（a）〈船は出帆するところだ。〉
　　（b）〈船は出帆しようとしている。〉

上の英文に対して，日本語では，2通りの訳が可能であるように思え

る。(a)では，すでに「船が動きだした」感じがするが，(b)には，まだ「準備段階」という意味合いがある。(a)では形式名詞「ところ」が，(b)では動詞述語「している」が用いられている。和文を分析すれば，次のようになる。

```
(58a)       ところ│だ                (58b)      して│いる
         ─────┴─────                      ─────┴─────
         (形)     (名)[行]                  (名)と      (名)[行]
         ─────   ─────                    ─────      ─────
         出帆する   船│は                   出帆しよう│◎   船│は
```

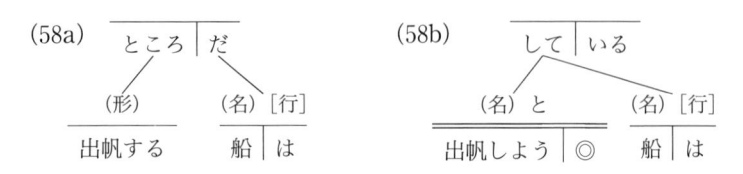

「出帆する」は形容詞形である。形式名詞の「ところ」は状態を意味し，「出帆しよう」は意向形である。

次は，形式名詞「つもり」であるが，会話では，よく用いられている。

  (59) わたしは，東京へ行くつもりだ。
     (I intend to go to Tokyo.)

この図系は次のようになる。

```
(59a)    つもり│だ              (59b)   intend 〈つもりだ〉
      ─────┴─────                   ─────────────────
      (形)     (名)[行1]             I    to  go〈行く〉[行2]
      ─────   ─────              〈わたしは〉  ─────────
      行く    わたし│は                        to │ Tokyo
      │                          [行1]        〈東京へ〉
     (副)
     ─────
     東京│へ
```

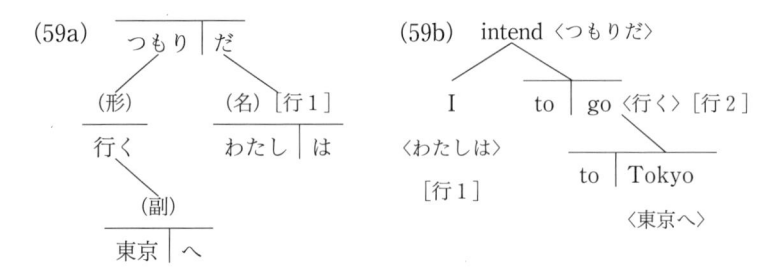

形式名詞「つもり」は，もちろん意図を表している。「行く」も形容詞形である。「大丈夫のつもりだ」では，「大丈夫の」と名詞の形容詞化が見られる。

和文と英文の対照から，日本語の形式名詞述語「つもりだ」は，英語の動詞述語 intend〈つもりだ〉に対応している。ただ，英語では不定詞 to go〈行く〉が第2行為項となっているが，日本語では「行く」は動詞の形容詞形で「つもり」を修飾し，「行くつもりだ」は形式名詞述語である。だが，

■コラム(4)

派生から転用へ

　言語を分析する場合，いままで「派生」という用語がよく使われてきた。形容詞の「深い」における派生関係を調べてみよう。

　（1）　述語形（終止形）「深い」→　副詞形（連用形）「深く」
　　　　語尾の「い」を「く」に変える。
　（2）　形容詞形（連体形）「深い」→　名詞形「深さ」
　　　　語尾の「い」を「さ」に変える。

　以上のように，形容詞の「深い」から，副詞の「深く」と名詞の「深さ」が派生されると説明されてきた。
　こうした派生を，品詞を変化させる「転用」という操作と見た場合，その効用は一段と拡大される。「転用」という用語はテニエールによる文法用語であるが，動詞では，述語形の「書く」「読む」がそれぞれ「書いて」「読んで」と副詞形に転用される。このとき転用を表示する「て」「で」という要素が転用体として働いている。
　また，日本語では，「体が丈夫なことが」「体が丈夫なので」「体が丈夫になるように」という表現から，形式名詞の「こと」「の」「よう」がその前にくる形容詞句（連体句）「体が丈夫な」や「体が丈夫になる」を名詞節化していると見なすことができる。名詞節となるから，格助詞「が」や「で」「に」が付加されている。したがって，こうした形式名詞を名詞化の転用体として扱うことになる。
　とくに，形容詞句が形式名詞の転用体により名詞化されている点に注意する必要がある。

　（a）　I am glad that my father is in good health.
　（b）　「父が丈夫なの（こと）はありがたい。」

　このような日英の対比から，形式名詞の「の」や「よう」が英語の接続詞 that と同じ転用体の働きをしていることが分かる。

日英の構造がかなり類似していることから，ここに，日本語に「形式名詞述語構文」なるものを設定できると思う。この構文は(60)のような構文形式をもち，「はず」や「よう」のように，盛んに使用されていて，英語の法の助動詞に似た働きをしている。

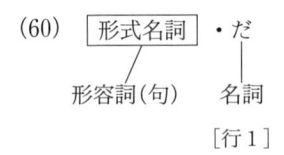

(60)　　形式名詞　・だ
　　　　／｜　　　｜
　　形容詞(句)　名詞
　　　　　　［行１］

以上をもって，述語の問題を終了する。

8 文型

8.1 結合価

　文型を論じるに先立ち，テニエール（Tesnière 1966：238-9）の主張する「結合価」（valence）という考え方を明らかにしておく必要がある。

　すでに，先の章で示したように，動詞には，それが要求する行為項の数によって，無価，1価，2価，3価の4種類のあることを述べておいた。彼は次のように説明している。

> 　動詞は，行為項の数に注目させる「鉤（かぎ）のついた原子」（atome crochu）と比べることができる。よって，これは従属させる行為項の数だけ鉤をもっている。
> 　動詞が示す鉤の数，つまり動詞が支配できる行為項の数が，動詞の「結合価」というものを形成している。

　結合価は，もちろん化学で用いる原子価から着想したものであるから，原子価について説明しておこう。

> 　いろいろな化合物の元素組織を調べてみると，ある元素の原子価1個が他の元素の原子何個と結合しているかを知ることができる。このように化合物の中で結合している原子の数の比が決まっているのは，それぞれの原子が一定数の結合のための手のようなものをもっているからで，このような手の数をその原子の原子価という。（『平凡社大百科

事典』1984：vol.5, p.82)

たとえば，酸素原子は，水素原子2個と結合し，H_2O（水）となるので，その原子価は2価である。炭素原子は水素原子4個と結合してCH_4（メタン）となるので，原子価は4価となる。テニエールは，動詞を鉤のついた原子に見立てたわけである。

また，テニエールは，動詞が全部の行為項を備えている状態を「飽和」(satire) と称し，ある行為項が使用されていない場合を「未使用」(libre) と呼んでいる。

次の例文における gives〈与える〉は3価の動詞であるが，1項だけ用いられていない状態にある。

(1) Alfred gives to the Red Cross.
　　〈アルフレッドは赤十字に寄付する。〉

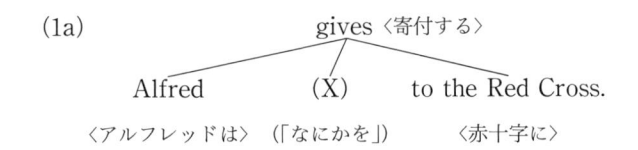

(1a)　　　　　　　　gives〈寄付する〉

Alfred　　　(X)　　　to the Red Cross.
〈アルフレッドは〉（「なにかを」）　　〈赤十字に〉

上の例文では，第2行為項「なにかを」が未使用である。

なお，動詞を行為項の数で捉えることを「態」(voix) としているので，これに対し，受動態や使役態の方には「態質」(diathèse) という用語を用いている。

したがって，動詞に限らず，述語が支配する行為項の数，すなわち結合価とその性質により分類されたものが「文型」である。

8.2　文型の研究

テニエールは，とくに「文型」という用語を使ってはいないが，動詞述語を，無価，1価，2価，3価というタイプに分類したことから，彼が基本的な文型の枠を設定したと見なすことができる。

テニエールの結合価理論は，彼の死後ドイツで注目され，引き続いてその研究が深められて，実用に供せられるようになった。だが，英語では別な形で文型化が図られてきた。そこで，英語，ついでドイツ語における文型の研究を概観することにしよう。

8.2.1　英語の文型

　英語の文型といえば，まず英文法で教えこまれる5文型であろう。これは，C. T. アニアンズ（Onions 1927）が提示した5つの文型で，主語をS，動詞をV，補語をC，目的語をOとした場合に，次のような5つの組み合わせタイプが得られるとしている。

　　　1）S V　　　　［主語・動詞］
　　　2）S V C　　　［主語・動詞・補語］
　　　3）S V O　　　［主語・動詞・目的語］
　　　4）S V O C　　［主語・動詞・直接目的語・目的補語］
　　　5）S V O O　　［主語・動詞・直接目的語・間接目的語］

　この分類は，きわめて単純明解で応用範囲が広く，英文法ではよく利用されてきた。ついで，H. E. パーマー（Palmer 1938）は，以上5つの文型の動詞をさらに綿密に調査し，27の文型を取り出している。さらに，パーマーの文型を整備して，A. S. ホーンビー（Hornby 1954）は，25の文型にまとめ英語教育に利用するように努めた。VPは動詞の型を意味する。

　　VP 1　動詞＋直接目的語
　　　　　I know your name.〈わたしは君の名前を知っている。〉
　　VP 2　動詞＋to 不定詞
　　　　　Do you want to go?〈君は行きたいのか。〉
　　VP 3　動詞＋名詞＋to 不定詞
　　　　　I do not want anyone to know.
　　　　　〈わたしはだれにも知ってもらいたくない。〉

VP 4　動詞＋名詞＋叙述語
　　　　I supposed him innocent.〈わたしは彼は無邪気だと思った。〉

VP 5　動詞＋名詞＋不定詞
　　　　I saw the man cross the road.〈あの人が道を横切るのを見た。〉

VP 6　動詞＋名詞＋現在分詞
　　　　I saw the thief running away.〈泥棒が逃げ去るのを見た。〉

VP 7　動詞＋名詞＋形容詞
　　　　Can you push the door open?〈戸を押し開けてください。〉

VP 8　動詞＋名詞＋名詞
　　　　They named the ship 'Queen Mary'.
　　　　〈船をクイーン・メアリーと名づけた。〉

VP 9　動詞＋名詞＋過去分詞
　　　　I heard my name called.〈わたしの名前が呼ばれるのを聞いた。〉

VP 10　動詞＋名詞＋副詞
　　　　Take your coat off.〈コートを脱ぎなさい。〉

VP 11　動詞＋that 節
　　　　I heard that you've been ill.〈あなたが病気だと聞きました。〉

VP 12　動詞＋名詞＋that 節
　　　　They told me that I was too early.
　　　　〈彼らはわたしが早すぎたと言った。〉

VP 13　動詞＋疑問詞＋to 不定詞
　　　　Do you know how to do it?〈それをどうするのか知っていますか。〉

VP 14　動詞＋名詞＋疑問詞＋to 不定詞
　　　　I showed them how to do it.〈彼らにそのやり方を見せてやった。〉

VP 15　動詞＋疑問詞＋節
　　　　I wonder what this is.〈これは一体なんだろうか。〉

VP 16　動詞＋名詞＋疑問詞＋節
　　　　Tell me what this is.〈これは何か教えてください。〉

VP 17　動詞＋動名詞
　　　　She likes swimming.〈彼女は泳ぐのがすきです。〉

VP 18 動詞＋直接目的語＋前置詞＋目的語
Please send these books to your brother.
〈どうぞこれらの本をあなたのお兄さんに送って下さい。〉

VP 19 動詞＋間接目的語＋直接目的語
He handed her the letter.〈彼は彼女に手紙を渡した。〉

VP 20 動詞＋距離，時間などの副詞補語
We walked five miles.〈わたしたちは5マイル歩いた。〉

VP 21 動詞のみ
Fishes swim.〈魚は泳ぐ。〉

VP 22 動詞＋叙述語
His father is a lawyer.〈彼のお父さんは弁護士だ。〉

VP 23 動詞＋副詞的付加語
Stand up.〈立ちなさい。〉

VP 24 動詞＋前置詞＋目的語
He aimed at the tiger.〈彼はトラを狙った。〉

VP 25 動詞＋to 不定詞
We stopped to have a rest.〈わたしたちは休むために止まった。〉

要するに，動詞の後にどのような文法的カテゴリーの語が連続するかを分類したものである。

なお，英語における結合価については，R. エモンズ（Emonds 1973, 1978）や D. J. アラートン（Allerton）の *Valency and the English Verb*（1982）の研究がある。後者は，テニエールの結合価理論を取り入れて，次のような英語動詞の結合価構造を提示している。

《無価》　　空主語＋動詞
　　　　　It drizzled.〈霧雨が降った。〉
《1価》 11　主語＋動詞
　　　　　Lassie barked.〈ラッシーは吠えた。〉
　　　　　空主語＋動詞＋補語
　　　　　It got stuffy.〈蒸し暑くなった。〉

《2価》 12　主語＋動詞＋目的語
　　　　　Lassie saw me.〈ラッシーはわたしを見た。〉
　　　　　Lassie weighed 30 kilos.〈ラッシーは重さが30キロあった。〉

　　　13　主語＋動詞＋目的類
　　　　　Lassie resembled the sheepdog.
　　　　　〈ラッシーは牧羊犬に似ていた。〉
　　　　　Lassie had a long tail.〈ラッシーは長い尻尾をしている。〉

　　　14　主語＋動詞＋補語
　　　　　Tom became an expert.〈トムはエキスパートになった。〉

　　　15　主語＋動詞＋前置詞目的語
　　　　　Lassie relied on me.〈ラッシーはわたしを信頼した。〉

　　　16　主語＋動詞＋前置詞目的類
　　　　　Mary suffered from headaches.〈メアリーは頭痛に苦しんだ。〉

　　　17　主語＋動詞＋副詞的詳述語
　　　　　Mary went upstairs.〈メアリーは二階へ行った。〉

　　　18　主語＋動詞＋制限副詞
　　　　　Lassie turned up.〈ラッシーが現れた。〉

《3価》 122　主語＋動詞＋目的語＋間接目的語
　　　　　Mary gave the bone to Lassie.
　　　　　〈メアリーはラッシーに骨をやった。〉

　　 122X 主語＋動詞＋目的語＋斜格目的語
　　　　　Mary forgave Tom (for) his mistakes.
　　　　　〈メアリーはトムの過ちを許した。〉

　　　123　主語＋動詞＋目的語＋目的類
　　　　　The judge fined Tom five pounds.
　　　　　〈判事はトムに5ポンド罰金を課した。〉

　　　124　主語＋動詞＋目的語＋補語
　　　　　The master made Tom (an) expert.
　　　　　〈親方はトムを熟練工にした。〉

　　 124X 主語＋動詞＋目的語＋as補語

They regarded Tom as (an) expert.
〈みながトムをエキスパートと見なした。〉

125 　主語＋動詞＋目的語＋前置詞目的語
　　 Tom made fun of me.〈トムはわたしをからかった。〉

126 　主語＋動詞＋目的語＋前置詞目的類
　　 Tom deprived me of my slippers.
　　〈トムはわたしからスリッパを取り上げた。〉

127 　主語＋動詞＋目的語＋副詞的詳述語
　　 Mary led me upstairs.〈メアリーはわたしを二階へ案内した。〉

128 　主語＋動詞＋目的語＋制限副詞
　　 Mary backed Tom up.〈メアリーはトムを支持した。〉

133 　主語＋動詞＋間接目的語＋目的類
　　 This camera cost me five pounds.
　　〈このカメラはわたしには5ポンドした。〉

143 　主語＋動詞＋補語＋間接目的語
　　 Lassie made a nice pet for me.
　　〈ラッシーはわたしのよいペットになった。〉

146 　主語＋動詞＋補語＋前置詞目的類
　　 Tom looked (an) expert to me.
　　〈トムはわたしにはエキスパートのように見えた。〉

154 X 　主語＋動詞＋前置詞目的語＋as補語
　　 Mary looked on Tom as (an) expert.
　　〈メアリーはトムをエキスパートと見なした。〉

156 　主語＋動詞＋前置詞目的語＋前置詞目的類
　　 Mary looked to Tom for help.
　　〈メアリーはトムに助けを求めた。〉

185 　主語＋動詞＋制限副詞＋前置詞目的語
　　 Tom caught up with Mary.〈トムはメアリーに追いついた。〉

186 　主語＋動詞＋制限副詞＋前置詞目的類
　　 Tom stood out from others.〈トムは他の人から傑出していた。〉

187 主語＋動詞＋制限副詞＋副詞的詳述語
The dog show went off well. 〈ドッグショーはうまくいった。〉

《4価》1226 主語＋動詞＋間接目的語＋目的語＋前置詞目的語
Mary paid Tom a large sum for the guitar.
〈メアリーはトムにギターのため多額のお金を払った。〉

1266 主語＋動詞＋前置詞目的類1＋前置詞目的類2
Lassie transferred the bone from the kennel to the freezer.
〈ラッシーは骨を犬小屋から冷蔵庫へ運んだ。〉

1282 主語＋動詞＋目的語＋制限副詞＋間接目的語
Mary typed out an article for me.
〈メアリーはわたしのために記事をタイプに打ってくれた。〉

1286 Mary played me off against Tom.
〈メアリーはわたしとトムを争わせて漁夫の利を占めた。〉

なお，アラートンの使った用語 Objeoid を「目的類」，Predicative を「補語」，Adverb Limiter を「制限副詞」，Adverbal Elaborator を「副詞的詳述語」と訳しておいた。これら文型に副詞的要素が必須項として組み込まれている点が興味深い。

ただし，ホーンビーもアラートンも前置詞目的語という要素を認めているが，前置詞の種類による下位分類を試みていないのは，分析不足の感がある。

8.2.2 自動詞・他動詞の区別と結合価動詞

ホーンビーの25文型は，アニアンズの5文型を細分化したものである。すなわち，25文型は，次のように，5文型の枠の中に配分される。括弧内の数字はホーンビーの文型番号を示す。

1）S V (20, 21, 23, 24, 25)
2）S V C (22)
3）S V O (1, 2, 3, 10, 11, 15, 17, 18, 19)

4）Ｓ　Ｖ　Ｏ　Ｏ（12，13，14，16，19）
　5）Ｓ　Ｖ　Ｏ　Ｃ（4，5，6，7，8，9）

　伝統文法によれば，目的語 O を含む 3），4），5）の文型に属する動詞が「他動詞」，その他の 1）と 2）の文型に属する動詞が「自動詞」と呼ばれている。
　これに対し，結合価文法の立場では，動詞は次の 4 種類が認められている。

　1）無価動詞（行為項なし）［Ｓ　Ｖ（S は非人称の it に限る）］
　2）1 価動詞（第 1 行為項を含む）［Ｓ　Ｖ，Ｓ　Ｖ　Ｃ（C が形容詞の場合）］
　3）2 価動詞（第 1，第 2 行為項を含む）［Ｓ　Ｖ　Ｏ，Ｓ　Ｖ　Ｃ（C が名詞の場合）］
　4）3 価動詞（第 1，第 2，第 3 行為項を含む）［Ｓ　Ｖ　Ｏ　Ｏ，Ｓ　Ｖ　Ｏ　Ｃ（C が名詞の場合）］

　角括弧［　］内は，アラートンの分類を参照して，それぞれの結合価動詞に対応する 5 文型を提示したものである。
　要するに，2 価，3 価動詞で第 2 行為項をもつものが他動詞に相当する。なお，他動詞は結合価による 2 価動詞と 3 価動詞に下位区分されることになる。

8.2.3　ドイツ語

　テニエールの結合価理論は，ドイツでは高い評価をうけて導入され，修正補足された形でドイツ語教育に応用されるようになった。
　テニエールは，行為項を主格，対格，与格の語に限定しようとしたが，ドイツの結合価理論の研究家は，主格，対格，与格以外に属格や前置詞格なども補足成分と認めている。
　そこで，ドイツでは，Aktant〈行為項〉は Mitspieler〈共演成分〉と呼ばれたが，いまは Ergänzung〈補足成分〉と改名されている。他方，Cirkon-

stant〈状況項〉の方は（freie）Angabe〈（自由）付加成分〉と呼びかえられている。

さて，結合価については，旧東ドイツと旧西ドイツで，競合しながら研究が進められてきた。

旧東ドイツでは，ライプツィヒのカール・マルクス大学付属外国語研究所から，ヘルビッヒ/シェンケル（Helbig/Schenkel）の手による『ドイツ語動詞結合価分布辞典』（1978）が刊行された。収録された動詞の数は488語で，この辞典の特色は，補足成分の記述に「分布」（Distribution），すなわち，意味的分類を加えたことである。

なお，同研究所からは，ゾンマーフェルト/シュライバー（Sommerfeldt/Schreiber）による形容詞の結合価辞典（1977 a）と名詞の結合価辞典（1977 b）が刊行されている。

西ドイツでは，マンハイムのドイツ語研究所から，エンゲル/シューマッハー（Engel/Schumacher）『ドイツ語動詞結合価小辞典』（1976）が出版され，そこには動詞 461 語が収録されている。さらに，シューマッハーは，分厚い『分野別動詞』（*Verben in Feldern*, 1986）を刊行している。扱われた動詞は 10,000 語を超えるが，動詞が分野別に分類され，意味選択制限と共に実例が添えられている。

a　ライプツィヒ学派

東ドイツでは，行為項に義務的と任意的項を区別し，さらに自由付加項を識別すべきだとしている。義務的と任意的項は共に文の必要成分である。H. グリンツ（Glinz 1952, 1961）は，次のような削除テストを用いている。

　　（2）　Er legte das Buch auf den Tisch.
　　　　　　〈彼は本をテーブルの上においた。〉
　　　　　〔auf den Tisch〈テーブルの上に〉は省略不可〕
　　（3）　Er wartete auf seinen Freund auf dem Bahnhof.
　　　　　　〈彼は友人を駅で待った。〉

〔auf dem Bahnhof〈駅で〉は省略できる。Auf seinen Freund〈友人を〉も省略可ではあるが，付加された方が文意が完結する。〕

そこで,「テーブルの上に」は義務的行為項,「友人を」は任意的行為項,「駅で」は自由付加項と分類される。

ここで，ヘルビッヒ／シェンケル（Helbig/Schenkel 1978）の記述例を1つ紹介しておこう。この辞書では，3段階に分けて説明されている。

Ⅰ．besprechen（V 1＝erörtern）→ 2＋(1)＝3
第1段階：(意味＝論じる) → 義務項2，(任意項1)＝計3
ここでは，動詞の意味と義務項と任意項の数が示されている。

Ⅱ．besprechen → Sn，Sa，(pS)
第2段階：Sn［主格名詞］，Sa［対格名詞］，(pS［前置詞句］)
ここでは，義務項と任意項の格が指定されている。

Ⅲ．Sn → 1．Hum (Die Studenten besprechen den Plan.)
〈［人間］「学生たちは計画を話し合っている。」〉
2．Abstr (als Hum) (Die Regierung bespricht ihr Vorgehen.)
〈［抽象］（人間として）「政府はそのやり方を述べている。」〉
3．p＝mit「前置詞は mit〈と〉」
p S d → Hum (Er besprach den Plan mit der Klasse.)〈［人間］「彼はクラスの者と計画を話し合った。」〉
第3段階：［前置詞＋与格名詞］
ここでは，行為項に課された意味的条件が示されている。

b　マンハイム学派

西ドイツでは，エンゲル／シューマッハー（Engel/Schumacher 1976：26-8）は，補足成分を次のように10種に下位分類している。Eは「補足成分」（Ergänzung）の略である。

E 0 主格補足成分　　E 1 対格補足成分　　E 2 属格補足成分
E 3 与格補足成分　　E 4 前置詞補足成分
E 5 状況補足成分　　E 6 方向補足成分　　E 7 分類補足成分
E 8 性質補足成分　　E 9 補足成分文

動詞は，その結合価により，これら補足成分のうちの1つ，もしくは2つか3つを必要とする。こうした補足成分の組み合わせが文型を形成するのである。

以下例文を与えておく。

(4)　*Der Vater* gibt *dem Kind ein Buch*.　（文型 E 0 E 3 E 1）
　　〈父は（主格 E 0）・与える・子供に（与格 E 3）・本を（対格 E 1）〉

(5)　Jedes Gesetz bedarf *der Zustimmung* des Parlaments.　（文型 E 0 E 2）
　　〈どの法律も・必要とする・同意を（属格補足成分 E 2）・議会の〉
　　〔bedürfen〈必要とする〉という動詞は属格名詞を要求する。〕

(6)　Sie wartet *auf den Bus*.　（文型 E 0 E 4）
　　〈彼女は・待っている・バスを（前置詞補足成分 E 4）〉
　　〔warten auf 〜〈〜を待つ〉のように，動詞 warten〈待つ〉は前置詞 auf をとることがある。〕

(7)　Hubert wohnt *in der Stadt*.　（文型 E 0 E 5）
　　〈フベルトは・住んでいる・都会に（状況補足成分 E 5）〉

(8)　Der Zug fährt *nach Bonn*.　（文型 E 0 E 6）
　　〈汽車は・行く・ボンへ（方向補足成分 E 6）〉

(9)　Großvater ist *Inspektor*.　（文型 E 0 E 7）
　　〈祖父は・です・検査官（分類補足成分 E 7）〉

(10)　Dieser Mann ist *gefährlich*.　（文型 E 0 E 8）
　　〈この男は・です・危険（性質補足成分 E 8）〉

上の例文の(9)は，補足成分が名詞の「検査官」であるから，名詞述語文に相当する。また，(10)も，補足成分が形容詞の「危険な」であるか

ら，形容詞述語文に当たる。ist〈ある〉を補助的と見ないで，本動詞として扱っているから，こうした分析結果を生んだのである。

(11) Er ließ die Kinder ein Lied singen.
〈彼は・させる・子供たちに・歌を・歌う（補足成分文 E 9「不定詞」）〉

要するに，補足成分文は不定詞 singen〈歌う〉を指している。

とにかく，エンゲル/シューマッハーは，それぞれの動詞が10種の補足成分のうちどの成分をとるかによって，30の「文型」(Satzmuster) を取り出している。

全部を紹介する余裕はないので，そのうちで3種だけ紹介しておく。

E 0 E 1 E 1 (011) 型：lehren〈教える〉
　［例］Sie lehrt ihn eine neue Sprache.
　〈彼女は（主格 E 0)・教える・彼に（対格 E 1)・新しいことばを（対格 E 1)〉

E 0 E 3 E 4 (034) 型：raten〈忠告する〉
　［例］Man riet ihm zum Nachgeben.
　〈人は（主格 E 0)・忠告した・彼に（与格 E 3)・譲歩を（前置詞格 E 4)〉

E 4 E 8 (48) 型：
　［例］Es steht nicht gut um unsere Pläne.
　〈（それは)・いっていない・うまく（性質 E 8)・われわれの計画について（前置詞格 E 4)〉
　〔es steht gut um 〜は「〜についてうまくいっている」という状態を表わす言い方で，es はゼロ項にすぎない。また，（性質 E 8）の gut〈よく〉が形容詞であることも注意を要する。さらに，場所補足語も方向補足語も前置詞補足語の一種と考えられる。〕

なお，エンゲルは『ドイツ語文法』(1988：119-200) の中で，10種の補足成分を確認した上で，文型を49種まで拡大している。

こうした文型の数の増減はともかくとして，ベルリンの壁が崩壊して，東ドイツが西ドイツに統合されるにおよび，結合価の研究も西側のエンゲルやシューマッハーの下へと収束された感がある。だが，ヘルビッヒの理論的著作も無視できない。

最後に，シューマッハーによる『分野別動詞』(1986) に触れておこう。この本の副題は「ドイツ語の統語と意味向けの結合価辞典」である。この辞典では，動詞が7つの大分野に分類されている。なお，（ ）内の数字は，下位分類の数を示している。

1．一般的存在の動詞（3）　　5．行為活動範囲の動詞
2．特殊的存在の動詞（2）　　6．言語表現の動詞（3）
3．相違の動詞（3）　　　　　7．活力必要性の動詞（3）
4．関係と心的行為の動詞（15）

記載例を1つかかげておく。以下「補」は補足成分を意味する。

《文型》　bilden　　　NomE　AkkE　(PräpE aus/mit)
　　　　〈作る〉　　　主格補　対格補　（前置詞格補 aus/mit）

《パラフレーズ》

| Der a　　bildet　den x　(aus/mit dem y) |
| NomE　　　　　　AkkE　　　　　PräpE |

　主格 a が・対格 x を・前置詞格 y（カラ/デ）・作る

a は意図的に y を前提として x が出来上がるようにする。

　　主格補足成分　　a：行為能力のある個人/集合体
　　対格補足成分　　x：人工物/言語記号
　　前置詞補足成分　y：対象/言語記号/材料

《受動形》　werden 受身：Der x wird (von dem a) (aus/ mit dem y)
　　　　　　　　　　　 gebildet.
　　　　　　　　〈x は（a によって）（y から/で）作られる〉

sein 受身：Der x ist aus/ mit dem y gebildet.
〈x は y から/で作られている〉

　上記の記載内容の中に，受動形の情報が組み込まれている点で記述が精密化している。
　ただし，補足成分の意味特徴として，主格補足成分の「集合体」とか，対格補足成分の「人工物」，それに前置詞補足成分の「材料」などの用語について，一言しておこう。
　シューマッハーの用いる意味特徴も論理的根拠による選択制限であって，深層格に相当するものではない。結果的に，ヘルビッヒ/シェンケルのものと同工異曲である。
　とにかく，シューマッハーの選択制限の分類系統図を引用しておく(Schumacher 1986：44)。

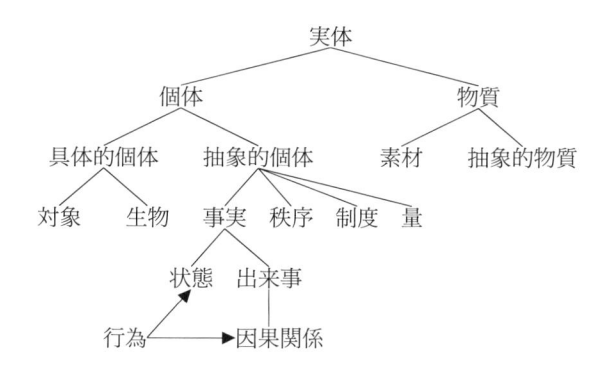

```
                            実体
                  ┌──────────┴──────────┐
                 個体                   物質
          ┌──────┴──────┐          ┌────┴────┐
       具体的個体    抽象的個体    素材    抽象的物質
        ┌──┴──┐    ┌──┬──┬──┐
       対象  生物  事実 秩序 制度 量
                    ┌──┴──┐
                   状態  出来事
                    ↑
                   行為 ──→ 因果関係
```

　田代直也(2000：92)は，名詞のカテゴリーを分類するこの種の試みは，いくら厳密を期しても究極的には経験的なもので，哲学的根拠はないと，批評しているが，当をえていると思う。後で，取り上げるが，「大空を仰ぐ」と「毒を仰ぐ」は同一の文型に属するが，「大空を」[方向]，「毒を」[物質]とカテゴリーを使って区別することができる場合がある。
　筆者としては，できる限り第2章で検討した格役割とそれを増幅させる方式によって意味特徴を設定することを望んでいる。
　以上，とくにドイツにおける結合価研究の実績について，概説してき

た。結局，行為項に相当する補足成分の種類を認定し，これら補足成分の組み合わせによる「文型」の設定がその主流をなしていることが明らかとなったであろう。

なお，動詞が特定の前置詞を要求することが多いから，前置詞補足語における前置詞を下位分類する必要がある。

8.3 日本語の文型

日本語の文型についての研究は，それほど長い経歴をもってはいない。永野賢は『学校文法概説』(1958：141)の中で，(1)文の構造に関する文型と，(2)表現の種々のばあいにおける文型について説明している。

（1） 文の構造に関する文型：文節（連文節）の関係を主に考えることになる。そのため，まず，一語文を類別し，次に格助詞と接続助詞との用法にもとづいて文の骨組をさぐり，さらに，補足的に疑問詞の用法のあらましを見る。あわせて，おもな接続詞につき，文と文との関係を見る。

（2） 文表現の意図に関する文型：主として文末の表現型式のヴァラエティを見ていく。要するに，文型は格助詞と接続助詞の用法にもとづいて文の骨組を取り出すものである。

ただし，格助詞によれば単文の文型を引き出すことになり，接続助詞によれば複文の文型を分類することになる。本書では，まず単文の文型，ついで複文の文型を分類することになる。

8.3.1 単文の文型

日本語の単文の文型を最初に手掛けたのは，岡本千万太郎（1942）であろう。彼は「格助詞を目じるしとした文型」として，8文型をかかげている。

1)《…ガ…》　（例：ホン　ガ　アル。）

2）《…オ…》　　（例：オチャ　オ　ノム。）
3）《…ニ…》　　（例：キシャ　ニ　ノル。）
4）《…エ…》　　（例：ヤマ　エ　ノボル。）
5）《…ト…》　　（例：トモダチ　ト　サンポ　スル。）
6）《…デ…》　　（例：ヒコオキ　デ　イク。）
7）《…カラ…》　（例：ガッコオ　カラ　カエル。）
8）《…ヨリ…》　（例：ヤマ　ヨリ　タカイ。）

　つづいて，永野（1958：142-3）は，格助詞の用法を加えて，さらに細かく分類している。

1）《…ガ…》　　　　　［主語］牛がきた。
　　　　　　　　　　　［対象語］なにがうれしいのか。
2）《…カラ…》　　　　［起点］弘さんから手紙をもらった。
3）《…デ…》　　　　　［場所，場合］家であそびました。
　　　　　　　　　　　［方法，材料］切り紙で動物を作った。
4）《…ト…》　　　　　［相手］自動車としょうとつした。
　　　　　　　　　　　［指定］弘さんが「広場で遊ぼう。」と並べました。
　　　　　　　　　　　［並列］弘さんと照子さんが文字板並べをしました。
5）《…ニ…》　　　　　［場所，場合］みんな学校に集まりました。
　　　　　　　　　　　［到着点，結果］みんな学校にきました。
　　　　　　　　　　　［動作の目的］取りにいこう。
　　　　　　　　　　　［相手］らくだにゆられて行きました。
　　　　　　　　　　　［行われ方］かわり番に読みました。
6）《…ノ…》　　　　　［所属，所在］子供の顔
　　　　　　　　　　　［性質，状態］童話の本を読みました。
　《…ノ…する/な…》［連体句の主語］みんなの探しているのは，これかい。
　《…ノ》　　　　　　［準連体詞・関係代名詞的用法］だれのでし

よう。

7）	《…ヘ…》	［方向，帰着点，目標］絹子さんの家へ持っていってあげましょう。
8）	《…マデ…》	［到着点］三階まで上がりました。
9）	《…カラ…マデ》	［範囲］頭からしっぽまでかぶれるように作った。
10）	《…ヤ…》	［並列］お母さんの名前や所を聞きました。
11）	《…ヨリ…》	［比較の基準］ぼくよりせいが高い。
12）	《…ヲ…》	［目的，目標］ごちそうをこしらえますよ。
13）	《…ハ…》	［題目提示］弘さんは自動車を描きました。 ［事態の提示］こんどは，しりとりをしました。
14）	《…モ…》	［つけ加える］白いのもある。
15）	《…モ…モ》	［列挙］務さんも和子さんも聞いていました。
16）	《…ニハ…》	［提示］煙には，白いのもある
17）	《…ニモ…》	［提示］木のうしろにもいるよ。

　以上のように，格助詞の文型とその用法がまとめられている。ただし，「ヤ」や「モ」も格助詞とされている。

8.3.2　結合価と日本語の文型

　結合価の理論をふまえて，日本語の文型を扱ったのは，石綿敏雄（石綿・荻野 1983：81-112）である。テニエールの結合価理論の要点を説明し，ヘルビッヒ/シェンケルとエンゲル/シューマッハーの結合価辞典の記述形式を紹介している。フィルモアの格文法やチェイフの意味論にも触れたあとで，次のように述べている。

> 格文法は深層における意味関係を考える点で特色があり，結合価文法は表層における Valenz と Distribution「分布」の分析に長じている。そこでこの両者の連絡をはかり，全体を一体化すれば有用な文法が築かれるに相違ない。おそらくこれが今後の進むべき方向ではある

まいか（石綿・荻野 1983：107）。

　石綿は，格文法と結合価理論の組合せを念頭において，ヘルビッヒ/シェンケル方式により，日本語用言1,154語の文型を提示している（石綿・荻野 1983：226-72）。ここでは，格助詞9個（ガ，ヲ，ニ，ト，ヘ，カラ，ヨリ，マデ，デ）が認められている。

　さらに，意味特徴として，次の11項目の記号が用いられている。

abs	（抽象概念）	div	（種々）	mat	（材料）
act	（行為）	hum	（人間）	s	（文）
ani	（動物）	loc	（場所）	temps	（時間）
con	（具象物）	num	（数）		

例を2つ挙げておく。

	《用言》	《文型》
8	仰ぐ	N［hum］が＋N［loc］を＋V （名詞［人間］が名詞［場所］を動詞）
44	甘い	N［con］が＋A （名詞［具象］が形容詞）

　文型8については，趙順文（1995：171）は，次のような文型を加える必要があると述べている。

（1）　名詞［人間］が＋名詞［人間］を＋名詞［名詞］と＋あおぐ
　　　「明治維新に活躍した志士の中には，吉田松陰ヲ師ト仰いだ者が多かった。」
（2）　名詞［人間］が＋名詞［人間］に＋名詞［種々］を＋あおぐ
　　　「江戸時代の末，長崎で，シーボルトニ教えヲあおいだ弟子の中から，多くの人材が出ました。」

　また，文型8の「名詞［人間］が＋名詞［場所］を＋あおぐ」であるが，「空を仰ぐ」には適合するが，「毒をあおぐ」の場合は，第2行為項の

名詞［場所］を名詞［具象物］と改めるべきである。

この論文は，動詞述語だけでなく，形容詞述語も扱っているが，どちらも厳密さに欠けている。

「この蜜柑はあまいね」（形容詞）という例文は，文型44「名詞［具象物］が＋形容詞」に一致するが，「おばあさんは孫にあまい。」では，文型「〜は〜にあまい」，「あの先生は採点があまい。」（形容詞）では，文型「〜は〜があまい」を認める必要がある。形容詞の文型については，別に章を立てて論じることにする。

つづいて，石綿は，『現代言語理論と格』(1999) の中で，変形文法のGB理論とミニマリストの見方を紹介し，さらなる結合価理論の展開を追っている。そこで，この本のねらいを次のように説明している（石綿1999：107）。

「文法の研究に結合価と意味という考えかたを導入すると同時に，そのことをつうじて文法の研究と語彙の研究の連絡をはかることを考えてみた。」

まず，動詞と形容詞を「動態述語」と「状態述語」に分けた上で，次のような8つの分野を立てている。なお，（ ）内の数字は下位クラスの数を示している。

動態述語（V）				状態述語（S）	
(V1)	人間活動 (12)	(V4)	状態変化 (6)	S1	存在 (8)
(V2)	移動 (8)	(V5)	抽象関係 (3)	S2	感覚・感情 (3)
(V3)	接着 (4)	(V6)	自然現象 (2)		

こうした分野別に，各述語をMとEで対比させる形で記述している。

《M：意味あるいは深層格がわ》対《E：表現がわ》
　　［具体例］　おれる　　　［例文］枝が＋おれる。
　　　　　　　　　　M：　O (con)
　　　　　　　　　　　　　　［Mが対象格，(con) 具体的意味特徴をもつ名詞］

　　　　E：　が　［名詞に助詞「が」がつく］

　こうした分析は，エンゲルの記述方式を想起させる。すなわち，分野別にしていること，深層格は「関係的意味」に，意味特徴は「カテゴリー的意味」に相当するところが類似しているといえよう。
　以上，文型の記述方式について論述した。つねに主語を必要とし，格表示の手薄な英語やフランス語と違って，主語を欠く表現をもち，格表示の厳格なドイツ語の方が日本語に接近している。「これで足りますか」「これで十分です」という日本語の会話には主語が不在である。しかも格助詞の用法は定まっている。こうした点からもドイツ語における文型とその用法の研究成果は，日本語文法にも，日本語教育にもきわめて有益である。
　次いで，第9章では形容詞の文型を，第10章では動詞の文型を具体的に検討することにしよう。

9 形容詞の文型

9.1 形容詞の文型の研究

9.1.1 ドイツ語の形容詞

　形容詞の文型を取り出すための指針を与えてくれるのが，K. E. ゾンマーフェルト（Sommerfeldt）/H. シュライバー（Schreiber）による『ドイツ語形容詞結合価分布辞典』(1977)で，動詞結合価分布辞典と対をなすものである。

　形容詞も述語の機能をもつと，動詞と同じように，名詞を支配し，その格を指定するだけでなく，前置詞句や不定詞句，それに他の形容詞や副詞を要求することもある。もちろん状況項も配下におく。ドイツ語にあっては，形容詞は属格名詞，与格名詞，対格名詞を支配する。

- （1）　属格名詞：Er ist *des Englisch* mächtig.
  〈彼は・英語に（属格）・堪能だ〉
- （2）　与格名詞：Das Buch ist *ihm* teuer.
  〈この本は・彼には（与格）・高価だ〉
- （3）　対格名詞：Das Zimmer ist *2m* hoch.
  〈この部屋は・2メートルの（対格）高さだ〉
- （4）　前置詞句：Er ist arm *an Geist*.
  〈彼は・貧しい・心が（前置詞句）〉
- （5）　形容詞：　Mein Nachbar ist *schlecht* gelaunt.

〈わたしの隣人は・悪い（形）機嫌が〉
（6） 不定詞： Er ist würdig *ausgezeichnet zu werden.*
〈彼は・価する・ほめられるに（不定詞）〉

　形容詞においても，動詞と同様に，義務的行為項と任意的行為項それに付加項の別がある。そこで，この辞典に記載されている項目の1つを例示しておく。

　　arm 〈貧しい〉V1 ＝ mittellos, ohne Geld 〈資金がない，金がない〉
　　　1.1 [行為項の数] → 1「義務的行為項1」　1.2 → B「(関係語) 用法規定」
　　　1.3 [統語的用法] → attr (ein arm Mann) 〈修飾的（貧しい人）〉
　　　　　　　　　　　präd (Der Mann ist arm) 〈述語的（その人は貧しい）〉
　　　2.B [意味特徴] → Hum (ein armer Greis) 〈人間（貧しい老人）〉
　　　[変異2] V2 ＝ bedauernswert, unglücklich 〈気の毒な，不幸な〉
　　　1.1 [行為項の数] → 1「義務的行為項1」　1.2 → B
　　　1.3 [統語的用法] → attr (das arme Pferd) 〈修飾的（気の毒な馬）〉
　　　2.B [意味特徴] → 1.±Anim (ein arme Mensch) 〈±生物（哀れな人間）〉
　　　　　　　　　　　2．Abstr. (eine arme Sprache) 〈抽象（貧弱な言葉）〉
　　　　　　　　　　　3．präd (Die Speise ist an Vitaminen arm.) 〈述語的（この・食事は・ビタミンが・少ない）〉

　この形容詞辞典には，行為項の数，修飾的と叙述的の別，および[±人間]，[±生物]，[抽象]のような意味特徴が例示されている。

9.1.2　英語の形容詞

　ホーンビー（Hornby 1954：136-48）は，動詞の型 25 を提示したあと，形容詞についても 3 つの型を認めている。

　《文型 1》　形容詞＋to 不定詞
　　（7）　It was unwise of you *to accept his offer*.
　　　　　〈あなたが彼の申し出を受け入れたのは，賢明ではなかった。〉
　　（8）　We were sorry *not to see you at the meeting*.
　　　　　〈わたしたちは，会合であなたにお目にかかれなかったことが残念です。〉
　《文型 2》　形容詞＋前置詞＋(代) 名詞
　　（9）　Are you afraid *of the dog*?
　　　　　〈あなたは犬がこわいですか。〉
　《文型 3》　形容詞（＋前置詞)＋節もしくは句
　　（10）　Are you aware *that you are sitting on my hat*?
　　　　　〈あなたは，わたしの帽子の上に座っているのにお気づきですか。〉

　結合価理論からすれば，上に示された 4 つの例文は，いずれも形容詞述語が 2 つの行為項をとっている。これについては，図系によって分析してみよう。

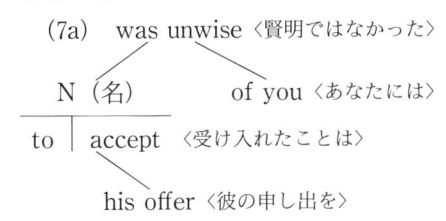

　《文型 1》
　　　（7a）　was unwise 〈賢明ではなかった〉
　　　　　N（名）　　　　of you 〈あなたには〉
　　　to ｜ accept 〈受け入れたことは〉
　　　　　　　his offer 〈彼の申し出を〉

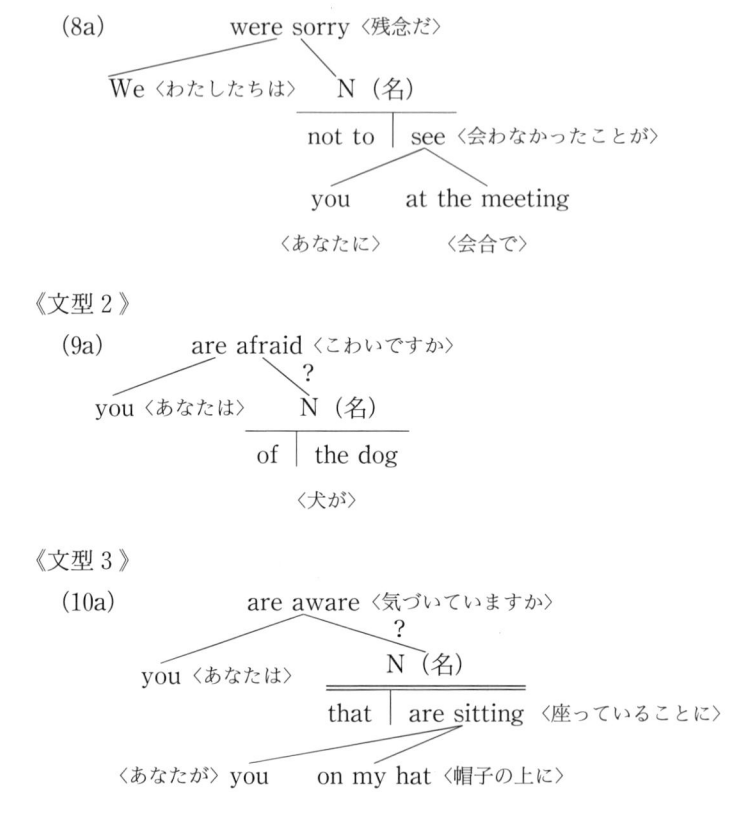

(8a) 図:
We〈わたしたちは〉 were sorry〈残念だ〉 N（名）
not to | see〈会わなかったことが〉
you at the meeting
〈あなたに〉 〈会合で〉

《文型2》
(9a) 図:
you〈あなたは〉 are afraid〈こわいですか〉? N（名）
of | the dog
〈犬が〉

《文型3》
(10a) 図:
you〈あなたは〉 are aware〈気づいていますか〉? N（名）
that | are sitting〈座っていることに〉
〈あなたが〉you on my hat〈帽子の上に〉

　いずれの文型の形容詞述語も名詞句もしくは名詞節を第2行為項として支配している。したがって，次のような英文例において，

　　(11)　Mary is fond *of music*.〈メアリーは音楽がすきだ。〉

形容詞述語につづく of music〈音楽が〉は副詞句ではなく，第2行為項の名詞句と見なすべきである。形式的にはドイツ語の属格支配の前置詞に似ているし，意味的には，好みの対象を指している。

9.1.3 日本語の形容詞
a 日本語形容詞の分類

　西尾寅弥『形容詞の意味・用法の記述的研究』(1972)によると，日本語の形容詞は，客観的な性質・感情の表現をなす(a)属性形容詞と，主観的な感覚・感情の表現をなす(b)感情形容詞に分けられるとしている。

　これら2種の形容詞を区別するには，「〜がる」を付加してみて，可能ならば，感情形容詞と見なすことができると，述べている。

　　（a）　属性形容詞：　ナガイ〜*ナガガル　　　オモイ〜*オモガル
　　（b）　感情形容詞：　ウレシイ〜ウレシガル　　イヤナ〜イヤガル

しかし，こうした「〜がる」テストも，下に示すような属性形容詞の反例があるので，絶対的基準とはならない。

　　ツヨイ〜ツヨガル，アタラシイ〜アタラシガル。(西尾 1972：21-5)

b 形容詞と名容詞

　以前から形容動詞と呼ばれてきた語群は，形態的にはきわめて名詞に近い。そこで，形容動詞を「名容詞」と読み替えておく。

		［修飾形］	［述語的非過去形］	［述語的過去形］
（1）	形容詞	強い人	強い	強かった
（2）	名容詞	元気な人	元気だ	元気だった
（3）	名詞	病気の人	病気だ	病気だった

　修飾形の語尾から，（1）を「イ形容詞」，（2）を「ナ形容詞」と呼ぶ分類もあるが，述語的用法からすれば，名容詞は名詞と歩調をあわせている。しかし，名容詞と名詞との境目は，かならずしも明確ではない。修飾形と述語形とを比べてみると，両者の間にゆれが目につく（村木新次郎 1998：45-7）。

		［修飾形］	［述語形］
（1）	形容詞	弱い	弱い
		大きい〜大きな	大きい
（2）	名容詞	暖かい〜暖かな	暖かい〜暖かだ
		静かな	静かだ
		特別な〜特別の	特別だ
		丸い〜丸の	丸い〜丸だ
		自由な〜自由の	自由だ
（3）	名詞	病気の	病気だ

c 形容詞と格

　形容詞と格との関係については，あまり論じられてこなかった。高橋太郎（1998：9）は，形容詞は，動詞とちがって，他にはたらきかけることを表わさないので，格を支配することは少ないが，他との関係を表わすことが，よくあるので，形容詞も格を支配すると，述べている。そして，次のような事例が添えられている。

　　（12）　学校は駅ニ/カラ　ちかい。［着点ニ，起点カラ］
　　（13）　春雄は秋子ト　したしい。［共格ト］
　　（14）　アルミは鉄ヨリ　かるい。［比格ヨリ］

　ここで，山田（1922：341）による，主格と副主格の問題を再度取り上げなければならない。山田は，1つの文中に主格が2つ以上あり，その1つは全体を表わして上にあり，他は下にあって，その部分を表わすことがある。この場合全体を表わすものは本来の主格で，部分を表わすものを副主格と呼んでいる。

　　（15）　象は体が大きい。

　この主格・副主格構文は，以後日本文法では，論争の中心課題となっているが，いまだに解決を見ていない。矢澤真人（1998：50-55）は，この構文に関連して，感情形容詞では，感情主にその感情を感じさせる「誘

因」がガ格をとるとする。

(16) お化けが怖い。

また，場所ガ格や誘因ガ格は，それぞれ他方を原因デ格や場所ニ格に変えることができる。

(17) 太陽の光デ目がまぶしい。→ 太陽の光ガ目ニまぶしい。

矢澤のいう場所ガ格，誘因ガ格，原因デ格は形式格ではなく，いずれも格関係すなわち意味役割である。意味役割は格形式の用法を意味的に分析した意味特徴である。

意味役割を定める前に，形容詞述語が要求する形式格を設定しておく必要がある。

[文型]	[形容詞例]	[名容詞例]
1) 〜ハ（ガ）…。	海ハ広い。風ガ強い。	海ハ雄大だ。
2) 〜ハ〜ガ…。	象ハ体ガ大きい。	河馬ハ体ガ頑丈だ。
3) 〜ハ〜ニ…。	恵美さんハ友人ニやさしい。	若者ハ流行ニ敏感だ。
4) 〜ハ〜カラ…。	長崎ハ江戸カラ遠い。	ここハ外敵カラ安全だ。
5) 〜ハ〜ヨリ…。	犬ハ猫ヨリ大きい。	犬ハ猫ヨリ忠実だ。
6) 〜ハ〜ヨリ〜ガ…。	馬ハ牛ヨリ足ガ速い。	牛ハ馬ヨリ動きガ鈍重だ。

これらの文型において，主題格のハを主格のガに替えると排他の意味をもつ。

結合価文法の立場からすれば，上の例文には次のような構文分析がなされる。

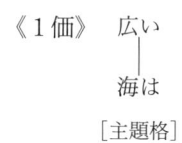

《1価》 広い
　　　　｜
　　　海は
　　[主題格]

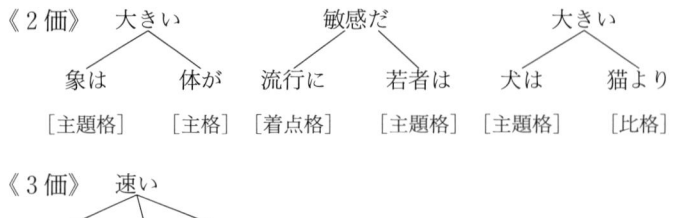

《2価》　大きい　　　　敏感だ　　　　　　大きい
　　　象は　　体が　流行に　若者は　犬は　猫より
　　[主題格]　[主格]　[着点格]　[主題格]　[主題格]　[比格]

《3価》　速い
　　兎は　亀より　足が
　[主題格]　[比格]　[主格]

上の図系の場合，別に総主語，文主語やトピック・コメントのような2重構造を立てる必要はない。

なお，こうした形容詞や名容詞であるが，動詞と結びつくと副詞形になる。

	動詞「なる」	動詞「する」	動詞「見える」
形容詞	美しく・なる	美しく・する	美しく・見える
名容詞	きれいに・なる	きれいに・する	きれいに・見える
名詞	先生に・なる	先生に・する	先生に・見える

しかし，こうした副詞形は，動詞の文型における行為項として扱うことになる。

d 「～ハ～ガ…」の文型

上に列挙した形容詞の文型において，「～ハ～ガ…」の構文について，佐久間鼎（1938：52-70）は，次のような分類を試みている。

　　（1）　～ハ～ガ　ある（ない）　　　　あの人はちえがある。
　　　　　　　　　　　　　　　　　　　　（存在文）
　　（2）　～ハ～ガ　…ている（いない）　わたしは腹がすいている。
　　　　　　　　　　…てある（てない）　鍋は蓋がしてある。
　　（3）　～ハ～ガ　…（形容詞）　　　　象は鼻が長い。
　　（4）　～ハ～ガ　…（名容詞）　　　　あの子はパンがすきだ。

（5）　〜ハ〜ガ　…（動詞）たい　　　わたしは水がのみたい。（欲求文）

　佐久間の分類を整理してみると，(1)(2)が動詞述語文である。(1)は所有文として，先行名詞が所有者，後続名詞が所有物を指している。(5)は，動詞の「…たい」という欲求の語尾となった派生形容詞である。動詞の語幹がこの語尾をとると，「のみ・たい」のような形容詞述語となるので，「〜ハ〜ガ」の文型にはめこまれる。

　問題は，この文型を許す(2)の動詞を特定することにある。また，(3)と(4)は形容詞述語で大方の形容詞と名容詞がこの文型に使われることを確認することも大事である。なお，副詞成分は（　）でくくっておいた。

9.2　「〜ハ〜ガ…」の文型をとる動詞

　次の動詞の文例は，主として小泉保共編の『日本語基本動詞用法辞典』(1989)によった。

　　合う：あの二人は話が合う。
　　上がる：工場は生産が上がった。
　　改まる：その生徒は（急に）態度が改まった。
　　動く：（そのとき）洋子は気持ちが動いた。
　　遅れる：あの子は発育が遅れている。
　　落ちる：その老人は頬の肉が落ちていた。
　　衰える：父は（この頃）気力が衰えた。
　　かかる：山頂は霧がかかっている。
　　欠ける：あの人は常識が欠けている。
　　固まる：弘は決心が固まった。
　　勝る：この布は赤みが勝っている。
　　枯れる：あの音楽家は才能が枯れてしまった。
　　渇く：一郎はのどが渇いた。
　　変わる：（そのとき）夏子は考えが変わった。

消える：真紀は恋人への思いが消えてしまった。
決まる：秋子は結婚相手が決まった。
切れる：あの人は頭が切れる。
腐る：あいつは性根が腐っている。
崩れる：正男は固い決心が崩れた。
決定する：タイガーズは優勝が決定した。
異なる：あの姉妹は性格が異なっている。
こわれる：春子は縁談がこわれた。
下がる：弘は成績が下がった。
冷める：妻は夫への愛情が冷めてしまった。
沈む：友子は気分が沈んだ。
実現する：正男は（ついに）マイホームが実現した。
死ぬ：三郎は目が死んでいる。
締まる：この魚は身が締まっている。
過ぎる：武はいたずらが過ぎる。
すく：わたしはお腹がすいた。
進む：病人は食欲が進んだ。
する：このケーキはいい味がする，変な臭いがする，物音がする，
　　　人の声がする，傷口がひりひりする，などの知覚動詞。
立つ：家の犬は尻尾が（ぴんと）立っている。
溜まる：弘は家賃が溜まっている。
開ける：春子は運が開けた。
通る：田中先生は声がよく通る。
治る：母は病気が治った。
なくなる：秋子はお父さんがなくなった。
鳴る：わたしは腕が鳴る。
抜ける：冬子は風邪がようやく抜けた。
入学する：山田さんは息子さんが東大に入学した。［3価］
入る：弘は毎月奨学金が入る。
伸びる：三郎は学力が伸びた。

生える：赤ちゃんはもう歯が生えた。
働く：一郎はよく頭が働く。
発達する：犬は嗅覚が発達している。
外れる：この写真はピントが外れている。
張る：あの人は欲が張っている。
冷える：冬になるとわたしは腰が冷える。
含む：八重子は目が憂いを含んでいる。[３価]
太る：春子はこのごろ体が太った。
不足する：野球部は部員が不足している。
減る：ぼくはお腹が減った。
曲がる：祖父は腰が曲がった。
見える：猫は夜でも目が見える。[可能文]
回る：彼女は目が回った。
休まる：夏子は気持ちが休まった。
破れる：ズボンは膝が破れていた。
緩む：勇は緊張が緩んだ。
弱る：祖母は体がすっかり弱った。

《「助詞ニ」をとる動詞》

輝く：その少女は（希望に）目が輝いていた。
踊る：洋子は（初めての海外旅行に）心が躍った。
傾く：恵美は気持ちが（守に）傾いた。
加わる：恵美は（頬に）赤みが加わった。
堪える：老人は暑さが身に堪えた。
差す：冬子は（顔に）血の気が差した。
縮む：春子は（恐ろしさに/で）命が縮んだ。
出る：光子は（額に/から）汗が出た。
出来る：春子は（顔に）にきびが出来た。
勝る：アメリカは軍事力が（他国に）勝っている。
焼ける：夏子は肌が（日に）焼けた。
揺れる：（正男の言葉に）春子は気持ちが揺れた。

《「助詞デ」をとる動詞》
　暖まる：わたしたちは（焚き火で）体が暖まった。
　当たる：妹は（宝くじで）一等が当たった。
　痛む：わたしは（風邪で）頭が痛む。
　曇る：母は目が（涙で）曇った。
　覚める：わたしは（ウグイスの声で）目が覚めた。
　疲れる：夏子は（水泳で）全身が疲れた。
　つぶれる：武は（野球の応援で）声がつぶれた。
　解ける：妻は（夫の説明で）誤解が解けた。
　汚れる：子供は（泥で）着物が汚れた。
《その他の助詞をとる動詞》
　走る：彼は鋭い痛みが（腕を）走った。
　離れる：秋子は気持ちが（武から）離れた。

9.3　文型による形容詞の分類

9.3.1　形容詞の文型タイプ

　いままで，形容詞については，意味や用法を扱った辞書はあるが，形容詞の文型を論じた研究書もとぼしかった。そこで，本書は形容詞全般にわたって，文型による分類を試みた次第である。形容詞の文型は，次のようなタイプに分けられる。

　1）文型1：「〜ハ（ガ）…（形容詞）」
　　　　　　［例］蜂蜜ハ甘い。風ガ強い。（現象文）
　2）文型2：「〜ハ〜ガ …（形容詞）」　［例］あの先生ハ採点ガ甘い。

ほとんどの形容詞が，文型1と文型2をとることができる。

　3）文型3：「〜ハ〜ニ …（形容詞）」　［例］おばあさんハ孫ニ甘い。

文型3をとる形容詞は限られているので，リストにする必要がある。

4）文型4：「〜ハ〜ヨリ …（形容詞）」［例］蜂蜜ハ砂糖ヨリ甘い。

おおかたの形容詞が文型4の比較文に用いられる。さらに，次のような文型2の比較文も可能である（［例］チーターはライオンより足が速い）。

そこで，比較文にならない形容詞のみをリストにすればよい（［例］等しい：5ハ3足す2ニ/ト等しい）。

5）文型5：その他の文型，たとえば，(a)「〜ハ〜カラ …」と言えるもの：長崎ハ江戸カラ遠い。(b)「〜ノガ」，「〜ニハ」と言えるもの。(c)「〜ノガ」，「〜ノデ」と言う助詞を用い，〜の部分をに「文」を代入できるもの。(d) さらに，「〜ノデ」を副詞的表現に置き換えられるものなどがある。

　　［例(b)］三郎ハ［一郎に負けたの］がくやしかった。
　　［例(c)］春子ハ犬ガ［ほえるの］でこわかった。
　　［例(d)］春子は［犬にほえられて］こわかった。

さて，形容詞を次のように，タイプA，タイプB，タイプCに分けて分類しておく。

　a）タイプA：文型1，文型2，文型4を含む形容詞群。
　b）タイプB：文型1，文型2，文型3，文型4を含む形容詞群。
　c）タイプC：文型5に属する形容詞群。

《タイプA》「〜ハ（ガ）…，〜ハ〜ガ …」
〔［例］あいらしい：春子ハ あいらしい。春子ハ口元ガあいらしい〕
青い, 赤い, あくどい, 浅い, 暖かい, 熱い, あぶない, 危うい, 怪しい, 荒い, 淡い, あわただしい, いかめしい, 勇ましい, いじらしい, 忙しい, 著しい, 嫌らしい, 色っぽい, 薄い, 美しい, うまい, おいしい, 幼い, 遅い, かぐわしい, 固い, かゆい, からい, かるい, かわいらしい, くさい, くどい, 黒い, けだかい, けわしい, 濃い, こすい, さえない, さむい, さもしい, さわがしい, しおらしい, しかつめらしい, したわしい, しつこい, しぶとい, しょっぱい, じれったい, 白い, すがすが

しい, すずしい, すっぱい, すばしこい, すばやい, すばらしい, ずぶとい, するどい, せわしい, そうぞうしい, そらぞらしい, 高い, たくましい, ただしい, だらしない, だるい, つたない, つつましい, 長い, なまめかしい, にがい, にぶい, ぬるい, ねづよい, ねばりづよい, ねぶかい, ねむい, のろい, はがゆい, はげしい, はしっこい, はやい, ひくい, ひどい, ひらたい, ひろい, ぶあつい, ふかい, ふとい, ふるい, ほそい, まずい, まぶしい, まるい, みぐるしい, みにくい, むごい, むつまじい, むなしい, めざましい, めずらしい, めでたい, ものすごい, やすい, やわらかい, ゆかしい, ゆるい, わかい, わかりにくい, わかりやすい, など。

《タイプB》「〜ハ（ガ）…, 〜ハ〜ガ…, 〜ハ〜ニ…」
〔［例］明るい：東の空ガ明るい。山田さんハ性格ガ明るい。山田さんハ政治ニ明るい。〕
新しい（考え方ガ…, あの事件ハ記憶ニ…）, 厚い（化粧ガ…, 田中さんハ人情ニ…）, いい（心掛けガ…, 運動ハ健康ニ…）, 意地悪い（性格ガ…, 部下ニ…）, 痛い（歯ガ…, 耳ニ…）, 卑しい（考え方ガ…, 金ニ…）, うるさい（いびきガ…, 料理ニ…）, 多い（収入ガ…, この病気ハ老人ニ…）, おとなしい（性質ガ…, この犬ハ人ニ…）, きたない（字ガ…, 金ニ…）, 厳しい（生活ガ…, 言葉づかいニ…）, 暗い（性格ガ…, 歴史ニ…）, 細かい（芸ガ…, 金ニ…）, さとい（犬ハ耳ガ…, 利ニ…）, しぶい（金の出し方ガ…, 金ニ…）, 近い（彼ハ目ガ…, 駅ニ…）, 冷たい（心ガ…, 身内ニ…）, 強い（責任感ガ…, 酒ニ…）, とぼしい（日本ハ石油ガ…, 資源ニ…）, もろい（地盤ガ…, 情ニ…）, やかましい（食事のマナーガ…, 言葉づかいニ…）, やさしい（気立てガ…, 年寄りニ…）, よい＝いい, 弱い（体ガ…, 寒さニ…）, 悪い（姿勢ガ…, 健康ニ…）, など。

《タイプC》タイプAとタイプB以外で、次のような特徴をもつ形容詞群。
（a）「〜ニハ…」という限定の表現が可能なもの。
　〔［例］せまい：この道ハ幅ガ…。この部屋ハ書斎ニハ…。〕

おもい，おおきい，きつい，むずかしい，など。
(b) 「[句]ノハ…」のように，文の埋め込みが可能なもの。
〔[例] おかしい：あの人ハ様子ガ…。一郎が来ないノハ…。〕
えらい，おもしろい，かしこい，ずるい，たやすい，だらしない，など。
(c) 「〜ノデ，〜ノガ」の形式をとる感情形容詞。「〜ノデ」の代わりに「〜テ」のような副詞的成分をとることもできる。3人称を主語とする場合は，「〜ガッテイル」となる。
〔[例] うれしい：わたしは［君が来てくれた］ノデ …。わたしは［君が来てくれテ］…。〕
うらやましい，おそろしい，おかしい，おもしろい，かなしい，くるしい，くやしい，こわい，さびしい，たのしい，つらい，はずかしい，ほしい，など。
(d) 「〜ノデ」となる形容詞。
〔[例] けむたい：おやじハ［小言をいう］ノデ…。〕
たのもしい，なつかしい，など。
(e) 「〜カラ」をとる形容詞。
〔[例] ちかい：ぼくの家ハ駅カラ/ニ …。〕
とおい，ひさしい，など。
(f) 「ト」をとる形容詞。
〔[例] したしい：真紀さんハ有希さんト …。ひとしい：3足す2ハ5ト/ニ …。〕

9.3.2　名容詞（形容動詞）の文型タイプ

　名容詞については，形式的な面の研究はあったが，用法については論じられてこなかった。文型に関しては，形容詞の分類方式がそのまま当てはまる。

《タイプA》「〜ハ（ガ）…，〜ハ〜ガ…」
〔[例] あいまいだ：弘の態度ハ…。弘ハ態度ガ…。〕

あからさまだ，あけすけだ，あさはかだ，鮮やかだ，あでやかだ，あやふやだ，安易だ，安価だ，異質だ，一途だ，一律だ，一般的だ，一方的だ，いやだ，陰気だ，陰険だ，インチキだ，内気だ，うつろだ，婉曲だ，旺盛だ，横着だ，厳かだ，鷹揚だ，大げさだ，大まかだ，おしゃれだ，穏健だ，温和だ，温厚だ，快活だ，過激だ，過酷だ，過剰だ，過大だ，果断だ，勝手だ，華美だ，過密だ，からっぽだ，華麗だ，可憐だ，かわいそうだ，頑強だ，簡潔だ，頑固だ，完全だ，甘美だ，几帳面だ，気長だ，希薄だ，奇抜だ，生真面目だ，気短だ，きゃしゃだ，急激だ，急速だ，旧弊だ，器用だ，強健だ，強固だ，強硬だ，驕慢だ，強力だ，狂暴だ，虚弱だ，巨大だ，気楽だ，綺麗だ，勤勉だ，緊密だ，愚鈍だ，愚劣だ，軽率だ，軽薄だ，元気だ，健康だ，激烈だ，険悪だ，堅固だ，堅実だ，権高だ，顕著だ，厳密だ，豪華だ，高価だ，豪快だ，狡猾だ，豪気だ，高潔だ，豪勢だ，広大だ，豪胆だ，業腹だ，豪放だ，高慢だ，傲慢だ，小柄だ，こまめだ，こまやかだ，懇切だ，最高だ，盛んだ，雑多だ，ささやかだ，雑だ，さわやかだ，残虐だ，残酷だ，斬新だ，散漫だ，残忍だ，静かだ，しなやかだ，質素だ，自然だ，地味だ，地道だ，邪悪だ，醜悪だ，柔軟だ，純潔だ，正直だ，小心だ，上手だ，冗長だ，上品だ，丈夫だ，深刻だ，真摯だ，新鮮だ，迅速だ，慎重だ，崇高だ，好きだ，健やかだ，すてきだ，すなおだ，ずぼらだ，正確だ，精確だ，清潔だ，精巧だ，清純だ，清楚だ，贅沢だ，精密だ，清廉だ，正常だ，せっかちだ，絶大だ，絶妙だ，浅薄だ，鮮明だ，善良だ，壮健だ，壮大だ，蒼白だ，聡明だ，壮烈だ，粗忽だ，率直だ，粗暴だ，粗末だ，尊大だ，大胆だ，太平だ，卓抜だ，達者だ，怠慢だ，確かだ，多様だ，多量だ，端正だ，単調だ，端麗だ，たいらだ，駄目だ，単純だ，痛烈だ，丁重だ，丁寧だ，低劣だ，手軽だ，的確だ，てきめんだ，でたらめだ，特異だ，得意だ，篤実だ，鈍だ，鈍重だ，なおざりだ，和やかだ，なだらかだ，ななめだ，生意気だ，滑らかだ，苦手だ，にぎやかだ，入用だ，入念だ，濃厚だ，のどかだ，派手だ，華やかだ，晴れやかだ，非情だ，悲愴だ，人並みだ，ひたむきだ，微妙だ，病的だ，冷ややかだ，ひ弱だ，卑劣だ，卑猥だ，貧困だ，頻繁だ，敏速だ，貧乏だ，貧弱だ，不安定だ，不安だ，風雅だ，不得手だ，無遠慮

だ，不穏だ，不快だ，不確実だ，不恰好だ，不完全だ，不気味だ，不器用だ，不器量だ，不謹慎だ，不遇だ，複雑だ，不潔だ，不健全だ，不公平だ，不細工だ，ふしだらだ，ぶしつけだ，不十分だ，未熟だ，不正確だ，不誠実だ，不鮮明だ，不足だ，下手だ，平明だ，別だ，偏屈だ，豊富だ，放漫だ，豊満だ，朗らかだ，真面目だ，まともだ，間抜けだ，満腹だ，身勝手だ，未完成だ，身奇麗だ，見事だ，未熟だ，未整理だ，みじめだ，淫らだ，未定だ，無惨だ，無邪気だ，無責任だ，無鉄砲だ，無謀だ，明快だ，明確だ，明瞭だ，目障りだ，面倒だ，綿密だ，猛烈だ，厄介だ，野蛮だ，憂鬱だ，優雅だ，有害だ，勇敢だ，勇壮だ，雄大だ，優美だ，悠長だ，裕福だ，有望だ，有力だ，豊かだ，緩やかだ，容易だ，陽気だ，幼稚だ，利口だ，律儀だ，立派だ，流暢だ，良好だ，良心的だ，劣悪だ，露骨だ，猥褻だ，わがままだ，僅かだ，割安だ，など。

《タイプB》「～ハ（ガ）…，～ハ～ガ…，～ハ～ニ…」
〔［例］ 鋭敏だ：犬ハ鼻ガ…。犬ハ臭いニ…。〕
意地悪だ，いんぎんだ，おおらかだ，臆病だ，快適だ，過敏だ，寛大だ，厳格だ，従順だ，適切だ，適当だ，鈍感だ，敏感だ，無愛想だ，親切だ，無慈悲だ，冷淡だ，など。

《タイプC》「～ハ～ニ…」となるもの。
〔［例］ 熱心だ：大川さんハ仕事ニ…。〕
孝行だ，邪険だ，適任だ，毒だ，反対だ，不案内だ，不可欠だ，不相応だ，不注意だ，不適当だ，不満だ，不向きだ，無害だ，夢中だ，無力だ，無情だ，有意義だ，有益だ，有効だ，有利だ，など。

《タイプD》タイプAもしくはBに属さないもの。「～ハ …」のみもつタイプ。
〔［例］ 元気だ：あの人ハ…。〕
閑静だ，空腹だ，軽微だ，酔狂だ，静寂だ，静粛だ，盛大だ，荘厳だ，痛切だ，難解だ，熱烈だ，濃密だ，破格だ，微小だ，非凡だ，微力だ，敏腕だ，非力だ，不機嫌だ，不合理だ，不審だ，不本意だ，満足だ，未解決

だ，無効だ，無常だ，無駄だ，幽玄だ，など。

《タイプE》助詞ハ，ガ，ニ以外の助詞をとる文型。
(a1) ノハ(1)「〜ハ(ガ)…，〜ハ〜ガ…，[句]ノハ…」となるもの。
〔[例] 穏当だ：その申し出ハ…。小山さんハ考え方ガ…。[小山さんガ謝る]ノハ…。〕
異常だ，迂闊だ，確実だ，気の毒だ，奇妙だ，奇怪だ，窮屈だ，賢明だ，殊勝だ，不安だ，不自然だ，変だ，など。

(a2) ノハ(2)「〜ハ(ガ)…，[句]ノハ…」となるもの。
〔[例] 意外だ：この事件ハ…。[田中さんが落選した]ノハ…。〕
遺憾だ，違法だ，異例だ，可能だ，感心だ，奇特だ，偶然だ，必然だ，劇的だ，重要だ，重大だ，妥当だ，任意だ，必然的だ，不意だ，不運だ，不可思議だ，不可能だ，不思議だ，不自然だ，不都合だ，妙だ，無念だ，など。

(b1) ニハ(1)「〜ハ(ガ)…，〜ハ〜ガ…，〜ハ〜ニハ…」となるもの。
〔[例] 安全だ：この場所ハ…。貯金ハ郵便局ガ…。この建物ハ地震ニハ…。〕
過重だ，上等だ，気の毒だ，など。

(b2) ニハ(2)「〜ハ(ガ)…，〜ハ〜ニハ…」となるもの。
〔[例] 貴重だ：言論の自由ハ…。戦争の体験ハわれわれニハ…。〕
切実だ，絶対だ，痛快だ，不可解だ，不幸だ，無理だ，迷惑だ，など。

(c) ノデをとることができる名容詞。感情名容詞で，「〜ノデ」の代わりに，理由や原因を表わす副詞語句「〜テ(デ)」をとることもある。これらは任意的準行為項と考えられる。
〔[例] 残念だ：わたしハ[親友がなくなった]ノデ…。[親友がなくなって]…。〕
感心だ，大変だ，満足だ，不満，無念だ，迷惑だ，愉快だ，不愉快だ，など。
(3人称を主語とする場合，残念がっている，迷惑がっている，満足し

■コラム(5)

形容動詞を「名容詞」とする

　日本語の形容詞には，動詞的形容詞と名詞的形容詞の2種がある。動詞的形容詞，すなわち本質的形容詞は動詞と同じように，非過去と過去という形で，時制の変化を行う。

	《動詞》	《形容詞》
［非過去形］	書く	長い
［過去形］	書いた	長かった

これに対し，名詞的形容詞は，名詞と同じように，準動詞の「だ」をとるが，形容形（連体形）だけが異なっている。

	《名詞》	《名容詞》
述語形［非過去形］	本当だ	きれいだ
［過去形］	本当だった	きれいだった
形容詞形（連体形）	本当の	きれいな
副詞形（連用形）	本当に	きれいに

　国文法がこの名詞的形容詞を「形容動詞」と命名したことで，この用語は文法的分析を行う際に，おおきな妨げとなってきた。実をいうと，形容動詞は動詞的ではなく，名詞的な振る舞いをしているからである。そこで，寺村はこの種の形容詞を「名容詞」と名づけたが，当を得ていると思う。

　いままで，名容詞は私生児あつかいで，ほとんど顧みられなかった。しかし，名容詞は，日本語の表現を豊かにし，盛んに活用されている。名容詞は「ナ形容詞」とも呼ばれ，名詞を形容詞化するのにたいへん役立っている。

　とくに，外来語が形容詞化されて，「ハードな仕事」とか，「ソフトな声」という表現が可能となった。実は，形容詞として見ると，名容詞の方が形容詞よりもずっと語彙数も多い。なお，文型から見るかぎり，名容詞と形容詞はほとんど一致する。今後この名容詞について，その実態と用法をさらに研究すべきだと考えている。

ている，不満としている，となる。）
(d) 比較の助詞ヨリをとらず，ト（ニ）をとる名容詞。
〔[例] 同じだ：AハBト（ニ）…。〕
均等だ，互角だ，親密だ，対等だ，同等だ，反対だ，別だ，無関係だ，など。

以上で，形容詞および名容詞の文型を終える。

10 動詞の文型

　日本語の格助詞と動詞との関係を詳細に考究したものに『日本語文法・連語論（資料編）』(1983) がある。本書では，次のような格助詞が扱われている。

　　1）を格の名詞と動詞とのくみあわせ。（奥田靖雄）
　　2）を格のかたちをとる名詞と動詞とのくみあわせ。（奥田靖雄）
　　3）に格の名詞と動詞とのくみあわせ。（奥田靖雄）
　　4）で格の名詞と動詞とのくみあわせ。（奥田靖雄）
　　5）へ格の名詞と動詞とのくみあわせ。（渡辺友左）
　　6）カラ格の名詞と動詞とのくみあわせ。（渡辺義夫，荒正子）
　　7）格助詞「まで」の研究。（井上拡子，荒正子）

　いずれも具体的文例に基づいて，格と動詞との関係を詳しく論じていて，文型の設定に大いに参考になる。
　日本語の動詞結合価による分類は，石綿・荻野（1983）により荒削りの形で語彙ごとに提示されている。つづいて，小泉共編（1989）は，基本的動詞につき，詳細に文型をかかげ文例を添えて記述した。これらの研究をふまえて，趙順文『結合価文法論考』(1995) は，動詞の結合価に基づき，文型ごとに動詞語彙を入念に分類している。
　石綿も趙も変形文法と結合価理論を結びつけようとしているが，それは無理な話である。結合価理論は，動詞述語中心の原則に立つもので，主語は動詞に支配される行為項の１つに過ぎない。主語を動詞の上位に置こうとする変形文法とは，基本的態度が根底から異なる。また，結合価理論で

は，形容詞にも動詞と同じ述語の機能が認められているから，当然形容詞にも結合価が求められる。ところが，変形文法は，「be動詞＋形容詞」という見方を堅持しているので，形容詞の分析は放置された状態にある。

動詞述語の文型は，趙による分析がよく行き届いているので，これを検討する形で論述していくことにする。なお，紙面の関係で，意味特徴や文例は必要な事例をのぞいて省いておく。

10.1　1価動詞

1）《「～ハ（ガ）…」の型をとる動詞》（趙　1995：142-4）
相次ぐ，合う，上がる，あく，あける，焦る，遊ぶ，暖まる，当たる，溢れる，余る，争う，改まる，ある，あらわれる，歩く，荒れる，言いつける，生きる，行く，急ぐ，いたむ，威張る，いる，浮く，動く，歌う，俯く，うつる，うなずく，売れる，運動する，影響する，終える，起きる，遅れる，おこる，おさまる，落ち着く，落ちる，訪れる，おどる，衰える，折れる，終わる，外出する，かえる，輝く，欠ける，重なる，固まる，傾く，片寄る，勝つ，活動する，構える，通う，枯れる，かわく，かわる，完成する，消える，効く，決まる，協力する，切れる，腐る，崩れる，砕ける，草臥れる，下る，曇る，振り返る，来る，狂う，暮れる，結婚する，決定する，煙る，交際する，行動する，凍る，呼吸する，焦げる，こごえる，故障する，異なる，断わる，こぼれる，こむ，凝る，転がる，壊れる，混乱する，栄える，下がる，作業する，叫ぶ，裂ける，さびる，冷める，覚める，去る，騒ぐ，試合する，沈む，実現する，失敗する，失礼する，死ぬ，しびれる，しまる，湿る，しゃがむ，しゃべる，生じる，食事する，進歩する，過ぎる，すく，優れる，進む，滑る，澄む，済む，する，座る，生活する，成功する，迫る，育つ，そびえる，そろう，存在する，対する，絶える，倒れる，高まる，助かる，たたかう，立つ，経つ，溜まる，黙る，ためらう，足りる，違う，近づく，縮む，散る，通じる，支える，疲れる，尽きる，着く，付く，点く，続く，繋がる，呟く，潰れる，つまづく，詰まる，積もる，出来上がる，照る，出

る，遠ざかる，通る，とがる，独立する，解ける，溶ける，閉じる，整う，怒鳴る，飛び込む，とぶ，伴う，努力する，なおる，流れる，泣く，なくなる，並ぶ，なる，鳴る，似合う，煮る，匂う，臭う，逃げる，濁る，似る，抜ける，眠る，寝る，残る，のびる，のぼる，はえる，拍手する，励む，化ける，始まる，走る，はずむ，外れる，働く，発達する，発展する，離れる，跳ねる，流行する，張り切る，晴れる，腫れる，冷える，光る，引く，響く，開く，広がる，ふえる，吹く，ふくらむ，ふくれる，ふさがる，ふさぐ，不足する，ぶつかる，太る，降る，ふるえる，振舞う，減る，変化する，吠える，微笑む，滅びる，舞う，曲がる，まごつく，混ざる，混じる，交わる，間違う，まとまる，間に合う，回る，見える，乱れる，満ちる，見つかる，実る，向く，目立つ，もうかる，燃える，持つ，漏れる，役立つ，焼ける，休む，痩せる，破れる，止む，歪む，緩む，揺れる，汚れる，沸く，笑う，割れる，など。

10.2　2価動詞

1)《「～ハ～ガ…」の文型をとる動詞》(第8章2参照)
上がる，動く，遅れる，落ちる，衰える，かかる，欠ける，固まる，枯れる，乾く，変わる，消える，決まる，切れる，腐る，崩れる，決定する，異なる，こわれる，下がる，冷める，沈む，実現する，死ぬ，締まる，過ぎる，すく，進む，する，立つ，溜まる，開ける，通る，治る，なくなる，鳴る，抜ける，入る，伸びる，生える，働く，発達する，外れる，張る，冷える，太る，不足する，減る，曲がる，勝る，見える，回る，休まる，破れる，緩む，弱る，など。

2)《「～ハ（ガ）～ヲ…」の文型をとる動詞》(趙 1995：144-8)
〔［例］愛する：牧水ハこよなく旅ヲ…。〕
明かす，上がる，諦める，あける，あげる，味わう，預かる，焦る，暖める，扱う，集める，誂える，当てる，浴びる，編む，誤る，洗う，荒らす，改める，歩く，あらわす，合わせる，慌てる，案内する，言う，生か

す, 生きる, 行く, いたぶる, 急ぐ, いただく, いたむ, いためる, 労わる, 営む, 祈る, 意味する, 嫌がる, 入れる, 祝う, 受ける, 受け付ける, 動かす, 動く, 失う, 埋める, 歌う, 疑う, 打つ, うつす, 訴える, 移る, 促す, 奪う, うむ, 埋める, 裏切る, 恨む, 売る, 運転する, 描く, 選ぶ, 演じる, 遠慮する, 追う, 負う, 終える, おかす, 拝む, 補う, 置く, おこす, 行う, おさえる, おさめる, 教える, 惜しむ, おす, 襲う, 恐れる, 落ちる, 落とす, 訪れる, 踊る, 驚かす, 驚く, 帯びる, 覚える, 思い出す, 思う, 織る, 折る, おろす, 終わる, 解釈する, 買う, 飼う, 返す, 顧みる, 帰る, 返る, 変える, 抱える, 掲げる, 掻き回す, 限る, 書く, 掻く, 欠く, 嗅ぐ, 隠す, 駆ける, 賭ける, 囲む, 重ねる, 飾る, かじる, 稼ぐ, 数える, 片付ける, 傾ける, 固める, 語る, 担ぐ, 悲しむ, 兼ねる, かばう, 被る, 構う, 構える, 我慢する, 噛む, 通う, からかう, 刈る, かわる, 考える, 歓迎する, 聞く, 完成する, 記憶する, 刻む, 築く, 傷つける, 決める, 嫌う, 切る, 着る, 記録する, 食う, くぎる, 崩す, 下る, 工夫する, 組み立てる, 組む, 汲む, 比べる, 繰り返す, くるむ, 加える, 計画する, 経験する, 計算する, 化粧する, 決心する, 消す, 決定する, 蹴る, 研究する, 検査する, 見物する, 後悔する, こえる, 合計する, 肯定する, 誤解する, 呼吸する, 漕ぐ, 心得る, 志す, 試みる, 拵える, 越す, こする, 好む, ごまかす, こぼす, 転がす, 転がる, 殺す, 壊す, さえぎる, 遡る, 探す, 下がる, 裂く, 割く, 叫ぶ, 避ける, 下げる, 差す, 刺す, 指す, 誘う, 定める, 察する, 悟る, 冷ます, 覚ます, 妨げる, 去る, さわる, 散歩する, 仕上げる, 叱る, 敷く, しくじる, 刺激する, 試験する, 支度する, 実験する, 縛る, 実現する, 実行する, 失敗する, 失礼する, 指導する, 支配する, 支払う, しぼる, 仕舞う, 示す, しめる, 占める, 修理する, 生じる, 受験する, 手術する, 主張する, 出発する, 出版する, 招待する, 調べる, 承知する, 証明する, 知る, 信仰する, 信じる, 心配する, 吸う, 信用する, 過ぎる, 救う, 掬う, 過ごす, 進む, 進める, すてる, 滑る, 済ます, する, 擦る, 製造する, 背負う, 整理する, 接する, 攻める, 責める, 世話する, 選挙する, 選択する, 洗濯する, 掃除する, 創造する, 想像する,

育てる，卒業する，備える，染める，剃る，備える，揃える，尊敬する，代表する，倒す，耕す，炊く，焚く，抱く，確かめる，足す，出す，助ける，尋ねる，訪れる，たたかう，叩く，畳む，達する，立てる，楽しむ，頼む，食べる，だます，試す，頼む，ためる，保つ，頼る，誓う，縮める，中止する，散らす，費やす，通過する，通じる，使う，捕まえる，摑む，突く，尽くす，作り上げる，つくる，付ける，点ける，漬ける，告げる，都合する，伝える，続ける，慎む，包む，繋ぐ，潰す，呟く，つむる，摘む，積む，詰める，貫く，連ねる，釣る，吊るす，連れる，訂正する，手伝う，照らす，出る，尊ぶ，遠ざかる，通す，通る，とかす，解く，説く，遂げる，遠ざける，閉じる，整える，飛ばす，跳ぶ，飛ぶ，とめる，取り消す，取り締まる，取り巻く，とる，なおす，流す，眺める，流れる，慰める，なくす，殴る，嘆く，投げる，成す，撫でる，怠ける，舐める，鳴らす，ならす，並べる，逃がす，握る，憎む，逃げる，にらむ，煮る，縫う，抜く，脱ぐ，抜ける，盗む，濡らす，塗る，願う，ねじる，狙う，練る，残す，乗せる，除く，覗く，望む，述べる，のべる，のぼる，飲む，はかる，履く，掃く，吐く，励ます，運ぶ，挟む，はじく，始める，走る，恥じる，外す，働く，発音する，発見する，発行する，発明する，話す，放す，跳ねる，省く，はめる，生やす，払う，判断する，比較する，引き上げる，引きずる，引き受ける，引く，はじく，引っ越す，引っ張る，否定する，ひねる，冷やす，表現する，開く，拾う，広げる，広める，拭く，ふく，含む，ふさぐ，防ぐ，ぶつける，踏む，ふやす，振り返る，振り向く，振る，減らす，経る，勉強する，放送する，訪問する，ほうる，誇る，募集する，干す，保存する，ほめる，掘る，翻訳する，舞う，曲がる，巻く，待つ，祭る，纏める，学ぶ，招く，真似る，守る，丸める，回す，回る，見上げる，見合わせる，見送る，見下ろす，磨く，見せる，導く，見つける，見つめる，認める，見舞う，見る，診る，見渡す，迎える，むく，蒸す，結ぶ，恵む，巡る，目指す，儲ける，設ける，申し出る，用いる，持つ，戻す，求める，戻る，物語る，揉む，催す，燃やす，貰う，漏らす，盛る，焼く，約束する，養う，休む，休める，雇う，やぶる，やめる，遣る，有する，ゆでる，許す，緩める，要求

する，要する，よける，横切る，止す，寄せる，予想する，予定する，呼ぶ，予防する，よむ，弱める，理解する，利用する，料理する，旅行する，連絡する，論じる，わかす，分かる，分ける，忘れる，渡る，笑う，割る，など。

3) 《「～ハ（ガ）～ニ…」の文型をもつ動詞》
〔[例] 合う：この靴ハぼくの足ニ…。〕
会う，上がる，あきる，呆れる，飽く，あこがれる，遊ぶ，当たる，集まる，あふれる，甘える，あまる，改まる，表われる，生きる，いばる，浮かぶ，受ける，動く，訴える，映る，移る，促す，うなずく，売れる，影響する，遠慮する，負う，応じる，遅れる，おさまる，落ち着く，落ちる，驚く，溺れる，泳ぐ，及ぶ，おりる，折れる，輝く，掛かる，かかる，かかわる，限る，隠れる，固まる，傾く，かたよる，勝つ，通う，関係する，感じる，感心する，関する，気付く，気に入る，決まる，崩れる，下る，組む，来る，狂う，苦しむ，暮れる，煙る，焦げる，こごえる，志す，腰掛ける，こたえる，こぼれる，凝る，転がる，壊れる，栄える，下がる，咲く，裂ける，避ける，ささる，さす，さわる，参加する，賛成する，茂る，沈む，従う，親しむ，死ぬ，しびれる，しまる，しゃがむ，就職する，出席する，出発する，知れる，過ぎる，優れる，住む，座る，成功する，成長する，接する，迫る，沿う，添う，属する，育つ，備える，聳える，背く，揃う，存在する，対する，耐える，倒れる，高まる，漂う，立つ，達する，溜まる，頼る，近づく，近寄る，縮む，注意する，散る，通じる，支える，つかまる，突き当たる，尽きる，付く，着く，就く，次ぐ，尽くす，伝わる，続く，突っ込む，努める，繋がる，つまずく，詰まる，積もる，であう，適する，出来る，出る，同情する，到着する，通る，届く，飛び込む，とぶ，とまる，富む，伴う，取り組む，努力する，なおる，流れる，泣く，ならう，並ぶ，なる，鳴る，慣れる，馴れる，似合う，にじむ，寝る，のがれる，残る，のぼる，乗る，載る，入る，はえる，拍手する，励む，化ける，始まる，走る，恥じる，はずむ，働く，跳ねる，反対する，引き上げる，響く，開く，広まる，ふえ

る，耽る，ぶつかる，降る，触れる，減る，返事する，ほえる，微笑む，参る，舞う，任せる，負ける，まごつく，まじる，交わる，まとまる，学ぶ，間に合う，迷う，向く，結ぶ，面する，申し出る，もえる，もぐる，持ち込む，持つ，持てる，基づく，戻る，役立つ，やける，酔う，用心する，寄せる，寄る，因る，依る，甦る，呼びかける，わかれる，沸く，渡る，割れる，など。

4)《「～ハ（ガ）～ト…」の文型をもつ動詞》(趙 1995：149-50)
〔[例] 結婚する：夏子ハ先月正男ト結婚した。〕
合う，会う，変わる，協力する，交際する，異なる，試合する，戦う，通じる，付き合う，繋がる，出会う，遠ざかる，交わる，取り組む，見える，恋愛する，など。

5)《「～ハ（ガ）～カラ…」の文型をもつ動詞》(趙 1995：150)
〔[例] 独立する：アメリカハイギリスカラ独立した。〕
上がる，あふれる，浮く，生まれる，落ちる，隠れる，来る，下がる，さめる，去る，立ち上がる，出る，遠ざかる，抜ける，のぞく，外れる，離れる，引き上げる，ひく，吹く，漏れる，わかれる，など。

6)《「～ハ（ガ）～ヲ（ニ）…」の文型をもつ動詞》(趙 1995：150)
〔[例] 憧れる：弘ハ外交官ヲ（ニ）憧れている。〕
感謝する，欠席する，ご馳走する，しくじる，耐える，頼る，乱暴する，など。

7)《「～ハ（ガ）～ヲ（ニ，ヘ）…」の文型をもつ動詞》(趙 1995：150)
〔[例] 向く：そのとき，幸雄ハ後ろヲ（ニ，ヘ）向いていた。〕

8)《「～ハ（ガ）～ヲ（ニ，ヘ，マデ）…」の文型をもつ動詞》(趙 1995：150)
〔[例] 旅行する：真紀さんハこの夏イタリアヲ（ヘ，マデ）旅行した。〕

9)《「～ハ（ガ）～ニ（ト）…」の文型をもつ動詞》(趙 1995：150)
〔[例] 決まる：正男ガ学級委員ニ（ト）決まった。〕

合う，会う，重なる，かわる，関係する，比べる，親しむ，対する，つながる，なる，似る，ぶつかる，混ざる，など。

10)《「〜ハ（ガ）〜ニ（デ）…」の文型をもつ動詞》（趙 1995：151）
〔[例] 濡れる：道ハ雨ニ（デ）濡れていた。〕
慌てる，安心する，動く，おどる，驚く，終わる，輝く，がっかりする，威張る，腐る，苦心する，曇る，暮らす，苦しむ，苦労する，困る，転ぶ，さめる，騒ぐ，失敗する，滑る，倒れる，黙る，疲れる，潰れる，電話する，溶ける，悩む，始まる，はやる，びっくりする，震える，参る，まとまる，満足する，迷惑する，燃える，やぶれる，ゆがむ，揺れる，酔う，汚れる，流行する，沸く，など。

11)《「〜ハ（ガ）〜ニ（ヘ）…」の文型をもつ動詞》（趙 1995：151）
〔[例] 発展する：大阪ハ大商業都市ニ（ヘ）発展した。〕
上がる，行く，浮く，動く，移る，落ちる，降りる，返る，帰る，通う，変わる，消える，切れる，下る，越す，さがる，差す，射す，触る，障る，出発する，進む，滑る，近寄る，散る，通学する，伝わる，詰める，出かける，出る，通る，とぶ，流れる，入学する，抜ける，のぼる，入る，発達する，引っ越す，曲がる，回る，向かう，漏れる，など。

12)《「〜ハ（ガ）〜ニ（ヘ，マデ）…」の文型をもつ動詞》（趙 1995：151)
〔[例] 転がる：大きな岩ガ崖の下ニ（ヘ，マデ）転がった。〕
駆けつける，通う，下がる，進む，など。

13)《「〜ハ（ガ）〜ニ（トシテ）…」の文型をとる動詞》（趙 1995：152)
〔[例] 生まれる：冬子ハ私生児ニ（トシテ）生まれた。〕
まとまる，など。

14)《「〜ハ（ガ）[句] ノヲ…」の文型をとる動詞》（趙 1995：152)
〔[例] 手伝う：秋子ハ［母ガ料理する］ノヲ手伝った。〕
抑える，我慢する，世話する，助ける，とめる，なおす，眺める，休む，

見る，など。

15)《「〜ハ（ガ）［句］コトヲ…」の文型をとる動詞》（趙 1995：152）
〔［例］計画する：父ハ［家を改築する］コトヲ計画している。〕
表わす，意味する，疑う，考える，心掛ける，実行する，示す，信じる，恥じる，発見する，勉強する，放送する，理解する，など。

16)《「〜ハ（ガ）［文］カ（ドウカ）（ヲ）…」の文型をもつ動詞》（趙 1995：152）
〔［例］検討する：デパートハ［値下げ出来る］カ（ドウカ）（ヲ）検討した。〕
当てる，覚える，思い出す，数える，考える，計画する，計算する，研究する，試みる，調べる，知る，ためらう，理解する，忘れる，など。

17)《「〜ハ（ガ）［句］ノニ…」の文型をもつ動詞》（趙 1995：152）
〔［例］驚く：わたしハ［父の会社が倒産した］ノニ驚いた。〕
呆れる，謝る，苦心する，苦労する，困る，足りる，失望する，反対する，など。

18)《「〜ハ（ガ）［句］コトニ…」の文型をもつ動詞》（趙 1995：152-3）
〔［例］努める：母ハ［いつも部屋をきれいにする］コトニ努めている。〕
努力する，因る，賛成する，反対する，など。

19)《「〜ハ（ガ）［文］カ〈ドウカ〉ニ…」の文型をもつ動詞》（趙 1995：153）
〔［例］因る：成功ハ［努力する］カ〈ドウカ〉ニ因る。〕
掛かる，従う，基づく，など。

20)《「〜ハ（ガ）［句］ノ（コト）ヲ…」の文型をとる動詞》（趙 1995：153）
〔［例］覚える：光子ハ［むかし武にいじめられた］ノ（コト）ヲ覚えている。〕
諦める，祝う，恨む，選ぶ，遠慮する，恐れる，思い出す，悲しむ，歓迎

する，記憶する，許可する，嫌う，後悔する，肯定する，好む，避ける，悟る，叱る，承知する，証明する，調べる，知る，中止する，続ける，同情する，願う，望む，否定する，防ぐ，ほめる，認める，やめる，許す，止す，予想する，予定する，喜ぶ，忘れる，など。

21)《「～ハ（ガ）［句］ノ（コト）ニ…」の文型をとる動詞》(趙 1995：153)
〔［例］驚く：みなハ［会長が怒り出した］ノニ驚いた。〕
飽きる，あきれる，あわてる，協力する，失敗する，成功する，賛成する，たじろぐ，反対する，びっくりする，など。

22)《「～ハ（ガ）［句］ノ（トコロ）ヲ…」の文型をとる動詞》(趙 1995：153)
〔［例］助ける：子供ガ［車にひかれそうになった］ノ（トコロ）ヲ助けた。〕
襲う，助かる，捕らえる，つかまる，つかまえる，逃げる，見せる，見つかる，見つける，見る，など。

23)《「～ハ（ガ）［句］コトヲ（ニ）…」の文型をとる動詞》(趙 1995：154)
〔［例］決める：弘ハ［大学を止める］コトニ決めた。〕
感謝する，決定する，など。

24)《「～ハ（ガ）［句］コトニ（ト）…」の文型をとる動詞》(趙 1995：154)
〔［例］関係する：人員整理ハ［会社を再建する］コトニ（ト）関係している。〕
つながる，結びつく，など。

25)《「～ハ（ガ）［文］カ（ヲ）デ…」の文型をとる動詞》(趙 1995：154)
〔［例］競争する：商店ハ［どれほどサービスする］カデ…。〕

26)《「〜ハ（ガ）［句］ノ（コト）ヲ（ニ）…」の文型をとる動詞》（趙 1995：154）
〔［例］気付く：会計係ハ［自分の計算が間違っている］ノ（コト）ヲ（ニ）気付いた。〕

27)《「〜ハ（ガ）［句］ノ（コト）ヲ（ニ，デ）…」の文型をとる動詞》（趙 1995：154）
〔［例］悩む：亜沙子ハ［子供の成績が上がらない］ノ（コト）ヲ（ニ，デ）悩んだ。〕
あきれる，怒る，失望する，など。

28)《「〜ハ（ガ）［句］ノ（コト）ニ（デ）…」の文型をもつ動詞》（趙 1995：154）
〔［例］迷惑する：妻ハ［夫がいびきをかく］ノ（コト）ニ（デ）迷惑している。〕
困る，など。

29)《「〜ハ（ガ）［文］カ（ドウカ）ニ…」の文型をもつ動詞》（趙 1995：154）
〔［例］掛かる：会社の再建ハ［銀行が融資してくれる］カドウカニ掛かっている。〕
関係する，因る，など。

30)《「〜ハ（ガ）［副詞］…」の文型をもつ動詞》（趙 1995：155）
　［副詞］は，副詞成分で，形容詞と名容詞の副詞形（連用形）も含む。
〔［例］写る：この写真では，明美ガ［綺麗に］写っている。〕
上がる，行く，切れる，過ぎる，進む，成長する，付く，出来る，出る，なる，見える，笑う，など。

31)《「〜ハ（ガ）［副詞節］…」の文型をもつ動詞》（趙 1995：155）
　［副詞節］は，動詞の副詞形（連用形）をとる語句も含む。
〔［例］安心する：両親ハ［子供が無事だと聞いて］安心した。〕

慌てる，怒る，驚く，がっかりする，悲しむ，感心する，腐る，苦しむ，困る，失礼する，助かる，楽しむ，びっくりする，悩む，参る，迷惑する，喜ぶ，弱る，など。

32)《「〜ハ（ガ）［文］ト…」の文型をもつ動詞》（趙 1995：155)
〔［例］威張る：弘ハ［家が金持ちだ］ト威張っている。〕
言う，解釈する，悲しむ，考える，感じる，感心する，頑張る，気付く，決める，繰り返す，後悔する，心得る，叫ぶ，騒ぐ，想像する，つぶやく，伝える，説く，怒鳴る，嘆く，踏む，判断する，報告する，放送する，認める，呼ぶ，喜ぶ，など。

33)《「〜ハ（ガ）［句］モノト…」の文型をもつ動詞》（趙 1995：155)
〔［例］考える：みんなハ［この事件はすでに解決した］モノト考えた。〕
諦める，思う，誤解する，悟る，信じる，見なす，みる，予想する，理解する，など。

34)《「〜ハ（ガ）［句］モノ（コト）ト…」という文型をもつ動詞》（趙 1995：156)
〔［例］思う：両親ハ［わたしの就職を喜んでくれる］モノ（コト）ト…。〕
考える，感じる，信じる，など。

35)《「〜ハ（ガ）［句］ノ（デハナイ）カト…」の文型をもつ動詞》（趙 1995：156)
〔［例］疑う：警察ハ［犯人が近くに隠れている］ノ（デハナイ）カト疑った。〕
思う，恐れる，考える，心配する，悩む，など。

36)《「〜ハ（ガ）［動詞の欲求形（〜シタイ）］ト…」の文型をもつ動詞》（趙 1995：156)
〔［例］望む：光子ハ［アメリカに留学しタイ］ト望んでいる。〕
希望する，話す，願う，など。

37)《「〜ハ（ガ）［動詞の意向形（〜ショウ）］ト…」の文型をもつ動詞》

(趙 1995：156)
〔[例] 努力する：健一ハ［博士の学位を取ロウ］ト努力している。〕
思う，考える，頑張る，苦心する，決心する，心掛ける，志す，努める，努力する，など。

38)《「～ハ（ガ）［動詞の意向形（～ショウカ）ト…］」という文型をもつ動詞》(趙 1995：156)
〔[例] 悩む：正男ハ［高校を卒業したら，就職しヨウカ］ト悩んでいる。〕
考える，迷う，など。

10.3　3価動詞

1)《「～ハ～ガ～ニ…」の文型をもつ動詞》
〔[例] 合う：この靴ハサイズガぼくの足ニ合っている。〕
劣る（成績ガ弟ニ），及ぶ（背丈ガ父ニ），輝く（目ガ希望ニ），罹る（子供ガ肺炎ニ），傾く（気持ちガ夏子ニ），聞こえる（話ガ冗談ニ），堪える（寒さガ体ニ），出る（感情ガ顔ニ），入学する（息子ガ大学ニ），勝る（軍事力ガ外国ニ），焼ける（肌ガ日ニ）

2)《「ハ～ニ～ガ…」の文型をもつ動詞》
痛む（悲惨なニュースニ心ガ），動く（その言葉ニ心ガ），踊る（希望ニ心ガ），加わる（頬ニ赤みガ），差す（顔ニ血の気ガ），出る（額ニ汗ガ），出来る（顔ニにきびガ），揺れる（その言葉ニ気持ちガ）など。

3)《「～ハ（ガ）～ヲ/ニ～ニ/ヲ…」の文型をもつ動詞》
この動詞については，次のような下位分類が必要である。

　　（a）「～ハ（ガ）～ヲ～ニ…」の文型をとる動詞群。
　　（b）「～ハ（ガ）～ニ～ヲ…」の文型をとる動詞群。
　　（c）（a）と（b）両方の文型をとる動詞群。
　　（d1）（c）のグループでありながら，一部（a）の型を含むもの。
　　（d2）（c）のグループでありながら，一部（b）の型を含むもの。

いままで，こうした下位分類を無視して一律に(a)もしくは(b)として扱われてきたが，動詞の文型の記述としては不備であった。本書では，この点を明確にしておきたいと思う。

(a) 「～ハ（ガ）～ヲ～ニ…」の文型が好まれる動詞
〔[例] 改める：政府ハ旧法ヲ新法ニ改めた。〕
表わす（驚きヲ顔ニ），案内する（先生ヲ会場ニ），置く（本ヲ机の上ニ），帯びる（刀ヲ腰ニ），限る（スピーチヲ3分ニ），変える（ハンカチヲ鳩ニ），折る（紙ヲ2つニ），降ろす（荷物ヲ床ニ），解釈する（古文ヲ現代文ニ），返す（宝石ヲ持ち主ニ），固める（荷物ヲ部屋の隅ニ），被る（帽子ヲ頭ニ），決める（出発の日ヲ明日ニ），区切る（文ヲ文節ニ），比べる（熱海ヲナポリニ），転がす（岩ヲ山の下ニ），裂く（布ヲ2つニ），招待する（友達ヲ結婚式ニ），する（息子ヲ医者ニ），整理する（玩具ヲ箱ニ），育てる（弟子ヲ歌手ニ），備える（食料ヲ地震ニ），染める（髪の毛ヲ茶色ニ），畳む（布ヲ4つニ），喩える（人間ヲ葦ニ），頼る（老後ヲ子供ニ），縮める（夏休みヲ3週間ニ），照らす（懐中電灯ヲ足元ニ），溶かす（ミルクヲお湯ニ），取る（その青年ヲ内弟子ニ），直す（英文ヲ和文ニ），捻る（ガス栓ヲ左ニ），撮る（現状ヲ写真ニ），諮る（予算案ヲ国会ニ），引きずる（裾ヲ床ニ），引っぱる（戸ヲ手前ニ），増やす（貯金ヲ1千万ニ），振る（首ヲ横ニ），減らす（小遣いヲ1万円ニ），勉強する（その野菜ヲ200円ニ），報告する（試験の結果ヲ保護者ニ），訪問する（友人ヲ会社ニ），負ける（カメラヲ2万円ニ），曲げる（指ヲ内側ニ），まとめる（研究成果ヲ論文ニ），招く（恩師ヲ結婚式ニ），真似る（バッハの作風ヲ自分の曲ニ），見つかる（いたずらヲ母ニ），用いる（若い女性ヲ秘書ニ），貰う（友人の娘ヲ嫁ニ），訳す（英語ヲ日本語ニ），やる（息子ヲ大学ニ），予定する（結婚式ヲ来月ニ），詠む（人生の悲哀ヲ歌ニ），利用する（空きかんヲ鉛筆立てニ），分ける（生徒ヲ4クラスニ），割る（リンゴヲ4つニ），など。

(b) 「～ハ（ガ）～ニ～ヲ…」の文型が好まれる動詞
〔[例] 言う：母ハ先生ニお礼ヲ言った。〕

動かす（彼の言葉ニ心ヲ），頂く（お隣ニお土産ヲ），歌う（赤ちゃんニ子守り歌ヲ），打つ（外野ニヒットヲ），埋める（地中ニ廃棄物ヲ），伺う（先生ニご意見ヲ），負う（肩ニ重傷ヲ），起こす（かまどニ火ヲ），驚かす（その変わりようニ心ヲ），覚える（その行動ニ怒りヲ），思う（その風景ニ故里ヲ），賭ける（仕事ニ命ヲ）。借りる（友人ニ金ヲ），聞く（通行人ニ道ヲ），着せる（子供ニ着物ヲ），希望する（息子ニ就職ヲ），禁止する（病人ニたばこヲ），禁じる（生徒ニ私語ヲ），くれる（子供ニ小遣いヲ），加える（芸ニ円熟味ヲ），催促する（下宿人ニ家賃ヲ），叫ぶ（世間ニ自分の無実ヲ），強いる（相手ニ酒ヲ），締める（首ニネクタイヲ），準備する（災害ニ食料ヲ），尋ねる（通行人ニ道ヲ），誓う（国ニ忠誠ヲ），続ける（息子ニ仕送りヲ），都合する（友人ニ金ヲ），問う（通行人ニ道ヲ），持つ（仕事ニ自信ヲ），鳴らす（会社ニ不平ヲ），縫う（布ニ刺繍ヲ），生やす（あごニひげヲ），開く（市内ニ薬局ヲ），含む（口ニ水ヲ），振舞う（部下ニご馳走ヲ），誇る（他人ニ自分の力ヲ），掘る（庭ニ池ヲ），蒔く（畑ニ種ヲ），結ぶ（髪ニリボンヲ），命じる（騒ぐ者ニ退席ヲ），約束する（子供ニお土産ヲ），許す（学生ニバイクの通学ヲ），用意する（ゲストニ宿舎ヲ），要求する（政府ニ減税ヲ）

（c）「〜ハ（ガ）〜ヲ〜ニ…」と「〜ハ（ガ）〜ニ〜ヲ…」の両方の文型が可能な動詞

　この場合，高見健一（1999）が述べているように，動詞「…」に近い方の行為項に意味的な力点が置かれている。
〔[例] あける：大工が板ニ穴ヲあけた。母がやかんのお湯ヲポットニあけた。〕
上げる，集める，誂える，当てる，謝る，合わせる，言いつける，祈る，入れる，植える，浮かべる，受ける，打ち明ける，写す，移す，押す，描く，追う，送る，贈る，おさめる，教える，書く，掲げる，重ねる，飾る，傾ける，語る，担ぐ，被せる，被る，築く，教育する，記録する，配る，くるむ，汲む，擦る，こぼす，込める，下げる，授ける，敷く，沈める，支払う，しまう，示す，主張する，紹介する，知らせる，記す，推薦

する，進める，説明する，背負う，迫る，揃える，抱く，確かめる，足す，訪ねる，立てる，建てる，頼む，溜める，注意する，注文する，貯金する，付ける，着ける，突っ込む，包む，つなぐ，積む，詰める，吊るす，溶かす，飛ばす，届ける，取り付ける，流す，投げる，習う，並べる，握る，塗る，願う，残す，述べる，載せる，運ぶ，挟む，発表する，話す，はめる，払う，引き上げる，引く，浸す，広める，ぶっつける，触れる，報告する，干す，保存する，任せる，混ぜる，学ぶ，招く，回す，満たす，見せる，認める，迎える，向ける，命令する，恵む，設ける，申し込む，持ち込む，戻す，求める，漏らす，盛る，輸出する，譲る，寄せる，呼びかける，呼ぶ，連絡する，忘れる，渡す，詫びる，など。

(d1) （c）のタイプであって，とくに（a）の文型をとる動詞
〔［例］あわせる：（友子ヲ次郎ニ）（次郎ニ友子ヲ）〕（ただし，「（友子ヲひどい目ニ）あわせる」は（a）。以下のコロンの後に示した例は（a）となる）
落とす（蔭ヲ庭ニ）（庭ニ蔭ヲ）：（スピードヲ80キロニ），出す（委員ヲ生徒会ニ）（生徒会ニ委員ヲ）：（一人娘ヲ嫁ニ），使う（洗剤ヲ洗濯ニ）（洗濯ニ洗剤ヲ）：（わかい女性ヲ秘書ニ），乗せる（おばあさんヲ車ニ）（車ニおばあさんヲ）：（あばあさんヲうまい話ニ），払う（補償金ヲ遺族ニ）（遺族ニ補償金ヲ）：（右手ヲ横ニ），振る（サラダニ塩ヲ）（塩ヲサラダニ）：（首ヲ横ニ），やる（餌ヲ小鳥ニ）（小鳥ニ餌ヲ）：（3人の息子ヲ大学ニ），通す（針の穴ニ糸ヲ）（糸ヲ針の穴ニ）：（料理ニ火ヲ），など。

(d2) （c）のタイプであって，とくに（b）の文型をとる動詞
　訴える（裁判所ニ土地の紛争ヲ）（土地の紛争ヲ裁判所ニ）：（看護婦ニ吐き気ヲ），燃やす（火ニ紙ヲ）（紙ヲ火ニ）：（仕事ニ意欲ヲ）など。

4）《「～ハ（ガ）～ヲ～ト…」の文型をとる動詞》
〔［例］あがめる：人々ハマホメットヲ預言者トあがめた。〕
あわせる，言う，うやまう，恐れる，思う，解釈する，考える，感じる，誤解する，心得る，叱る，信じる，想像する，尊敬する，頼む，とる，名

付ける，発音する，判断する，比較する，表現する，ほめる，認める，見なす，みる，呼ぶ，読む，など。

5)《「ハ（ガ）〜カラ〜ヲ…」の文型をとる動詞》（趙 1995：159）
〔[例] 盗む：泥棒ガ店の金庫カラ金ヲ盗んだ。〕
預かる，集める，受け取る，受ける，奪う，選ぶ，得る，落とす，買う，隠す，削る，さける，さます，吸う，救う，掬う，とる，眺める，なくす，逃がす，除く，望む，始める，外す，払う，引き出す，引く，学ぶ，見下ろす，見せる，みる，貰う，輸入する，など。

6)《「〜ハ（ガ）〜カラ〜ニ…」の文型をとる動詞》（趙 1995：159）
〔[例] 戻る：父ハ会社カラ家ニ戻った。〕
行く，掛かる，かわる，続く，変化する，など。

7)《「〜ハ（ガ）〜デ〜ニ…」の文型をもつ動詞》（趙 1995：159）
〔[例] 勝つ：ぼくの高校ハ野球デ相手校ニ勝った。〕
傾く，協力する，足りる，負ける，など。

8)《「〜ハ（ガ）〜ヲ〜ニ（ヘ）…」の文型をもつ動詞》（趙 1995：160）
〔[例] 案内する：接待係ガ来賓ヲ会場ニ（ヘ）案内した。〕
上げる，急ぐ，入れる，動かす，移す，落とす，折れる，おろす，かえす，かえる，片付ける，切る，転がす，下げる，縛る，しまう，進める，捨てる，倒す，出す，通す，届ける，流す，逃がす，逃げる，ねじる，乗せる，載せる，入る，干す，曲がる，回す，迎える，向ける，もらす，遣る，呼ぶ，など。

9)《「〜ハ（ガ）〜ヲ〜ニ（ト）…」の文型をもつ動詞》（趙 1995：160）
〔[例] 決める：みなガ正男くんヲ議長ニ決めた。〕
合わせる，受け取る，かえる，限る，重ねる，決定する，定める，する，揃える，訂正する，とりかえる，なす，間違う，間違える，など。

10)《「〜ハ（ガ）〜ニ〜ヲ（ト）…」の文型をもつ動詞》（趙 1995：161）
〔[例] 送る：「分かる」ニ「かる」ヲ（ト）…。〕

11)《「〜ハ（ガ）〜ト〜ヲ（デ）…」の文型をもつ動詞》(趙 1995：161)
〔［例］競争する：わが社ハライバル会社ト生産量ヲ（デ）競争している。〕
争う，競う，勝負する，など。

12)《「〜ハ（ガ）〜ニ（カラ）〜ヲ…」の文型をもつ動詞》(趙 1995：160)
〔［例］習う：夏子ハ小山先生ニ（カラ）フランス語ヲ習った。〕
得る，教わる，借りる，聞く，学ぶ，求める，もらう，など。

13)《「〜ハ（ガ）〜ニ（デ）〜ヲ…」の文型をもつ動詞》(趙 1995：160)
〔［例］痛める：社長ハ毎月の赤字ニ（デ）頭ヲ痛めている。〕
落とす（物ヲ），つぶす（時間ヲ），見つける（物ヲ），待つ（人ヲ），など。

14)《「〜ハ（ガ）〜ヲ［句］（モノ）ト…」の文型をとる動詞》
〔［例］受け取る：人々ハ大臣の失言ヲ［国民をばかにした］（モノ）ト受け取った。〕
諦める，怒る，恐れる，解釈する，考える，感じる，誤解する，心得る，叱る，信じる，想像する，とる，判断する，比較する，ほめる，認める，見なす，みる，予想する，よむ，など。

15)《「〜ハ（ガ）〜ニ［文］ト…」の文型をもつ動詞》(趙 1995：162)
〔［例］注意する：母親ハ息子に［勉強しなさい］ト注意した。〕
挨拶する，謝る，言い付ける，言う，教える，書く，語る，答える，断わる，叫ぶ，強いる，主張する，知らせる，伝える，電話する，述べる，話す，返事する，報告する，呼びかける，連絡する，など。

16)《「〜ハ（ガ）〜ニ［句］コトヲ…」の文型をもつ動詞》(趙 1995：161)
〔［例］祈る：妻ハ神ニ［夫が無事である］コトヲ祈った。〕
希望する，記録する，禁止する，禁じる，断わる，知らせる，記す，伝える，願う，話す，認める，許す，など。

17)《「〜ハ（ガ）〜ニ［文］カ〈ドウカ〉（ヲ）…」の文型をもつ動詞》(趙 1995：161)
〔［例］尋ねる：正男ハ秋子ニ［あす暇がある］カ〈ドウカ〉（ヲ）尋ねた。〕

18)《「〜ハ（ガ）〜ニ［句］（ノ）カ（ト）…」の文型をもつ動詞》(趙 1995：162)
〔［例］尋ねる：医者ハ春子に［どこが痛い］（ノ）カ（ト）尋ねた。〕
聞く，質問する，など。

19)《「〜ハ（ガ）［句］ノ（タメ）ニ〜ヲ…」の文型をもつ動詞》(趙 1995：161)
〔［例］費やす：伊能忠敬ハ［日本地図を作る］ノ（タメ）ニ晩年ヲ費やした。〕
当てる，捧げる，掛ける，など。

20)《「〜ハ（ガ）［句］コトヲ〜ニ…」の文型をもつ動詞》(趙 1995：161)
〔［例］伝える：春子ハ［元気でいる］コトヲ母親ニ伝えた。〕
教える，誓う，注意する，述べる，報告する，命じる，求める，要求する，連絡する，聞く，質問する，確かめる，問い合わせる，など。

21)《「〜ハ（ガ）［句］ヨウニ（ト）〜ニ…」の文型をもつ動詞》(趙 1995：162)
〔［例］祈る：明子ハ［入試に合格する］ヨウニ（ト）神様ニ祈った。〕
拝む，催促する，注意する，伝える，願う，求める，呼びかける，など，

22)《「〜ハ（ガ）〜ニ［文（命令形）］（スルヨウニ）（ト）…」の文型をもつ動詞》(趙 1995：163)
〔［例］言う：正男ハ友子ニ［来い］（来るヨウニ）（ト）言った。〕
合図する，言い付ける，命じる，命令する，要求する，など。

23)《「〜ハ（ガ）［文（意向形）］（スルヨウニ）（ト）〜ニ…」の文型をも

つ動詞》(趙 1995：163)
〔[例] 迫る：正男ハ [この事は秘密にしよう]（スルヨウニ）（ト）友子ニ迫った。〕
訴える，誓う，など。

24)《「～ハ（ガ）[文（要望形）]（スルヨウニ）（ト）～ニ…」の文型をもつ動詞》
〔[例] 相談する：明子ハ [アメリカに留学させてほしい] ト父親ニ相談した。〕
頼む，注文する，願う，など。

25)《「～ハ（ガ）[句]（ヨウニ）～ヲ…」の文型をとる動詞》(趙 1995：163)
〔[例] 教育する：先生がたハ [立派な社会人になる] ヨウニ生徒ヲ教育している。〕
　　上記の例文に含まれている「ヨウニ」であるが，形式名詞「ヨウ」が先行する句を名詞化し，これに助詞の「ニ」が付加されて副詞的成分になっている。(　　頁参照)

26)《「～ハ（ガ）～ヲ [副詞] …」の文型をとる動詞》(趙 1995：162)
〔[例] 思う：わたしハ由美の態度ヲ [変に] 思った。〕
上げる，扱う，言う，受け取る，受ける，運転する，思う，解釈する，かえる，感じる，暮らす，する，とる，塗る，引く，踏む，巻く，見せる，みる，など。

27)《「～ハ（ガ）～ニ [副詞] …」の文型をとる動詞》(趙 1995：162)
〔[例] 聞こえる：母親の小言ハ子供たちの耳ニ [うるさく] 聞こえる。〕
写る，対する，乗る，運ぶ，話す，見える，など。

28)《「～ハ（ガ）～ヲ～トシテ…」（副）の文型をもつ動詞》(趙 1995：160)
〔[例] 敬う：人々ハジャンヌ・ダルクヲ聖女トシテ敬っている。〕

慕う，尊敬する，頼る，など。

29)《「〜ハ（ガ）〜ニ〜トシテ…」(副) の文型をもつ動詞》(趙 1995：159)
〔［例］勤める：父ハその会社ニ販売課長トシテ勤めている。〕(「〜トシテ」は動詞「〜トスル」の副詞形である。)
聞こえる，就職する，付く，働く，など。

10.4　4価動詞

4価動詞として，趙（1995：163）は，次の3つの文型を示している。

（1）「〜ハ（ガ）〜ニ〜ヲ［副詞］…」の文型。
　　〔［例］言う：母親ハ自分の娘ニ嫁（のこと）ヲ［悪く］いった。〕
　　（上の文における「悪く」は副詞的要素である。）
（2）「〜ハ（ガ）〜ニ〜ヲ［文］ト…」の文型をもつ動詞。
　　〔［例］言う：岡本太郎ハみんなニ自分ヲ［天才だ］ト言っていた。〕
（3）「〜ハ（ガ）〜ニ〜ヲ〜デ…」の文
　　〔［例］返す：Tは先生に恩を仇で返した。〕

（3）の例文における「仇で」も不可欠項である。やはり，4価の場合も考慮に入れる必要があるだろう。また，次の文もごく普通の4価の行為項を用いた言い方である。

（4）　春子は座布団を押入れから座敷に運んだ。

しかし，上の例文における「運ぶ」は，本来「〜ハ（ガ）〜ヲ〜ニ…」の3価動詞である。これに起点の副詞句「押入れカラ」が付加されたと見るべきであろう。

10.5 動詞文型のまとめ

以上記述した動詞の文型をここにまとめておく。

「助」は格助詞を意味し，「助（助）」は後の（助）が前の「助」と交代可能であることを示している。また，［句］は形容詞句（連体句）を，［副］は副詞成分を表わす。さらに，（形名）は形式名詞のことで，名詞化の転用体としての働きを指している。なお，形名（形名）は，後の形式名詞が後の（形式名詞）と交代可能であることを示している。

形式名詞「ノ」「コト」「モノ」「トコロ」の前には形容詞句が来るが，「ト」の前には文が立つ。

1．1価動詞 「〜助（助）…」のタイプ（1種）
 1）〜ハ（ガ）…
2．2価動詞（38種）
 （a）「〜助〜助…」のタイプ：
  1）〜ハ〜ガ…
 （b）「〜助（助）〜助…」のタイプ：
  2）〜ハ（ガ）〜ヲ…
  3）〜ハ（ガ）〜ニ…
  4）〜ハ（ガ）〜ト…
  5）〜ハ（ガ）〜カラ…
 （c）「〜助（助）〜助…」のタイプ
  6）〜ハ（ガ）〜ヲ（ニ）…
  7）〜ハ（ガ）〜ヲ（ニ，ヘ）…
  8）〜ハ（ガ）〜ヲ（ニ，ヘ，マデ）…
  9）〜ハ（ガ）〜ニ（ト）…
  10）〜ハ（ガ）〜ニ（デ）…
  11）〜ハ（ガ）〜ニ（ヘ）…
  12）〜ハ（ガ）〜ニ（ヘ，マデ）…

13）〜ハ（ガ）〜ニ（トシテ）…
（d）「〜助（助）［句］（形名）助…」のタイプ
　14）〜ハ（ガ）［句］ノヲ…
　15）〜ハ（ガ）［句］コトヲ…
　16）〜ハ（ガ）［文］カ（ドウカ）ヲ…
　17）〜ハ（ガ）［句］ノニ…
　18）〜ハ（ガ）［句］コトニ…
　19）〜ハ（ガ）［文］カ（ドウカ）ニ…
（e）「〜助（助）〜［名］形式（形式）助…」のタイプ
　20）〜ハ（ガ）［句］ノ（コト）ヲ…
　21）〜ハ（ガ）［句］ノ（コト）ニ…
　22）〜ハ（ガ）［句］ノ（トコロ）ヲ…
（f）「〜助（助）［句］（形名）助（助）…」のタイプ
　23）〜ハ（ガ）［句］コトヲ（ニ）…
　24）〜ハ（ガ）［句］コトニ（ト）…
　25）〜ハ（ガ）［文］カ（ヲ）デ…
　26）〜ハ（ガ）［句］ノ（コト）ヲ（ニ）…
　27）〜ハ（ガ）［句］ノ（コト）ヲ（ニ，デ）…
　28）〜ハ（ガ）［句］ノ（コト）ニ（デ）…
　29）〜ハ（ガ）［文］カ（ドウカ）ニ…
（g）「〜助（助）［副］…」のタイプ
　30）〜ハ（ガ）［副］…
　31）〜ハ（ガ）［動副シテ］…
（h）「〜助（助）［文］ト…」のタイプ
　32）〜ハ（ガ）［文］ト…
　33）〜ハ（ガ）［句］モノト…
　34）〜ハ（ガ）［句］モノ（コト）ト…。
　35）〜ハ（ガ）［句］ノ（デハナイ）カト…。
（i）「〜助（助）［動詞形］…」のタイプ
　36）〜ハ（ガ）［動シタイ］ト…

37) ～ハ（ガ）［動シヨウ］ト…
38) ～ハ（ガ）［動シヨウカ］ト…

3．3価動詞（29種）
（a）「～助～助～助 …」のタイプ
1) ～ハ～ガ～ニ…
2) ～ハ～ニ～ガ…
3) ～ハ（ガ）～ヲ/ニ～ニ/ヲ…
4) ～ハ（ガ）～ヲ～ト…
5) ～ハ（ガ）～カラ～ヲ…
6) ～ハ（ガ）～カラ～ニ…
7) ～ハ（ガ）～デ～ニ…
（b）「～助～助～助（助）…」のタイプ
8) ～ハ（ガ）～ヲ～ニ（ヘ）…
9) ～ハ（ガ）～ヲ～ニ（ト）…
10) ～ハ（ガ）～ニ～ヲ（ト）…
11) ～ハ（ガ）～ト～ヲ（デ）…
（c）「～助～助（助）～助…」のタイプ
12) ～ハ（ガ）～ニ（カラ）～ヲ…
13) ～ハ（ガ）～ニ（デ）～ヲ…
（d）「～助～助［句］（形名）助…」のタイプ
14) ～ハ（ガ）～ヲ［句］（モノ）ト…
15) ～ハ（ガ）～ニ［文］ト…
16) ～ハ（ガ）～ニ［句］コトヲ…
17) ～ハ（ガ）～ニ［文］カ〈ドウカ〉ヲ…
18) ～ハ（ガ）～ニ［文］（ノ）カ（ト）…
（e）「～助［句］（形名）助～助…」のタイプ
19) ～ハ（ガ）［句］ノ（タメ）ニ～ヲ…
20) ～ハ（ガ）［句］コトヲ～ニ…
21) ～ハ（ガ）［句］ヨウニ（ト）～ニ…
22) 上と同型で，［文］が（命令形）をとる。

23）上と同型で，［文］が（意向形）をとる。
24）上と同型で，［文］が（要望形）をとる。
25）〜ハ（ガ）［句］ヨウニ〜ヲ…
（f）「〜助〜助［副］…」のタイプ
26）〜ハ（ガ）〜ヲ［副］…
27）〜ハ（ガ）〜ニ［副］…
28）〜ハ（ガ）〜ヲ〜トシテ（副）…
29）〜ハ（ガ）〜ニ〜トシテ（副）…

4．4価動詞

4価の動詞については，一応次の2例のみ与えておく。
1）〜ハ（ガ）〜ニ〜ヲ［副］…
2）〜ハ（ガ）〜ニ〜ヲ〜デ…。

　以上，結合価理論による形容詞，名容詞および動詞の文型を紹介した。もちろん不完全なもので，さらなる補正が必要である。しかし，こうした文型化が日本語の述語構造を明確にするとともに，日本語教育の手順も精巧なものとなるであろう。名詞述語についての分析は，今後の研究にゆだねたい。

10.6　結合価文法の効用

　ここまで，結合価文法の理論と分析方法を解説しきたが，最後にこの文法の効力について，理論面と実用面に分けて説明しておこう。

10.6.1　理論面の効用

　ある出来事や状態を伝えるのに，言語表現を用いるのが普通である。言語表現は，文という単位で組み立てられている。文を形成するためには，まず文の中核をなす述語を選定しなければならない。述語は，動詞のみならず，形容詞や名詞を述語として使うことも可能である。

　述語が決定されると，その述語がもっているいくつかの文型の中から，

その状況で表現するのにもっとも適切な文型が選び出される。この文型に必要な行為項をはめこめば，基本的な文が形成されることになる。これに状況項や修飾語が付加されれば，文が完成する。

すなわち，次のような手順で文が作り出される。

　　述語の選定　→　文型の選定　→　行為項の挿入　→　状況項と修飾語の付加

したがって，変形文法の主張するように，基底文から変形によって，表層文が導きだされるのではない。受動文や使役文にもそれぞれの文型がある。この文型に行為項が納まり，状況項や修飾語句が添加されて，まとまりのある受動文や使役文も成立する。

文型の中核となる述語が要求する必要な行為項が定まり，さらに状況項や修飾語句が追加されるとき，さまざまな転用が施される。かくて，千変万化の言語表現が可能となるのである。

10.6.2　実用面の効用

文の中心が述語であり，それぞれの述語が複数の文型で用いられるので，辞書はこうした文型を文法情報として提示し，これに適した文例を用意することが望ましい。述語は動詞に限らず，形容詞や名容詞それに名詞も述語として働くことに留意しなければならない。こうした述語と文型を取り入れることにより，日本語辞典は実用的な威力を発揮することになる。

なお，同じ語形の語において，相互を区別するのは意味ではなく，文型による。

「解決ヲ図る，時間ヲ計る，長さヲ測る，重さヲ量る，暗殺ヲ謀る」の「図る，計る，測る，量る，謀る」はいずれも「〜ヲ…」の文型をとる「はかる」であり，「議案ヲ会議に諮る」の「諮る」は文型「〜ヲ〜ニ…」をとる「はかる」である。

また，日本語教育においても，こうした文型に基づけば，段階的に日本語の運用力を高めることが容易になるし，学習者も文型を通して表現力を

豊かにすることができる。
　いままでのように,「～ハ～ガ」の文型についても,無駄な論争に明け暮れすることなく,すなおにこの文型がいかに重宝されているかを認め,その表現力の柔軟さを理解していただきたい。これをもって,日本語の文型に関する章を完結しておく。

付録1

夏目漱石著『坊ちゃん』の冒頭部構造分析(図系化)例

　親譲りの無鉄砲で子供の時から損ばかりしている。小学校にいる時分学校の二階から飛び降りて一週間ほど腰を抜かしたことがある。なぜそんな無闇をしたと聞く人があるかも知れぬ。別段深い理由でもない。

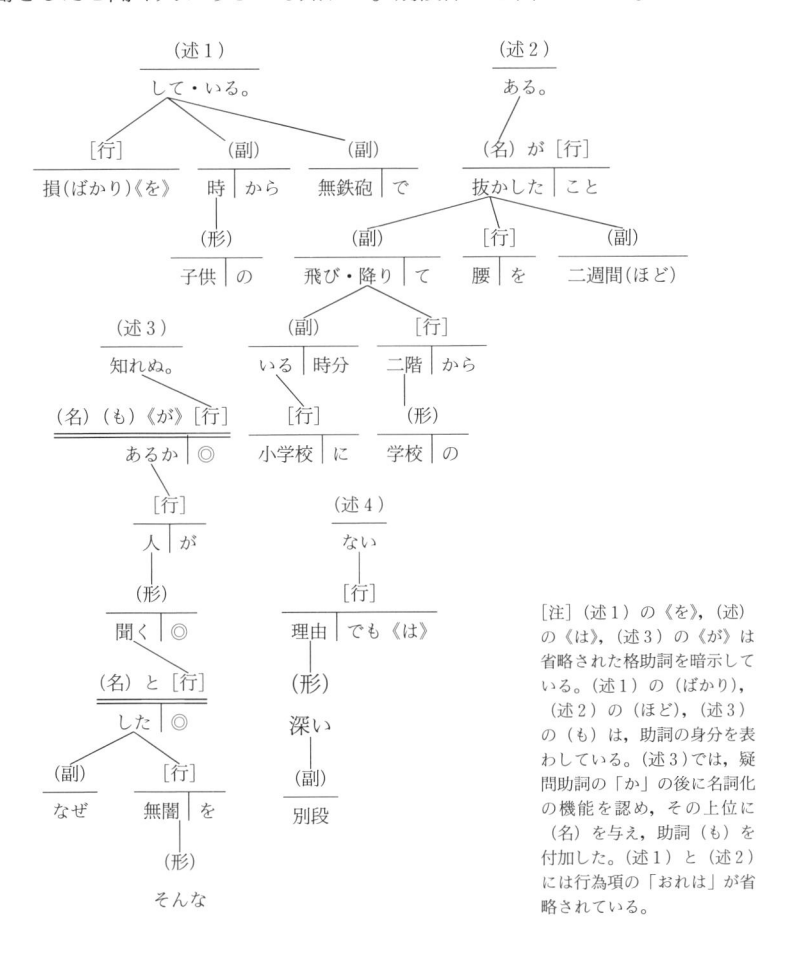

[注] (述1)の《を》, (述2)の《は》, (述3)の《が》は省略された格助詞を暗示している。(述1)の(ばかり), (述2)の(ほど), (述3)の(も)は, 助詞の身分を表わしている。(述3)では, 疑問助詞の「か」の後に名詞化の機能を認め, その上位に(名)を与え, 助詞(も)を付加した。(述1)と(述2)には行為項の「おれは」が省略されている。

付録2

最多格言語タバサラン語の名詞格体系

　タバサラン語は世界で最も名詞の格変化の多い言語と見なされている。タバサラン語はカフカース語群に所属しているが，カフカース語群は，まずグルジア語を中心とする南カフカース語群と北カフカース語群に大別される。北カフカース語群はアジゲイ語などを含む北西カフカース語群と北東カフカース語群に分けられる。この北東カフカース語群には29もの言語がひしめいていて，いくつかの下位語群を形成している。その中のレズギ語群にタバサラン語は属している。地理的にはダゲスタン自治共和国の南東部に位置している。言語人口は35,000ほどで，南と北の方言に分かれるが，南方言に基づいて標準語が作られている。

　L. イェルムスレウは『格のカテゴリー』(1935) の中で，彼の格理論の研究例として，タバサラン語を取り上げ，そこに52格を認めている。筆者はA. A. マゴメトフの『タバサラン』(1965) に依拠し，B. G. ハンマゴメドフの概説『タバサラン語』(1967) を参照して，この言語の格体系を探ることとした。とくにマゴメトフの言語観察は正確で記述も信頼がおけるし，他の言語や方言間の比較にも詳しい。なお，両者とも変化格の数には触れていない。

　本論の表記は，マゴメトフの子音表（マゴメトフ 1965：55）に配列された音声を，その調音点と調音法に従って，国際音声字母に読み替えたものである。ただし，咽頭化された母音 [æ] は /ä/ で，[y] は /ü/ で表記しておく。

　とくにカフカース諸語の共通特徴ともいえる「放出音」(ejective) について留意する必要がある。放出音としての閉鎖音 /p', t', k', q'/ と破擦音 /ts', tʃ', tʃf'/ であるが，これらは声門を閉鎖した状態 [ʔ] で，喉頭を押し上げ，口腔内の気圧を高めておいて，それぞれの閉鎖音や破擦音を放出させる調音方法が用いられる。詳しくは拙著『改訂音声学入門』

(2003：13) を参照されたい。また, /ʃf/ は唇歯化音で, 唇歯音 /f/ の構えで摩擦音 /ʃ/ が調音される。

1　能格言語

まず断わっておくが, タバサラン語は典型的な能格言語である。すなわち, 自動文の主語は主格であるが, 他動文では主語となる名詞が能格形となり, 目的語となる名詞は主格形をとる。以下文例はマゴメトフ (1965) から引用しておく。

　　［自動文］　Baj deʔna.〈少年が（主格）・座っている〉
　　［他動文］　Bal-i kitab uxuda.〈少年が（能格）・本を（主格）・読む〉

ただし, 知覚動詞にあっては, 主語の感受者は与格形で表わされ, その対象は主格形となる。

　　［知覚文］　Bal-is k'undu tʃan dadaj.
　　　　　　　〈少年は（与格）・愛する・自分の・母親を（主格）〉

2　名詞の格変化

ハンマゴメドフは, タバサランゴの格を文法格群と場所格群に分けている。

a　文法格

文法格は次の 4 格と定められている。

	[単数]		[複数]	
主格	ul	〈目が〉	ular	〈複数の目が〉
能格	ul-i	〈目で〉	ular-i	〈複数の目で〉
属格	ul-in	〈目の〉	ular-in	〈複数の目の〉
与格	ul-iz	〈目に〉	ular-iz	〈複数の目に〉

能格であるが, P. K. ウスラルは「(道) 具格」と呼び, ロシア語の

「造格」に相当するとしている。能格言語であるから，主格は」「絶対格」(absolutive) とすべきかもしれないが，ロシア側の名称にしたがい主格で通すことにした。

b 場所格

問題は場所格群にある。「系列場所格」と「基本場所格」に区別すべきであると思う。

ⅰ）系列場所格

6種の系列場所格について，マゴメトフの文例（1965：126）を掲げておく。

  第1系列： ɣädʒu-ʔ urqar ʔa. 〈橋（の中）に・穴が・ある〉
  第2系列： ɣädʒu-h edme ha. 〈橋（の所）に・人が・いる〉
  第3系列： ɣädʒu-k edme ha. 〈橋（の面）に・人が・いる〉
  第4系列： ɣädʒu-q edme qa. 〈橋（の後）に・人が・いる〉
  第5系列： ɣädʒu-kkae dme kkaz.〈橋（の下）に・人が・いる〉
  第6系列： ɣädʒuiri-ɣ edme ɣä.
      〈橋（複数）（の間）に・人が・いる〉
  第7系列： ɣädʒiri-in edme al. 〈橋（の上）に・人が・いる〉

第2系列では，ハンマゴメドフは「橋（の前）に」という訳も加えている。なお，第3系列について，マゴメトフは「ある物の傾斜面や垂直面にあるか，接触している対象物」と説明している。

  Kiwx surat tsali-k!〈かけよ・絵を（主格）・壁に（第3系列）〉

ⅱ）系列場所格の体系

以上のような物体の「上・下，前・後，内・外」や「中間・側面」といった系列は次節に示されたような次元の体系を組むものと考えられよう。

3 様相格と付帯格

　タバサラン語に欠けている様相格と付帯格は，フィンランド語と日本語の格体系により補うことができる。本書「3.2.2 格を増幅させる方式」で解説されているフィンランド語の格体系（77頁），および「3.2.3 日本語の格助詞はどのような体系を組むか」にある日本語の格体系（86-87頁）を参照されたい。

　そこには，次のような（ａ）「格増幅の図式」とそれに対応する（ｂ）「意味要素の図式」が与えられている。

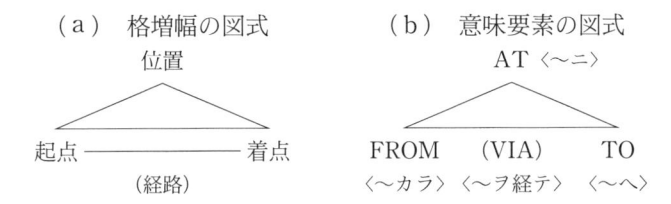

```
    （ａ）　格増幅の図式              （ｂ）　意味要素の図式
              位置                              AT〈〜ニ〉
            ／    ＼                          ／        ＼
       起点─────着点              FROM　（VIA）　　TO
              （経路）                   〈〜カラ〉〈〜ヲ経テ〉〈〜ヘ〉
```

　なお，「経路」を図式に含む場所的4項セットの言語（タバサラン語）と「経路」を含めない場所的トリオの言語（フィンランド語，日本語）とがある。

　要するに，位置格は静止している物体の位置を示し，起点格は移動する物体の離去を，着点格は移動する物体の近接を意味している。日本語の格助詞を用いれば，位置格は「ニ」，起点格は「カラ」，着点格は「ヘ」で示すことができる。

　なお，フィンランド語の様相系列では，位置的な様相を表わす様格「〜トシテ」を頂点に，起点格を全体の部分を意味する分格が占め，着点的変格は「〜ニ（ナル）」のように変化する様相を示している。

　また，付帯系列であるが，日本語では，位置的具格「〜デ」は，ある物体を具備していることを，起点格「〜ハ」は，ある事物から引き出される事柄やある事物に関する提示を意味し，着点的共格「〜ト」は，ある物体の付加を意味すると分析される。フィンランド語では，起点格の地位はある物体の欠落を示す欠格「〜なしで」が占めている。

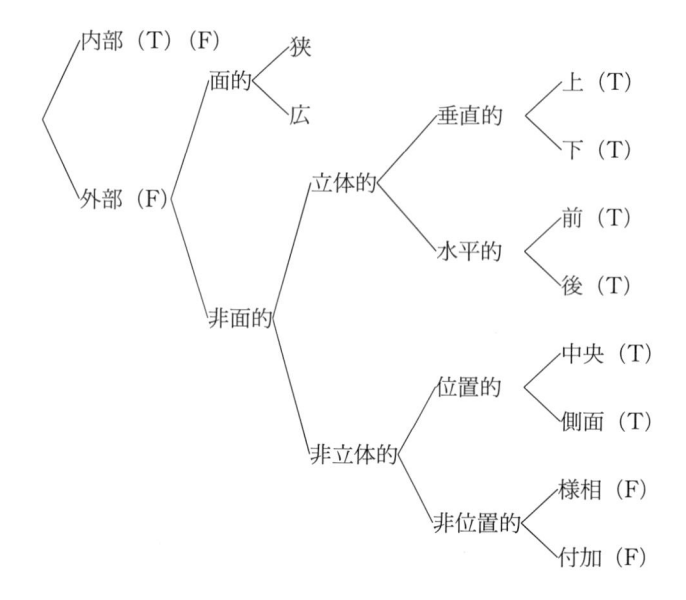

```
                 ┌ 内部 (T)(F)        ┌ 狭
                 │            ┌ 面的 ┤
                 │            │       └ 広              ┌ 上 (T)
                 │            │              ┌ 垂直的 ┤
                 │            │              │          └ 下 (T)
                 │            │   ┌ 立体的 ┤
                 └ 外部 (F) ┤    │          │          ┌ 前 (T)
                              │    │          └ 水平的 ┤
                              │    │                     └ 後 (T)
                              └ 非面的 ┤
                                   │          ┌ 位置的 ┬ 中央 (T)
                                   │          │         └ 側面 (T)
                                   └ 非立体的┤
                                              │          ┌ 様相 (F)
                                              └ 非位置的┤
                                                         └ 付加 (F)
```

　まず，系列格は内部と外部に大別され，外部は面的と非面的に分かれ，非面的な系列格は立体と非立体に分離する。

　立体格は垂直次元の「上・下」と水平次元の「前・後」の対立をもつ。なお，非立体格は位置的と非位置的に分解され，非位置的であれば，様相格か付帯格に類別される。様相や付帯はフィンランド語などのフィン・ウゴル諸語に見られる格のカテゴリーである。上の図における (T) はタバサラン語，(F) はフィンランド語の所有する格系列を意味する。

iii) 基本場所格

　タバサラン語では，次の3種の基本場所格が各系列場所格の後に付加される。

　　(a)　位置格：　ɣwan-dʒi-kk 〈石の下に〉(標識ゼロ)
　　(b)　起点格：　ɣwan-dʒi-kk-na 〈石の下から〉(標識-na)
　　(c)　着点格：　ɣwan-dʒi-kk-an 〈石の下へ〉(標識-an)

　これらの語形の語幹部 ɣwan-dʒi 〈石で〉は，ɣwan 〈石〉の能格形であ

る。これに続く要素-kk-は第5系列「下」の形態素である。

要するに，名詞の変化形は次のような構成をなしていることになる。

　　能格形＋系列場所格語尾＋基本場所格語尾

さらに，基本場所格であるが，上で述べた（a），（b），（c）の外に，さらに次の3種が追加される。

　　（d）　通過格：　　miri-q-ri〈川の後に沿って〉（*-di＞-ri）
　　（e）　起点方向格：　miri-q-an-di〈川の後の方から〉
　　（f）　着点方向格：　miri-q-in-di〈川の後の方へ〉（*-na＞-in）

この語形における-qは第4系列「後」の語尾である。このように，通過格を移動の起点格もしくは着点格に付加させることにより，2種の複合方向性が形成される。

すなわち，7つの基本場所格は次のような格体系を組んでいる。

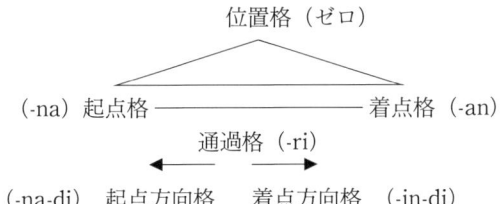

```
                    位置格（ゼロ）
                        /\
                       /  \
                      /    \
  (-na) 起点格 ─────────────── 着点格 (-an)
                 通過格（-ri）
                   ←─────→
  (-na-di) 起点方向格    着点方向格 (-in-di)
```

　結局，タバサラン語は，7種の系列格に6種の基本格を組み合わせた数だけ場所格形を作り出すことができる勘定となる。これに4種の文法格が加えられる。系列格7×基本場所格6＋文法格4＝46格。したがって，標準タバサラン語は総計46の格語形をもつことになる。

4　文法格

　文法格は，作用力の波及関係を表示している。属格は2つの物体の間にある関係が成立していることを示すもので静止的である。主格は，作用力の発動する物体として起点的に把握されているし，対格は作用力をこうむ

る物体と見なされている。これに対し，能格構造では，主格（絶対格）が能格の物体から作用力を受けていると解釈されている。

　こうした力関係を次のような三角体系で表わすことができるであろう。なお，与格は着点格の一種として扱われている。英語や日本語のような対格言語では，起点格の主語に焦点がおかれているが，タバサラン語のような能格言語では，着点格の主語（絶対格）に注意が向けられている。対格言語が表の視点にたつとすれば，能格言語は裏の視点から眺めていることになろう。

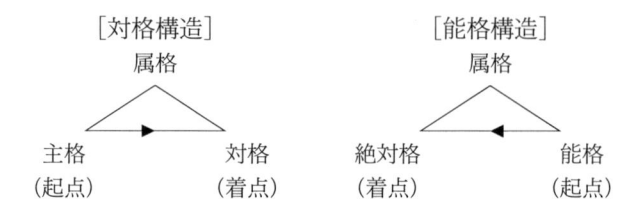

```
        ［対格構造］              ［能格構造］
           属格                      属格
          ／  ＼                    ／  ＼
         ／→   ＼                  ／  ←＼
       主格      対格            絶対格    能格
      （起点）  （着点）          （着点）  （起点）
```

　とにかく，場所格は，［系列場所格×基本場所格］という公式によって増幅されると結論づけられる。先に紹介した系列格の体系は経験的に割り出されたものである。その中で面的の「広」は，カフカース系のラック語の系列格に含まれていて，ある広い領域を指し，「～のあたりで」を意味する。［例］qqatllu-tʃa〈家のあたり〉。

　以上は，月刊『言語』（1999, Vol.28, No.9, 86-91）の「最多格言語タバサラン語の名詞格体系」を一部修正したものである。

参考文献

Abraham, Werner (ed.) (1978) *Valence, Semantic Case and Grammatical Relations. Paper Prepared for the Working Group 'Valence and Semantic Case,' 12th International Congress of Linguists, University of Vienna, Austria, August 29 to September 3.* Amsterdam: Benjamins.
Allerton, David. J. (1982) *Valency and the English Verb.* London/ New York: Academic Press.
Allwood, Jens/ Andersson, Lars-Gunnar/ Dahl, Östen (1977) *Logic in Linguistics.* Cambridge: Cambridge University Press.
Anderson, John M. (1971) *The Grammar of Case.* Cambridge: Cambridge University Press.
―――. (1977) *On Case Grammar.* London: Croom Helm.
Bach, Emmon (1968) 'Nouns and Noun Phrases.' In Bach, E./ Harms, R. T. (1968) 90-122.
Bach, Emmon/ Harms, Robert T. (eds.) (1968) *Universals in Linguistic Theory.* New York: Holt, Rinehart and Winston.
Ballweg, Joachim (1978) 'The Reconstruction of the Notion of Valence in a Grammar with a λ-Categorial Base.' In Abraham, W. (ed.) (1978) 99-126.
Ballweg, Joachim/ Hacker, Hans-Jürgen/ Schumacher, Helmut (1971) 'Satzbaupläne und Semantik. Vorüberlegungen zur semantischen Subkategorisierung deutscher Satzbaupläne mit gegebenem Verb.' *Muttersprache*, 224-34.
Ballweg, Joachim/ Hacker, Hans-Jürgen/ Schumacher, Helmut (1972) 'Valenzgebundene Elemente und logisch-semantische Tiefenstruktur.' *Linguistische Studien II.* (Sprache der Gegenwart, Bd. 33) Düsseldorf: Pädagogischer Verlag Schwann.
Ballweg-Schramm, Angelika (1976) 'Noch einmal: Grundbegriffe der Valenztheorie. Bemerkungen zu einem Papier von S. Pape.' In Schumacher, H. (ed.) (1976) 54-65.
Bánhidi, Zoltán/ Jókay, Joltán/ Szabó, Dénes (1980) *Learn Hungarian.* Budapest: Tankönyvkiadó.
Baumgärtner, Klaus (1970) 'Konstituenz und Valenz.' in Steger, Hugo (ed.) *Vorschläge für eine strukturale Grammatik des Deutschen.* Darmstadt: Wissenschaftliche Buchgesellschaft. 52-77.

Biere, Bernd Ulrich (1976) 'Ergänzungen und Angaben.' In Schumacher, H. (1976) 129-173.
Blake, Barry J. (1994) *Case*. Cambridge: Cambridge University Press.
Bloomfield, Leonard (1933) *Language*. New York: Holt, Rinehart and Winston.
Chafe, Wallace L. (1970) *Meaning and the Structure of Language*. Chicago/ London: The University of Chicago Press.
Chomsky, Noam (1981) *Lectures on Government and Binding*. Dordrecht: Foris.
Comrie, Bernard (1976) *Aspect*. Cambridge: Cambridge University Press.
Cook, Walter A. (1989) *Case Grammar Theory*. Washington, D.C.: Georgetown University Press.
_____. (1998) *Case Grammar Applied*. Dallas: The Summer Institute of Linguistics/ The University of Texas at Arlington.
Eichinger, Ludwig M./ Eroms, Hans-Werner (eds.) (1995) *Dependenz und Valenz*. Hamburg: Buske.
Emons, Rudolf (1978) *Valenzgrammatik für das Englische. eine Einführung*. (Anglistische Arbeitshefte, Bd. 16) Tübingen: Max Niemeyer.
Engel, Ulrich (1988) *Deutsche Grammatik*. Heidelberg: Julius Groos/ Tokyo: Sanshusha.
_____. (1995) 'Tiefenkasus in der Valenzgrammatik.' In Eichinger, L. M./ Eroms, H.-W. (eds.) (1995) 53-65.
Engel, Ulrich/ Schumacher, Helmut (1976) *Kleines Valenzlexikon deutscher Verben*. (Forschungsberichte des Instituts für deutsche Sprache, Bd. 31) Tübingen: TBL Verlag Gunter Narr.
Feuillet, Jack (ed.) (1998) *Actance et Valence dans les Langues de l'Europe*. Berlin/ New York: Mouton de Gruyter.
Fillmore, Charles J. (1968) 'The Case for Case.' In Bach, E./ Harms, R. T. (eds.) (1968) 0-88.
_____. (1971) 'Some Problems for Case Grammar.' Georgetown University Monograph Series on Language and Linguistics, 24. 35-56.
_____. (1977) 'The Case for Case Reopened.' In Cole, P./ Sadock, J. M. (eds.) *Grammatical Relations*. Syntax and Semantics, Vol. 8. New York: Academic Press. 59-81.
Fischer, Klaus (1997) *German-English Verb Valency: A Contrastive Analysis*. Tübingen: Gunter Narr.
Foley, William A./ Van Valin, Robert D., Jr. (1984) *Functional Syntax and Universal Grammar*. Cambridge: Cambridge University Press.
Fourquet, Jean/ Grunig, Blanche (1971) 'Valenz und Struktur.' In Helbig, G. (1971) 11-16.
Frawley, William (1992) *Linguistic Semantics*. Hillsdale, New Jersey: Lawrence Erlbaum Associates.

Glinz, Hans. (1952, 1961) *Die innere Form des Deutschen.* Bern/ München: Francke.
Givón, Talmy (1984) *Syntax. A Functional-Typological Introduction.* Vol. 1. Amsterdam/ Philadelphia: John Benjamins.
Gruber, Jeffrey S. (1976) *Lexical Structures in Syntax and Semantics.* Amsterdam: North Holland.
Helbig, Gerhard (1971) 'Theoretische und praktische Aspekt eines Valenzmodells.' In Helbig, G. (ed.) *Beiträge zur Valenztheorie.* The Hague/ Paris: Mouton and Co. 31-49.
―――. (1992) *Probleme der Valenz- und Kasustheorie.* Tübingen: Max Niemeyer.
―――. (ed.) (1978) *Beiträge zu Problemen der Satzglieder.* Leipzig: VEB Verlag Enzyklopädie.
Helbig, Gerhard/ Schenkel, Wolfgang (1978) *Wörterbuch zur Valenz und Distribution Deutscher Verben.* Leipzig: VEB Bibliographisches Institut.
Hjelmslev, Louis (1935) 'La catégorie de cas. Étude de grammaire générale. Première Partie.' *Acta Jutlandica,* 7:1. i-xii, 1-184. (1937) Deuxième partie. *Acta Jutlandica,* 9:2. I-vii, 1-78. Zwei Teile in einem Band. (1972) München: Wilhelm Fink.
Hornby, Albert S. (1954) *A Guide to Patterns and Usage in English.* London/ Oxford: Oxford University Press.
Hudson, Richard A. (1984) *Word Grammar.* Oxford: Blackwell.
Jespersen, Otto (1924) *The Philosophy of Grammar.* London/ New York: Allen and Unwin.
Jackendoff, Ray (1972) *Semantic Interpretation in Generative Grammar.* Cambridge, Massachusetts: The MIT Press.
―――. (1983) *Semantics and Cognition.* Cambridge, Massachusetts: The MIT Press.
―――. (1990) *Semantic Structure.* Cambridge, Massachusetts: The MIT Press.
―――. (2002) *Foundations of Language. Brain, Meaning, Grammar, Evolution.* Oxford/ New York: Oxford University Press.
Kuno, Susumu (1973) *The Structure of the Japanese Language.* Cambridge, Massachusetts: The MIT Press.
Langacker, Ronald W. (1987) *Foundations of Cognitive Grammar. Vol. 1 Theoretical Prerequisites.* Stanford, California: Stanford University Press.
―――. (1991) *Foundations of Cognitive Grammar. Vol. II. Descriptive Application.* Stanford, California: Stanford University Press.
―――. (1995) 'Introduction. Structural Syntax: The View from Cognitive Grammar.' In Madray-Lesigne, F./ Richard-Zappella, J. (eds.) (1995) 13-39.

_____. (2000) *Grammar and Conceptualization*. Berlin/ New York: Mouton de Gruyter.
Lazard, Gilbert (1998) 'Définition de actants dans les Langues européennes.' In Feuillet, J. (ed.) (1998) 11-146.
Lyons, John (1968) *Introduction to Theoretical Linguistics*. London: Cambridge University Press.
Madray-Lesigne, Françoise/ Richard-Zappella (1995) *Lucien Tesnière aujourd'hui*. Louvain/ Paris: Éditions Peeters.
Mel'čuk, Igor A. (1988) *Dependency Syntax. Theory and Practice*. Albany: State University of New York Press.
Miller, George/ Johnson-Laird, Philip (1976) *Language and Perception*. Cambridge: Harvard University Press.
Nilsen, Don Lee Fred (1973) *The Instrumental Case in English. Syntactic and Semantic Constructions*. The Hague/ Paris: Mouton.
Radford, Andrew (1988) *Transformational Grammar. A First Course*. Cambridge: Cambridge University Press.
Schumacher, Helmut (ed.) (1976) *Untersuchungen zur Verbvalenz. Eine Dokumentation über die Arbeit an deutschen Valenzlexikon*. Tübingen; TBL Verlag Gunter Narr.
_____. (ed.) (1986) *Verben in Feldern. Valenzwörterbuch zur Syntax und Semantik deutscher Verben*. Berlin/ New York: Walter de Gruyter.
Sgall, Petr (1978) 'Aktanten, Satzglieder und Kasus.' In Helbig, G. (ed.) (1978) 212-33.
Somers, Harold L. (1987) 'On the Validity of the Complement-Adjunct Distinction in Valency Grammar.' *Linguistics*. 22. 507-530.
Sommerfeldt, Karl Ernst/ Schreiber, Herbert (1977a) *Wörterbuch zur Valenz und Distribution deutscher Adjektiv*. [2en Ed.] Leipzig: VEB Bibliographisches Institut.
_____. (1977b) *Wörterbuch zur Valenz und Distribution deutschen Substantive*. Leipzig: VEB Bibliographisches Institut.
Starosta, Stanley (1988) *The Case for Lexicase. An Outline of Lexicase Grammatical Theory*. London/ New York: Pinter Publishers.
Talmy, Leonard (2000) *Toward a Cognitive Semantics. Vol. I Concept Structuring Systems*. Cambridgte, Massachusetts: The MIT Press.
Tesnière, Lucien (1953) *Esquisse d'une syntaxe structurale*. Paris: Klincksieck.
_____. (1966) *Éléments de syntaxe structurale*. [2nd ed.] Paris: Klincksieck.
Tanaka, Miwako (2004) *A Contrastive Study of Adverbial Clauses between English and Japanese*. Kansai Gaidai University Dissertation.
Tompa, József (1961) *A mai Magyar nyelv rendszere. Leíró nyelvtan. II Mondattan*. Budapest: Akadémiai.
Vater, Heinz (1996) 'On the Possibility of Distinguishing between Comple-

ments and Adjuncts.' In Abraham, W. (1978) 21-45.
Wüllner, Franz (1827) *Die Bedeutung der sprachlicher Casus und Modi.* Münster.

庵功雄（2003）『『象は鼻が長い』入門』くろしお出版．
岡本千万太郎（1942）『日本語教育と日本語問題』白水社．
尾上圭介（1981）「「は」の係助詞性と表現的機能」『国語と国文学』至文堂．
池上嘉彦（1981）『「する」と「なる」の言語学』大修館書店．
＿＿＿＿．（1993）「『移動』のスキーマと『行為』のスキーマ」『外国語科研究紀要』41巻3号，34-53．
石綿敏雄（1999）『現代言語理論と格』ひつじ書房．
石綿敏雄・荻野孝野（1983）「結合価から見た日本文法」『文法と意味1』（朝倉日本語新講座3）81-134，226-72，朝倉書店．
泉井久之助（1939）『言語の構造』弘文堂．
榎本久彦（1979）「結合価理論とその成果」『月刊言語』8巻11号，46-53．
大槻文彦（1897）『廣日本文典』三木佐助．
尾上圭介（1981）「「は」の係助詞性と表現的機能」『国語と国文学』至文堂．
北原保雄（1981）『日本語の世界6　日本語の文法』中央公論社．
言語学研究会（編）（1983）『日本語文法・連語論（資料編）』むぎ書房．
菊地康人（1995）「「は」構文の概観」益岡隆志・野田尚史・沼田善子（編）『日本語の主題と取り立て』くろしお出版．
小泉保（1990）『言外の言語学――日本語語用論』三省堂．
＿＿＿＿．（1993）『日本語教師のための言語学入門』大修館書店．
＿＿＿＿．（1994）『ウラル語統語論』大学書林．
＿＿＿＿．（1995）『言語学とコミュニケーション』大学書林．
＿＿＿＿．（1999a）「最多格言語タバサラン語の名詞格体系」『月刊言語』28巻9号，86-91．
＿＿＿＿．（1999b）「ラック語の名詞格体系について」*Ars Linguistica* 6，134-41．
＿＿＿＿．（2003）『改訂音声学入門』大学書林．
小泉保・船城道雄・本田皛治・仁田義雄・塚本秀樹（1989）『基本動詞活用辞典』大修館書店．
国立国語研究所（1951）『現代語の助詞・助動詞――用法と実例』秀英出版．
＿＿＿＿．（1997）『日本語における表層格と深層格の対応関係』三省堂．
児玉徳美（1991）『言語のしくみ』大修館書店．
阪倉篤義（1955）『改稿日本文法の話』教育出版．
佐久間鼎（1943）『日本語の言語理論的研究』三省堂．
＿＿＿＿．（1952）『現代日本語法の研究』厚生閣．
＿＿＿＿．（1966）『日本語の表現と語法』厚生閣．
柴谷方良（1978）『日本語の分析』大修館書店．
鈴木重幸（1972）『日本語文法・形態論』麦書房．

鈴木重幸・南不二男他（1978）『話ことばの文型（１）』秀英出版．
城田俊（1993）「文法格と副詞格」仁田義雄（編）（1993）67-94．
高橋太郎（1998）「動詞から見た形容詞」『月刊言語』27巻3号，36-41．
高見健一・久野暲（2002）『日英語の自動詞構文』研究社．
田代直也（2000）『ハンガリー語の動詞の結合価──統語論的・意味論的検討』関西外国語大学　博士論文．
趙順文（1995）『結合価文法論考』台北：立昌出版社．
寺村秀夫（1982）『日本語のシンタックスと意味Ⅰ』くろしお出版．
時枝誠記（1950）『日本文法（口語篇）』岩波書店．
飛田良文・浅田秀子（1991）『現代形容詞用法辞典』東京堂出版．
永野賢（1958）『学校文法概説』朝倉書店．
西尾寅弥（1972）『形容詞の意味・用法の記述的研究』秀英出版．
仁田義雄（1980）『語彙論的統語論』明治書院．
＿＿＿＿．（1982）「格の表現形式　日本語」『講座日本語学第10巻』明治書院．
＿＿＿＿．（1999）「日本語の格を求めて」仁田義雄（編）（1993）1-37．
仁田義雄（編）（1993）『日本語の格をめぐって』くろしお出版．
野田春美（1997）『「の（だ）」の機能』くろしお出版．
野田尚史（1996）『「は」と「が」』くろしお出版．
芳賀綏（1962）『日本文法教室』東京堂出版．
蓮沼昭子・前田直子・有田節子（2001）『日本語文法9　条件表現』くろしお出版．
フィルモア，C.（1975）『格文法の原理──言語の意味と構造』（田中春美・船城道雄訳）　三省堂．
橋本進吉（1969）『助詞・助動詞の研究』岩波書店．
林四郎（1960）『基本文型の研究』明治図書．
益岡隆志（1987）『命題の文法──日本語文法序説』くろしお出版．
（1991）『モダリティの文法』くろしお出版．
益岡隆志・田窪行則（1989 a）『日本語文法3　格助詞』くろしお出版．
＿＿＿＿．（1989 b）『基礎日本語文法』くろしお出版．
＿＿＿＿．（1992）『基礎日本語文法』（改訂版）くろしお出版．
松下大三郎（1930）『標準日本口語法』中文館書店．
三尾砂（1948）『国語法文章論』三省堂．
三上章（1953）『現代語法序説』刀江書院．
＿＿＿＿．（1960）『象は鼻が長い』くろしお出版．
＿＿＿＿．（1963）『日本語の構文』くろしお出版．
南不二男（1974）『現代日本語の構造』大修館書店．
＿＿＿＿．（1993）『現代日本語文法の輪郭』大修館書店．
宮地裕（編）（1982）『慣用句の意味と用法』明治書院．
村木新次郎（1991）『日本語動詞の諸相』ひつじ書房．
＿＿＿＿．（1998）「名詞と形容詞の境界」『月刊言語』27巻3号，44-49．
文部省（1916）『口語法』大日本出版株式会社．

＿＿＿＿．（1917）『口語法別記』大日本図書株式会社．
矢澤真人（1998）「日本語の感情・感覚形容詞」『月刊言語』27巻3号，50-55．
山田孝雄（1922）『日本口語法講義』宝文館．
山梨正明（1993）「格の複合スキーマモデル――格解釈のゆらぎと認知のメカニズム」仁田義雄（編）（1993）39-65．
湯沢幸吉郎（1977）『口語法精説』明治書院．

あとがき

　筆者が1947年に大学に入って言語学を志してから，茫々半世紀あまりが過ぎ去った。その間いくつかの言語理論の波に洗われてきたが，とくに深い感銘を受けた専門書が3冊ある。1冊目は，学生時代に学んだL.ブルームフィールドの『言語』(*Language*, 1935) であり，2冊目は，卒業後間もなく接したN.トゥルベツコイの『音韻論綱要』(*Grundzüge der Phonologie*, 1935) であった。3冊目は，50歳代で手にしたL.テニエールの『構造統語論要説』(*Éléments de syntax structurale*, 1959, 1966²) であった。これら3冊に共通して言えることは，理論が明晰で納得がいくこと，言語知識が博学で，適用範囲が広いという点にある。

　1970年代，チョムスキーの変形文法に触れたが，最初から馴染めなかった。文の構造を作ってから語彙を挿入するという考え方は，いまでも受け入れられない。動詞述語や形容詞述語が中心となって，必要な行為項や任意の状況項が決定される。そこで，文が形成されるのであるから，述語の設定が文を展開するための始発点となる。

　テニエール (Tesnière 1966：158) は，形容詞述語が「be動詞＋形容詞」の形式をとる言語として，たちどころに15言語の文例をかかげているが，すぐれた言語学者であると言える。そこで彼の力量とその理論の妥当性を認める気になる。

　テニエールの理論は，結合価だけでなく，転用の分析手法も合理的で応用力を備えているので，筆者は日本語の分析例をいくつか提示しておいた。ご参考にしていただければ幸いである。

　テニエールは，動詞述語の分析に意欲を注ぎ，その文型化を訴えているが，形容詞述語や名詞述語については，基本的なことにしか触れていない。そこで，筆者は形容詞述語と名詞述語の機能を明確にし，とくに形容詞の文型化に努力した次第である。

要するに，ある出来事や状態について，言語表現を行う場合には，まず，話者は適切な述語を選定する。各述語はいくつかの文型を備えているので，その中から意味内容に合致するものを拾い出す。文型が決まれば，行為項の数と種類が指定される。それぞれの行為項は「名詞＋格要素」の構成をなしているから，名詞の位置に適切な名詞を当てはめれば，文が形成されるのである。したがって，次の手順により文が組み立てられる。
　（1）述語を決定する。（2）文型を選び出す。（3）指定された各行為項に名詞を配分する。
　その間，変形操作なるものは働いていない。ただ，助詞「ガ」のもつ排他の意味を調整するために，助詞「ガ」が助詞「ハ」と交換されることがある。
　最近，結合価理論は再認識され，この理論の研究が，石綿敏雄（1999：88-106）が紹介しているように，着実な進展を見せている。とくに認知言語学の創立者R.ラネカー（Langacker）が，彼による認知方式と図系との関連性を扱っている論文（1995：13-39）は，注目に値する。
　そこでは，ラネカーは次の例文を認知言語学の立場から分析している。

　　Alfred hit Bernard.
　　〈アルフレッドはバーナードをなぐった。〉

　次頁に示される図表の上段は「アルフレッドはバーナードをなぐった」という出来事を認知する過程を表わしている。トラジェクター（A）［認知の焦点となるアルフレッド］がランドマーク（B）［認知の背景となるバーナード］に矢印 ⟶ が示すように働きかけている。なお，下方の矢印 ⟹ は時間の流れを示す。
　下段では，トラジェクターが左側の行為項A（アルレッド）に，ランドマークが右側の行為項B（バーナード）に分裂する。中央の枡には，AがBを「なぐった」という行為のみ表示されている。そして，トラジェクターの位置には行為項のアルフレッドが対応し（←），ランドマークの位置には行為項のベルナールが対応する（→）ことを示している。
　このように，ラネカーは認知の過程が右に記されたテニエールの図系の

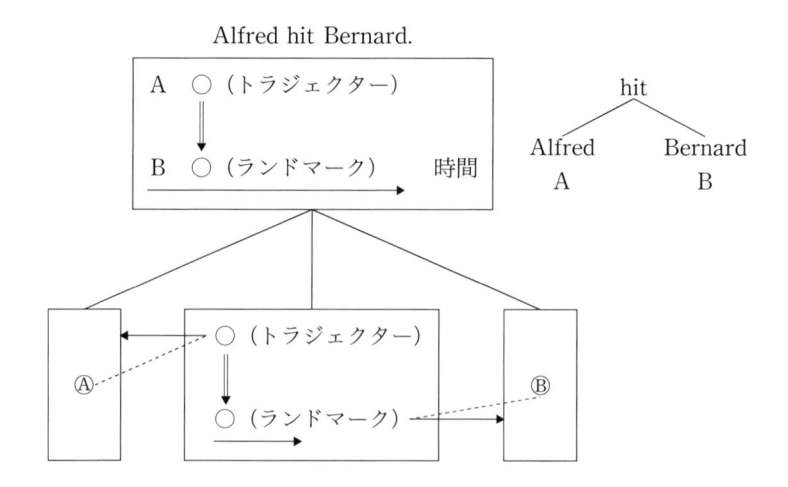

Alfred hit Bernard.

```
A ○（トラジェクター）
 ⇓
B ○（ランドマーク）    時間
 ―――――――――→
```

```
      hit
     /   \
  Alfred  Bernard
    A       B
```

```
○（トラジェクター）
 ⇓
○（ランドマーク）
 ―――――→
```

Ⓐ　　　　　　　　　　　　　Ⓑ

妥当性を裏付けていると論述している。

　要するに，図系の hit〈なぐった〉は，［AがBをなぐった］を意味し，Aは左下に位置する Alfred〈アルフレッドが〉を指し，Bは右下に位置する Bernard〈バーナードを〉示している。図系の山形は，認知公式で分解されたものに対応すると考えている。

　以上で筆者は，図系にかかわる文型の設定と転用を活用して日本語の実態解明を進展させるために，本書がすこしでも役立つことを願って筆を措くことにする。

索　引

あ行

アニアンズ，C. T.　233
アラートン，D. J.　235
「ある」と「ない」　175
アンダーソン，J. M.　43-44,63,65
イェルムスレウ，L.　21,22-29,73
石綿・荻野　273
石綿敏雄　248
依存する　111
位置移動　46-47
1項述語　115
1価動詞　274-75,294
移動関数　51
意味格の図式　79
意味関係　65
意味関数　49-54,89
意味構造　36
意味役割　86-87
英語の形容詞　255
英語の助動詞　158
英語の図系　216-17
英語の文型　233-38
エンゲル/シューマッハー　241
遠心型　179-80
大槻文彦　3

か行

下位項　111
係り助詞　5
格　12
核　113,114
格関係　43,66
格形式　43,66
格助詞　4-6,10,11,12,13,19-20
格助詞の定義　4
格助詞の目録　69-72
格増幅の図式　79
格体系の研究　73-76
格と受動形　83-84
格の規定　66
格の定義　28-29,67
核否定文　126-27
核疑問文　124-25
格役割　44
格理論　56
かもしれない　162
から　150
感覚動詞　202
関係系列　96-98
関数構造　50-52
眼前描写　14
簡約図系　139
起点　23
義務的法　159
疑問　123-27
疑問文　124-26
客観性　27
求心型　179-80
強制使役　174
強調構文　223-25
虚辞　117-18
許容使役　174
近接　22
空間の知覚図式　22
クック，W. A.　44-46,63

久野暲　14-15
グルーバー，J. S.　46-49, 63, 73
くれる　170
経験者　37
繋辞　206
形式名詞述語構文　230
形式名詞による転用　136-40
形式名詞の構造　219-27
形態的格　58
形容詞句　104, 105, 136
形容詞形（連体形）　133, 139
形容詞結節　191, 192
形容詞語句の副詞化　131
形容詞述語　151, 152, 196, 197, 205, 206
形容詞と格　258
形容詞と名容詞　257
形容詞の文型　253-61, 264-67
形容詞文　194-200
結合　110
結合価　231-32
結合疑問文　125-26
結合線　111
結合の省略転用　143
結合否定文　127
結節　111, 112
現象文　101
限定を表わす助詞　13
行為項　112-16
行為項の配列　180-81, 183-84
行為構文　107, 153-54, 155
行為文　107
構成的語　114
構造系列　177-78
肯定疑問文　123
肯定平叙文　123
こと　104, 137, 139, 220-22

さ行

再帰態質　120
佐久間鼎　9-10, 18-19, 209

3価動詞　285-93, 296
3項述語　115
使役態　173
使役態質　121
使役文　167-70
時間的系列　91-92
時間的分野　52-53
実辞　117-18
しなければならない　162
支配する　111
支配部　111
ジャッケンドフ，R.　49-54, 64, 210
修飾的形容詞　195, 198
従属する　111
従属部　111
受益者　38
主観性　27
授受動詞　170
授受動詞の補助的用法　170
主題関係　46-47, 73
主題役割　58
述語　203-204
述語化辞　40-43, 207, 208
述語形（終止形）　133, 139
述語的形容詞　195
受動使役　122
受動態質　119
受動文　167-70
シュライバー，H.　253
準動詞　152
上位項　111
状況項　116-17
状況項の配列　184-85
条件文　93-94
状態構文　107, 153-54, 155, 161
状態文　107
譲歩文　94-96
省略転用　142-44
助詞　3
助詞の分類　75-76
助動詞　156

所有移動　47-49
所有構文　154
所有分野　53
深層格　29-35
深層構造　33
図系　112
図系と意味　218-19
鈴木重幸　7-8,204,205
する　166,201,202
静止　22,23
接続詞と前置詞　88-100
接着性　27
接尾辞型助動詞　166
ゼロの転用体　135,137
線状系列　177-78
総記　14
相互態質　120
そうだ　164
存在関数　52
存在構文　154
存在論的カテゴリー　49
ゾンマーフェルト，K. E.　253

た行

第1行為項　113
第1次の転用　129,129-32
対格言語　45
第3行為項　113
第2行為項　113
第2次（の）転用　135,137,144-51
高橋太郎　258
だろう　164,165
短縮図系　195,201
単純型　24
チェイフ，W. L.　36,63,65,207
着点　23
中立（的）叙述　14,101
超順文　249,273,274,275,279,280,
　281,282,284,289,290,291,292,293
チョムスキー，N.　56
つもり　227,228

提示語　11
提示助詞　7
提示助辞　8
提題助詞　19
テニエール，L.　75-76,94,112,114,
　118,119,121,122,123,127,206
寺村秀夫　213
展開図系　195
転用　127-29
転用結果　128,129
転用体　118,128
転用対象　128,129
と　135
ドイツ語の形容詞　253-54
道具　39
動作主　37
動詞結節　191,192
動詞語句の副詞化　131
動詞語句の名詞化　132
動詞述語　151,152,196,197
動詞述語の文型　274
動詞節の形容詞節化　145-46
動詞節の副詞節化　147-51
動詞節の名詞節化　144-45
動詞の形容詞化　140-42
動詞の副詞化　142-44
動詞の文型　294
動詞の分類　36
動詞（V）≫副詞（Ad）　147-51
動詞文　192-94
動副詞　148
動名詞　140
時枝誠記　13-14
独立文　104,105,136
ところ　227,228
取り立て　15,100
取り立て助詞　12

な行

永野賢　246
なる　201,202

2価動詞　275-85, 294
2項述語　115
二重主語　18
日本語の格助詞の体系　83
日本語の図系　214-16
日本語の文型　246
ニールセン, D. L. F.　35
認識的法　159
認定移動　47-49
認定分野　53-54
の　222-27
能格言語　45
能動使役　122
能動態質　119
ので　150

は行

排他　17, 100, 101
排他性　211-13
「〜ハ〜ガ…」の文型　260, 261-64, 265-66, 267-69, 275
芳賀綏　7
「〜ハ（ガ）〜ヲ〜ニ…」の文型　286
橋本進吉　6
場所　39
場所格系列　86
場所系列　80, 90-91
場所的トリオ　74
場所的4項セット　74
はずがない　160
はずだ　160
ハとガ　100-103
ハとガ同類　12-13, 20
ハとガ別類　3-12, 20
反対対立型　24
非接着性　27
否定　123-27
否定疑問文　124
否定文　126-27
否定平叙文　123
被動体　37

表層格　29-31, 35
フィルモア, C.　29, 63, 65
フィルモアの格文法　29-35
副詞結節　191, 192
副詞節　85-88
副主語　19
付帯格系列　87
付帯系列　78, 81
不定詞　132, 141-42, 147-48
フランス語の助動詞　158
ブレイク, B. J.　67
フローリー, W.　58, 63
分詞　140-41
文法格系列　86
文法系列　79, 80
文法的一致　181-83
文法役割　58
変形操作　31-35
変列　186-88
方向性の次元　22-24
法助動詞　159-64
法部　101
補助的語　114
補助的授受動詞　173
補助的授受動詞の構文　171-72
補足語　12, 39
本主語　19
ホーンビー, A. S.　233, 255

ま行

マエとウシロの意味分析　90-91
益岡・田窪　11-12
松下大三郎　8-9
マンハイム学派　241-46
三上章　10-11, 209, 210
無項述語　115
矛盾対立型　24
名詞句　136
名詞結節　191, 192
名詞語句の形容詞化　129
名詞語句の副詞化　130

名詞述語　205, 207, 213
名詞文　200
命題部　101
名容詞　271
名容詞述語　151, 152, 196
名容詞の文型　267-72
もの　219-20
もらう　170

や行

役割原型　60
山田孝雄　4, 18, 203
やる　170
有界場所系列　81
優先規則　59
様相系列　78
ようだ　164, 165
様態系列　98-100
4価動詞　293, 297

ら行

ライプツィヒ学派　240-41
らしい　164, 165
ラドフォード, A.　63
ラネカー, R.　60, 63
利害の受動　169
離去　22
理由文　94-96
連接　189
連接詞　118
連接辞　189
連帯の法則　27-28
論理的対立　24

わ行

話線　177 ff.

can't　160
may　160
must　160

[著者紹介]

小泉　保（こいずみ・たもつ）
1926年　静岡県生れ
1951年　東京大学文学部言語学科卒業
1964年-65年　ヘルシンキ大学講師
1975年-2005年　大阪外国語大学教授，関西外国語大学教授
現　在　日本言語学会顧問，日本音声学会顧問
著　書　「ヨーロッパの音韻論」（英語学大系1『音韻論Ⅰ』1971, 大修館書店），『日本語の正書法』（1978, 大修館書店），『フィンランド語文法読本』（1983, 大学書林），『教養のための言語学コース』（1984, 大修館書店），『言外の言語学』（1991, 三省堂），『ウラル語のはなし』（1992, 大学書林），『ラップ語入門』（1993, 大学書林），『ウラル語統語論』（1994, 大学書林），『言語学とコミュニケーション』（1995, 大学書林），『音声学入門』（1996, 大学書林），『ジョークとレトリックの語用論』（1997, 大修館書店），『縄文語の発見』（1998, 青土社），『カレワラ神話と日本神話』（1999, 日本放送出版協会），『入門語用論研究』（編共著）（2001, 研究社）
訳　書　シューピゲル『音声学入門』（1973, 大修館書店），フィンランド民族詩『カレワラ』（1976, 岩波書店），『カレワラの歌』（1985, 大学書林），『図説フィンランドの文学』（1993, 大修館書店）

にほんごのかくとぶんけい　けつごうかりろんにもとづくしんていあん
日本語の格と文型──結合価理論にもとづく新提案
Ⓒ Tamotsu Koizumi　　　　　　　　NDC810 xii, 323p 22cm

初版第1刷────2007年2月1日

こいずみたもつ
著　者──────小泉　保
発行者──────鈴木一行
発行所──────株式会社 大修館書店
　　　　　　　〒101-8466　東京都千代田区神田錦町3-24
　　　　　　　電話 03-3295-6231 販売部／03-3294-2356 編集部
　　　　　　　振替 00190-7-40504
　　　　　　　［出版情報］http://www.taishukan.co.jp

装丁者──────下川雅敏
印刷所──────壮光舎印刷
製本所──────牧製本

ISBN978-4-469-22185-5 Printed in Japan
Ⓡ本書の全部または一部を無断で複写複製（コピー）することは，著作権法上での例外を除き禁じられています。